2024
中国旱区农业技术
发展报告

2024 ZHONGGUO HANQU NONGYE JISHU FAZHAN BAOGAO

杨凌农业高新技术产业示范区管委会
中国农村技术开发中心 编著
西北农林科技大学

中国财经出版传媒集团
中国财政经济出版社
·北京·

图书在版编目（CIP）数据

2024中国旱区农业技术发展报告/杨凌农业高新技术产业示范区管委会，中国农村技术开发中心，西北农林科技大学编著. -- 北京：中国财政经济出版社，2024.12. -- ISBN 978-7-5223-3552-0

Ⅰ.F323.3

中国国家版本馆CIP数据核字第2024U62G71号

责任编辑：杨　然　　　责任校对：徐艳丽
封面设计：北京兰卡绘世　责任印制：张　健

2024中国旱区农业技术发展报告

2024 ZHONGGUO HANQU NONGYE JISHU FAZHAN BAOGAO

中国财政经济出版社 出版

URL：http://www.cfeph.cn

E-mail：cfeph@cfemg.cn

（版权所有　翻印必究）

社址：北京市海淀区阜成路甲28号　邮政编码：100142

营销中心电话：010-88191522

天猫网店：中国财政经济出版社旗舰店

网址：https://zgczjjcbs.tmall.com

中煤（北京）印务有限公司印刷　各地新华书店经销

成品尺寸：185mm×260mm　16开　15印张　251 000字

2024年12月第1版　2024年12月北京第1次印刷

定价：118.00元

ISBN 978-7-5223-3552-0

（图书出现印装问题，本社负责调换，电话：010-88190548）

本社质量投诉电话：010-88190744

打击盗版举报热线：010-88191661　QQ：2242791300

编委会

顾问组：（按姓氏笔画排序）

上官周平　王立祥　　王　军　　史高领

何　玲　　张　辉　　吴普特　　房玉林

黄思光　　霍学喜　　薛海兵

主　编： 朱玉春　　胡华平

副主编： 孙自来　　赵殷钰　　冀　昊

　　　　　田煜宇　　李　云

习近平总书记关于旱区"三农"工作的意见及讲话

（2023年8月—2024年8月）

要以发展现代化大农业为主攻方向，加快推进农业农村现代化。当好国家粮食稳产保供"压舱石"，是东北的首要担当。要始终把保障国家粮食安全摆在首位，加快实现农业农村现代化，提高粮食综合生产能力，确保平时产得出、供得足，极端情况下顶得上、靠得住。加大投入，率先把基本农田建成高标准农田，同步扩大黑土地保护实施范围，配套实施河湖连通、大型灌区续建改造工程，实施种业振兴行动，建设适宜耕作、旱涝保收、高产稳产的现代化良田。践行大食物观，合理开发利用东北各类资源，积极发展现代生态养殖，形成粮经饲统筹、农林牧渔多业并举的产业体系，把农业建成大产业。协同推进农产品初加工和精深加工，延伸产业链、提升价值链，拓展农业发展空间，促进农业增效、农民增收。

——2023年9月7日，习近平总书记在黑龙江省新时代推动东北全面振兴座谈会上的讲话

人们生活水平在提高，优质特产市场需求在增长，石榴产业有发展潜力。要做好品牌、提升品质，延长产业链，增强产业市场竞争力和综合效益，带动更多乡亲共同致富。

——2023年9月24日，习近平总书记在山东枣庄考察时的讲话

加强耕地保护和建设，健全耕地数量、质量、生态"三位一体"保护制度体系，优先把东北黑土地区、平原地区、具备水利灌溉条件地区的耕地建成高标准农田，适当提高投资补助水平。支持农业科技创新平台建设，加快推进种业振兴行动。落实好防止返贫监测帮扶机制，提高产业和就业帮扶实效，推动建立农村低收入人口和欠发达地区常态化帮扶机制。坚持产业兴农、质量兴农、绿色兴农，精准务实培育乡村产业，完善联农带农机制，实施农民增收促进行动。

——2023年12月20日，习近平总书记在中央农村工作会议上的指示

要坚持推进新型城镇化和乡村全面振兴有机结合，在发展中保障和改善民生。深入实施乡村振兴战略，加大对国家乡村振兴重点帮扶县支持力度，建立低收入人口和欠发达地区常态化帮扶机制，坚决防止发生规模性返贫。学习运用"千万工程"经验，打造具有地域特色的乡村建设模式。发展各具特色的县域经济，培育一批农业强县、工业大县、旅游名县，促进农民群众就近就业增收，因地制宜推进城镇化进程。推进高标准农田建设，扛好重要农产品稳产保供责任，为保障国家粮食安全作出应有贡献。加强农村精神文明建设，推进移风易俗，积极培育时代新风新貌。

——2024年4月23日，习近平总书记在新时代推动西部大开发座谈会上的讲话

山东是农业大省、粮食大省，在保障国家粮食安全方面责任重大。要深化城乡融合发展，全面推进乡村振兴，提高村庄规划编制质量和实效，大力发展现代农业，积极发展乡村特色产业和农产品加工业，延长产业链、提升价值链。推进高标准农田建设，推动实现粮食增产提质，建设更高水平的"齐鲁粮仓"。要巩固拓展脱贫攻坚成果，拓宽共同富裕路径，推动农业增效益、农民增收入、农村增活力。

——2024年5月24日，习近平总书记在山东济南考察时的讲话

乡村振兴要突出农牧民增收这个重点，加快推进高原特色种业振兴行动，发展绿色有机农牧业，打响高原土特产品牌。推进高原美丽乡村建设，推动移风易俗。落实防止返贫监测帮扶机制，确保不发生规模性返贫。

——2024年6月18日，习近平总书记在青海西宁考察时的讲话

宁夏北部引黄灌区、中部干旱带、南部山区各有特点，要把准各地产业发展基础、资源环境容量、开放开发潜力，加强统筹规划和产业合作，推动形成山川共济、城乡融合、区域联动的发展格局。保护好黄河和贺兰山、六盘山、罗山的生态环境，是宁夏谋划改革发展的基准线，要深化资源环境要素市场化配置改革，完善生态产品价值实现机制和生态保护补偿机制，实施最严格的水资源管理制度。打好黄河"几字弯"攻坚战，统筹推进森林、草原、湿地、荒漠生态保护修复和盐碱地综合治理，让"塞上江南"越来越秀美。

——2024年6月20日，习近平总书记在宁夏回族自治区银川考察时的讲话

序言
PREFACE

我国旱区主要分布在昆仑山脉、秦岭淮河一线以北的广阔地带，人口众多，土地资源丰富，生物多样性显著，是我国粮食安全的坚强后盾，是水资源的珍贵宝库，更是生态安全的绿色屏障，其重要性不言而喻。旱区农业生产技术在维护国家粮食安全、保障水资源安全以及促进生态安全方面发挥着不可替代的重要作用。面对百年未有之大变局，我国坚守和平发展之路，持续深化开放，积极参与全球治理，致力于构建新发展格局，推动全体人民实现共同富裕。步入2024年，在后疫情时代地缘冲突加剧的背景下，面对国内外日益增多的风险和挑战，系统分析我国旱区农业发展环境，提出与国家战略和发展需求相适应的旱区农业发展建议，具有重要的现实意义。

为深入贯彻党的二十大精神和2024年中央一号文件的战略部署，积极响应国家创新驱动发展战略，推进旱区高水平农业科技自立自强，促进旱区农业科技自主创新能力提升，实现旱区农业科技协同创新与发展，杨凌农业高新技术产业示范区管委会、中国农村技术开发中心、西北农林科技大学共同组织有关专家，研究编写了《2024中国旱区农业技术发展报告》（以下简称《报告》）。

《报告》以我国旱区农业科技工作为主线，共分为旱区农业技术发展环境分析、旱区农业科技资源配置、旱区农业技术产出情况、旱区农业技术进展、旱区油菜产业与技术发展专题、旱区农业技术发展政策建议六个部分。这是迄今为止全面梳理我国旱区农业科技发展的第12个年度报告。《报告》所使用数据资料截至2023年12月，包括各类统计年鉴和相关机构公开披露的数据。我们期望《报告》成为一部在旱区农业科技发展领域具有权威性的重要文献，以其专业性和客观性为读者提供参考。特别是对渴望了解旱区农业科技最新进展的各级政府行政人员、政策研究人员以及相关科技工作者，希望《报告》能助力其更好地把握旱区农业科技的发展脉搏，推动相关工作顺利开展。

《报告》的编写工作得到了中国杨凌农业知识产权信息中心、杨凌示范区生产力促进中心、西北农林科技大学西部农村发展研究院和相关教学、科研单位专家学者的大力支持，在此表示诚挚的谢意。由于旱区农业分布的广泛性、技术的专业性、影响因素的复杂性以及研究视角的多样性，加之研究时间有限，尽管编者付出了较大努力，仍难免有纰漏之处，恳请读者批评指正，以便我们进一步改进，提高《报告》的质量与价值。

编　者
2024 年 10 月

目 录
CONTENTS

1 旱区农业发展环境分析

1.1　旱区自然资源 001
1.2　旱区经济发展 007
1.3　旱区农业生产 015
1.4　旱区社会发展 022
1.5　旱区相关支持政策 028

2 旱区农业科技资源配置

2.1　装备要素 042
2.2　科技投入 050
2.3　科技条件 058
2.4　科技服务 071

3 旱区农业技术产出情况

3.1　旱区农业领域专利授权情况 081
3.2　旱区植物新品种申请受理与授权情况 083
3.3　旱区农业领域科技论文主要检索工具收录情况 084
3.4　旱区农业领域省级科技奖励情况 092
3.5　科技成果转化 093

4 旱区农业技术进展

- 4.1 旱区农业重大引领性技术 098
- 4.2 旱区农业主导品种 099
- 4.3 旱区农业主推技术 124
- 4.4 旱区农业重点技术进展 147
- 4.5 三大顶级期刊发表旱区农业领域技术成果 172

5 旱区油菜产业与技术发展专题

- 5.1 旱区油菜技术发展环境 183
- 5.2 旱区油菜科技资源条件 191
- 5.3 旱区油菜技术产出情况 195
- 5.4 旱区油菜技术前沿趋势 204

6 旱区农业技术发展政策建议

- 6.1 基于国家战略层面的政策建议 210
- 6.2 基于区域协调层面的政策建议 212
- 6.3 基于农业技术微观层面的政策建议 ...214

参考文献 218
附　表 221

1 旱区农业发展环境分析

旱地农业是全球主要的农业生产模式之一，也是农业现代化过程中的重点领域。我国旱区的耕地面积占全国总耕地面积的58.2%，但旱区水资源仅占全国水资源总量的34.2%。占比超过一半的旱地生产，是我国农业生产的重要区域，也是保障我国粮食安全的重要根基。我国从"六五"计划时期开始推动区域治理，旱地农业就是其中的重要组成部分。2023年8月，农业农村部印发了《旱地高标准农田建设技术规范（试行）》，指导各地统筹做好在缺乏灌溉水源的旱地开展高标准农田建设有关工作。此外，旱区人口占全国总人口的47.7%，拥有丰富的劳动力资源，为旱区农业技术的发展提供了有利条件。

旱区农业技术进步，对旱区农业的发展至关重要。例如，节水灌溉技术、智能水肥一体化等先进技术，提高了农田用水的效率，在实现农业稳产增产和绿色高质高效发展方面作出了巨大贡献；同时，现代化的旱地农业技术，改变了农民的生产方式，使农民的收益不断增长。旱区的农业技术仍在不断进步，尤其在全球气候变化加剧、极端气候越来越频繁的情况下，旱区节水、灌溉、稳产技术在未来的应用或将更加广泛。此外，国家与地方政府也相继出台了一系列强农惠农政策，促进旱区农业技术快速发展。

1.1 旱区自然资源

旱区的降水稀少且蒸发量大，基本特征是干旱、缺水。旱区主要是指分布于淮河、秦岭、昆仑山脉一线以北的北方地区，包括京、津、冀、晋、内蒙古、辽、吉、黑、鲁、豫、藏、陕、甘、青、宁、新16个省（区、市）的全部或大部分地区。我国旱区依据干燥程度与降水量指标可划分为干旱区、半干旱偏旱区、半干旱区和半湿润偏旱区四类。其中，年平均降水量小于200毫米的区域称为干旱区，主要特征为降水稀少、蒸发量大，包括塔里木盆地、准噶尔盆地和青藏高原西北部地区，这些地区人口稀少，大部分不适宜发展农业。半干旱地区分为半干旱偏旱区和半干旱区，半干旱偏旱区年均降水量范围为200～250毫米，处于半荒漠带，该区域农业以畜牧业为主；年平均降水量在250～400毫米的区域称为半干旱区域，区域蒸发量明显超过降水量，自然植被以草原为主，农业结构主要为半农半牧，发展潜力巨大。半湿润偏旱区的降水量在400～500毫米，主要特征为季节性干旱，农业类型以种植业为主，需要提升水资源利用效率。因此，旱区既包括三江平原、华北平原等我国粮食主产区，也包括呼伦贝尔大草原、金银滩大草原等牧区，还有渤海、黄海等主要海产区。旱区农业种类多样，适宜推广优良农业技术，发展多种农业生产。

气候因素是影响农业生产的重要因素。气候为农业发展提供了光、热、水、风等能量和物质，进而决定了当地的种植制度。东北及西部省区，如西藏、青海的部分地区，年均气温低于10℃，且极端最低温度在-15℃以下。上述地区≥10℃的积温相对较低，主要实行一年一熟的作物熟制。黄河中下游及华北平原的陕西、河南、河北、山东等省份的年平均气温在15℃左右，年极端最低气温大多高于-10℃，积温较高，大多采取一年两熟或两年三熟的熟制。旱区气温分布差异较大，但全年日照时数分布相对均匀，便于多种农作物大面积种植，有利于优良农业技术的创新与快速应用。

从空间变化来看，由于我国经济发展呈现东部—中部—西部的阶梯式区域发展特征，近年来耕地利用和开发也逐渐呈现东中部减少、西北部增加的趋势。根据《中国环境统计年鉴2023》公布的统计数据，2022年旱区耕地面积为8 310.24万公顷，占全国耕地面积的比重为65.1%，丰富的耕地资源提升了旱区的农业发展潜力。然而旱区的水资源条件难以匹配丰富的耕地资源，旱区约37.5%的地区年平均降水量低于500毫米，蒸发量一般为降水量的3倍以上，部分地区旱灾频发。

旱区水资源总量少且区域内各省（区、市）分布不均。2022年，旱区水资源总量为10 219.8亿立方米，约占全国水资源总量的37.7%，与2021年相比有所下降。其中，旱区水资源主要以地表水的形式存在，地表水资源为9 332.2亿立方米，约占旱区水资源总量的91.3%；地下水资源相对较少，为3 542.0亿立方米。如图1-1所示,从空间分布来看,旱区各省(区、市)水资源分布差异较大。其中,西藏的水资源总量最大,达4 139.7亿立方米;除西藏外,其余15省(区、市)的水资源总量均低于6 100亿立方米;宁夏的水资源总量最小,仅为8.9亿立方米。虽然西藏的水资源总量位居全国首位,但其水资源主要以地表径流形式存在,季节性分布明显,并受川藏、滇藏交界处地形的影响,地表水资源难以充分利用。新疆、青海和内蒙古的水资源总量相对充裕,但多以地表水的形式存在,且水资源分布不均,加之耕地质量往往较差,土壤保蓄能力不强,因此农业用水利用效率不高。

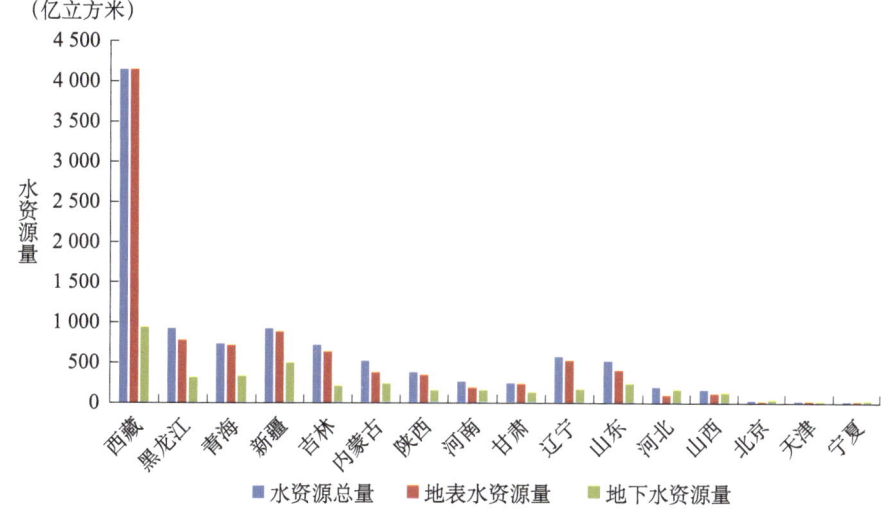

图 1-1　2022 年我国旱区各省(区、市)水资源总量、地表水与地下水分布

Figure 1-1　The total water resources, surface water and groundwater in arid area of China in 2022

资料来源:《中国环境统计年鉴 2023》。

旱区耕地资源十分丰富,但在旱区总体干旱少雨的气候环境下,各省(区、市)的农业用水需求激增,占用水总量的比重较大。从图1-2可以看出,新疆的农业用水量最大,达513.9亿立方米,这与新疆水资源分布不均且季节性强有关。新疆可分为山区和平原区两大区域,大约80.6万平方千米的山区是径流形成区,平原区面积为85.4万平方千米,其中盆地周缘10万平方千米的地区是径流散失区,其余75.4万平方千米的沙漠和荒漠区是无流区。新疆的农业用水量占总用水量的比例最高,达90.7%。地表水资源总量较少且难以有效利用,发展旱区节水农业,推广喷灌、滴灌等灌溉技术,成为提升耕地有效灌溉面积的主要途径。

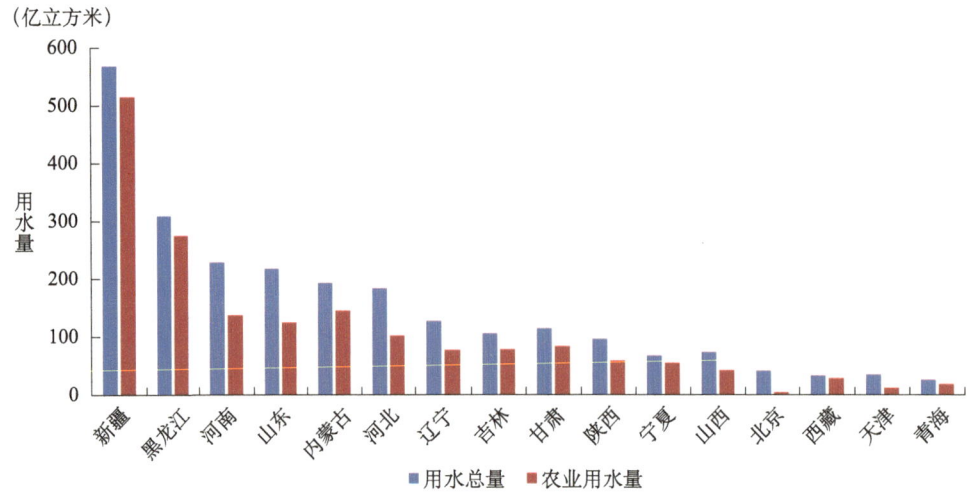

图 1-2　2022 年我国旱区各省（区、市）用水总量和农业用水量分布

Figure 1-2　The total water consumption and agricultural water consumption in arid area of China in 2022

资料来源：《中国环境统计年鉴 2023》。

森林除了可以提供木材资源外，还具有重要的生态效益和社会效益。森林是地球表面生态系统的主体，能够调节气候、吸纳二氧化碳、保护生物多样性、防风固沙、涵养水源，发挥了重要的生态功能，具有不可替代性。从农业技术发展的角度来说，丰富的森林资源不但能够为技术发明与创新的主体提供良好环境，而且可以为农业科技研究提供多样的种质资源与林业技术验证场所。因此，森林资源的经济效益、生态效益、社会效益是统一的。旱区的森林资源较为丰富，根据《中国环境统计年鉴 2023》公布的数据，旱区林业用地面积为 13 721.23 万公顷，约占全国总量的 48.3%；森林面积为 11 716.08 万公顷，占全国森林面积的 53.1%，占比较为稳定。如图 1-3 所示，从旱区内部来看，内蒙古、黑龙江、西藏、陕西以及新疆五省（区）的森林资源绝对面积较大，陕西、黑龙江、吉林、辽宁和北京的森林覆盖率较高，均超过 35.0%。

旱区土地面积约占全国陆地面积的 52.5%，耕地资源十分丰富，农业发展潜力巨大。然而，旱区各省（区、市）的自然环境条件差异较大，且分布十分不均。旱区内约 31% 的县年平均降水量低于 500 毫米，蒸发量远大于降水量，加之土地质量相对较差，西部地区土壤沙化严重，土壤保蓄能力低下，造成部分地区干旱较为严重。2022 年，全国农作物成灾面积 1 207.17 万公顷，其中旱灾成灾面积 609.02 万公

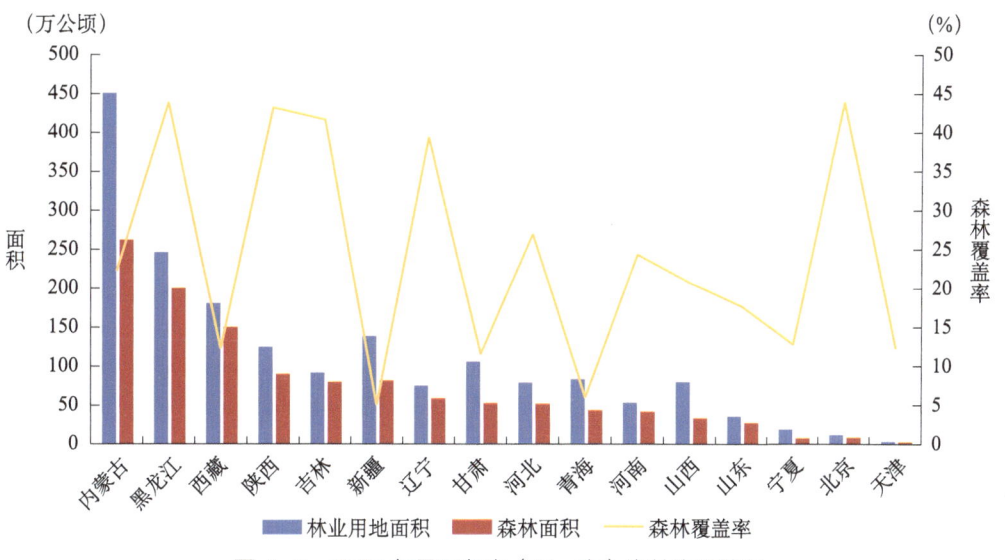

图 1-3　2022 年旱区各省（区、市）森林资源情况

Figure 1-3　The forest resources of all provinces in arid area in 2022

资料来源：森林面积来源于《第九次全国森林面积资源清查（2014—2018）》，其他数据来源于《中国环境统计年鉴 2023》。

顷，约占全国农作物成灾面积的 50.4%，同比上升约 20.3%。旱区旱灾的成灾面积为 181.09 万公顷，约占全国旱灾成灾面积的 30.0%，旱区受旱灾影响较大。2022 年，旱区 16 个省（区、市）旱灾受灾面积波动较大，较往年变化较大。

从图 1-4 来看，2014—2022 年全国旱灾成灾面积呈波动变化趋势。2014—2016 年全国旱灾成灾面积处于较高水平，其中 2014—2015 年的数据相差不大，分别为 567.80 万公顷和 586.30 万公顷；2016 年，全国旱灾成灾面积为 613.10 万公顷，是 2015—2022 年这 8 年来的最大值。自 2016 年之后，全国旱灾成灾面积逐渐下降，2017 年全国旱灾成灾面积为 444.40 万公顷，较 2016 下降约 27.5%；2018 年全国旱灾成灾面积为 262.10 万公顷，较 2017 下降约 41.0%；2019 年全国旱灾成灾面积又略有增加，为 333.20 万公顷。相比之下，在 2018—2022 年这 5 年中，2021 年的全国旱灾成灾面积最低，为 140.70 万公顷。旱区旱灾成灾面积也呈现波动变化的趋势，其中，2014—2016 年旱区旱灾成灾面积逐年增加，并在 2016 年达到最大值，为 571.30 万公顷，约占全国旱灾成灾面积的 93.2%。旱区旱灾成灾面积在 2017—2019 年逐年减少，但 2020 年稍有反复，旱灾成灾面积为 205.90 万公顷，约占全国旱灾成灾面积的 82.1%，后于 2022 年达到最低值，为 62.10 万公顷，约占全国旱灾成灾面积的 30.0%，同比降低了 50.0%。非旱区旱灾成灾面积在 2019—2022 年超过旱区旱灾成灾面积，其余均小于 100.00 万公顷，并在 2021 年达到最低值，为 28.20 万公顷。2019 年和 2022 年，非旱区旱灾成灾面积出现小幅反弹，2022 年达到 141.60 万公顷，较 2021 年约上升 80.0%。整体来看，2016 年之后我国旱灾成灾面积呈现明显下降趋势，但在 2020 年稍有反复，不过于 2021 年再次回归下降趋势，2022 年旱灾成灾面积达到 2015—2022 年这 8 年的最低值。

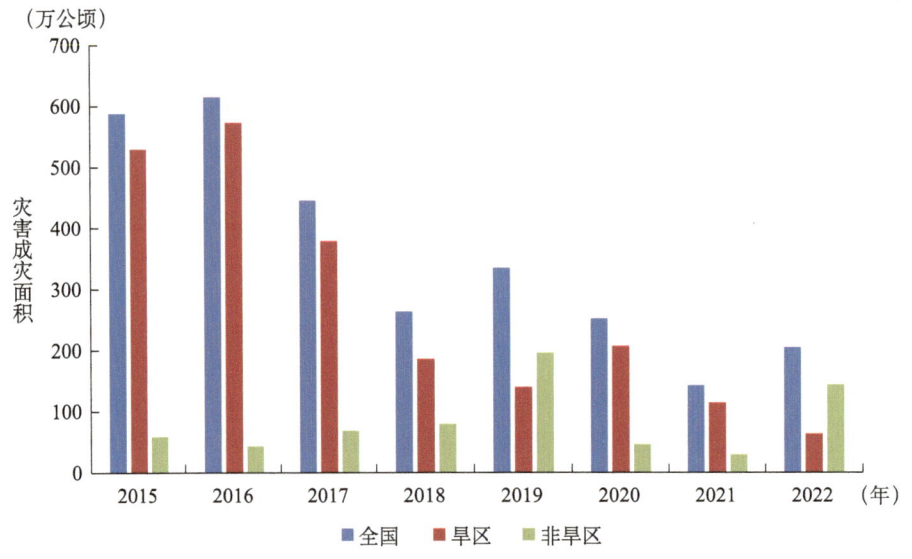

图 1-4　2015—2022 年我国旱灾成灾面积

Figure 1-4　The drought disaster area in China from 2015 to 2022

资料来源：《中国农村统计年鉴》（2016—2023 年）。

从图 1-5 来看，我国旱区旱灾成灾面积的地域分布十分不均，2022 年内蒙古的旱灾成灾面积为 34.40 万公顷，约占旱区旱灾成灾面积的 55.4%；陕西的旱灾成灾面积位居旱区各省（区、市）的第二位，为 8.80 万公顷，其余 9 个省（区、市）的旱灾成灾面积均在 8.00 万公顷以下（黑龙江、吉林、辽宁、北京、天津数据缺失，未作统计）。其中，新疆、山东、青海和西藏旱灾成灾面积较小，均在 1.00 万公顷以下。与 2021 年相比，旱区各省（区、市）的旱灾成灾面积变化较大。2021 年，宁夏的旱灾成灾面积为 10.56 万公顷，但 2022 年的旱灾成灾面积仅为 1.0 万公顷，同比下降 90.5%。同时，内蒙古、河南、新疆的旱灾成灾面积较 2021 年呈增长趋势，山西、甘肃、青海、陕西、宁夏则呈现下降趋势。

旱区农业发展环境分析

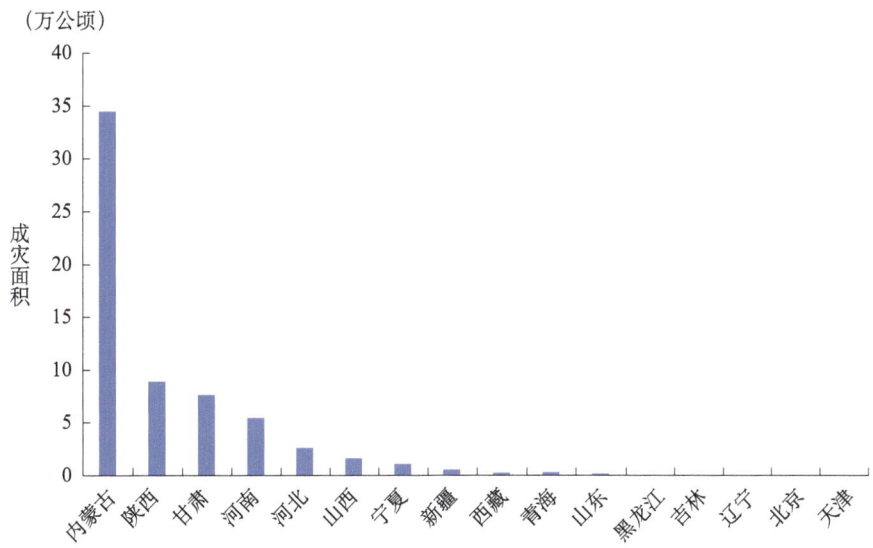

图 1-5 2022 年我国旱区各省（区、市）旱灾成灾面积

Figure 1-5 The drought disaster of all provinces in arid area in 2022

注：黑龙江、吉林、辽宁、北京、天津数据缺失，未作统计。

资料来源：《中国农村统计年鉴 2023》。

1.2 旱区经济发展

2023 年，我国宏观经济面临一些挑战和不确定性，如国际环境的变化、内需的不足、价格低位运行、结构性调整的压力等。同时，也有一些有利因素和机遇，如外需的稳定、新发展格局的构建、科技创新的加速等。国家统计局于 2024 年 2 月 29 日发布了 2023 年宏观经济数据。初步核算，2023 年全年国内生产总值 1 260 582 亿元，比上年增长 5.2%。分季度看，一季度国内生产总值同比增长 4.5%，二季度增长 6.3%，三季度增长 4.9%，四季度增长 5.2%。以上数据较 2022 年呈现增长放缓趋势，可能的原因在于，2023 年我国经济面临了更多的内外部压力和不确定性。但 2023 年我国经济整体上仍然在复苏的轨道上稳健运行，生产端和需求端得到改善，制造业和服务业展现了足够的韧性；新兴产业、高新技术产业保持旺盛的投资，以新产业、新业态、新模式等为代表的新动能不断成长壮大；城镇新增就业持续扩大，城镇调查失业率较为稳定，始终低于年初的预期目标；居民收入增长与经济增长基本同步，居民消费价格处于合理区间，总体保持稳定。

在国际环境下，随着新冠疫情在全球的缓解，国际贸易形势开始逐渐复苏，全球制造业增长动能增强，促进了全球经济金融和大宗商品市场的稳定发展。在党的领导和全国各族人民的共同努力下，2023年我国全年货物进出口总额417 568亿元，比上年增长0.2%。不仅如此，2022年我国的贸易顺差也保持在1万亿元之上，可以说我国的对外贸易正在稳定且快速地发展。与此同时，随着单边主义上升、贸易保护主义加剧以及俄乌战争等不确定因素的影响，我国经济发展面临着巨大的压力，但我国发展仍处于并将长期处于重要战略机遇期。

经济新常态和严峻的国际形势在给旱区经济结构转型带来压力的同时，也给旱区经济发展带来了不小的机遇。就农业发展而言，为积极贯彻农业高质量发展的政策方针，占全国耕地面积多达60.0%的旱区，积极发展各类节水灌溉产业，促进旱区农业提质增效。同时，受益于乡村振兴战略所带来的机遇，农业市场的优质化、多样化需求也促使旱区农业实现农产品结构的优化调整。提高农产品质量和档次，推广优新产品，一方面，可以提高农业经济效益，增加农民的收入，增长社会收益；另一方面，在很大程度上推动了我国农业经济的发展，促进我国农业现代化和机械化发展步入新的阶段——农产品的优质化发展。

随着国内经济逐渐复苏，经济形势一片大好，我国旱区整体经济增速呈现爆发式增长。2023年，旱区16省（区、市）地区生产总值达到441 875.5亿元，增速为3.15%，较2021年的增速有所回落。增速排名在前五位的省（区、市）分别是西藏（12.2%）、新疆（7.8%）、内蒙古（6.3%）、甘肃（5.9%）、山东（5.3%），增速排在后三位的省（区、市）是河南（-3.6%）、黑龙江（-0.1%）、山西（0.2%）（见表1-1）。随着经济的稳步发展，各省（区、市）的经济形势逐渐向好，地区生产总值较2022年有较大增长。从人均可支配收入看，除北京、天津外，旱区大部分省（区、市）的人均可支配收入在25 000~40 000元，增速普遍低于当年地区生产总值的增速。从人均可支配收入的增速来看，排名前三位的省（区、市）分别是西藏（8.7%）、甘肃（7.5%）、新疆（7.0%），其他各省（区、市）的增速均小于7.0%（见表1-2）。

尽管2022年旱区的生产总值和非旱区的生产总值均有所下降，但与非旱区相比，旱区的生产总值增速较高。另外，相比于2022年，旱区各省（区、市）的生产总值增速差距有所缩小，增速最高的西藏和增速最低的河南相差15.8%。尽管增速相较于2022年有所减缓，但旱区生产总值整体上仍保持增长态势。对人均可支配

旱区农业发展环境分析

收入来说，2023年旱区16个省（区、市）的人均可支配收入相较于2022年有了较大提高，同时各省（区、市）经济增长稳定，波动幅度较小，说明经济发展新常态进一步显现，也说明了随着我国经济发展逐渐向好，各部门经济运行较为稳定且高效，极大提高了后疫情时代我国的经济发展水平和人均可支配收入水平。

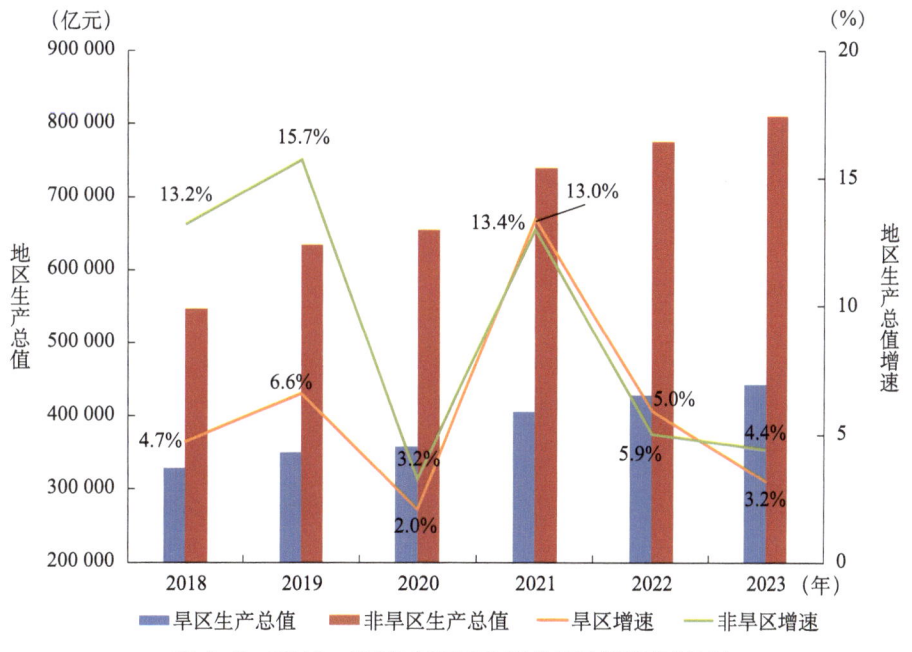

图1-6　2018—2023年旱区生产总值及增速变化对比

Figure 1-6　GDP and growth changes in arid areas from 2018 to 2023

资料来源：2019—2024年国家统计局数据。

表1-1　2019—2023年旱区各省（区、市）地区生产总值和增速

Table 1-1　GDP and change ratio in arid areas province from 2019 to 2023

省（区、市）		2019年	2020年	2021年	2022年	2023年
山东	地区生产总值（亿元）	70 540.5	72 798.2	82 875.2	87 435.1	92 068.7
	增速（%）	-23.4	3.2	13.8	5.5	5.3
河南	地区生产总值（亿元）	53 717.8	54 259.4	58 071.4	61 345.1	59 132.4
	增速（%）	-9.2	1.0	7.0	5.6	-3.6

续表1

省（区、市）		2019年	2020年	2021年	2022年	2023年
河北	地区生产总值（亿元）	34 978.6	36 013.8	40 397.1	42 370.4	43 944.1
	增速（%）	−20.4	3.0	12.2	4.9	3.7
北京	地区生产总值（亿元）	35 445.1	35 943.3	41 045.6	41 610.9	43 760.7
	增速（%）	−19.0	1.4	14.2	1.4	5.2
辽宁	地区生产总值（亿元）	24 855.3	25 011.4	27 569.5	28 975.1	30 209.4
	增速（%）	−17.7	0.6	10.2	5.1	4.3
陕西	地区生产总值（亿元）	25 793.2	26 014.1	30 121.7	32 772.7	33 786.1
	增速（%）	−23.7	0.9	15.8	8.8	3.1
天津	地区生产总值（亿元）	14 055.5	14 008.0	15 685.1	16 311.3	16 737.3
	增速（%）	−16.0	−0.3	12.0	4.0	2.6
内蒙古	地区生产总值（亿元）	17 212.5	17 258.0	21 166.0	23 158.6	24 627.0
	增速（%）	−30.1	0.3	22.6	9.4	6.3
山西	地区生产总值（亿元）	16 961.6	17 835.6	22 870.4	25 642.6	25 698.2
	增速（%）	−34.0	5.2	28.2	12.1	0.2
黑龙江	地区生产总值（亿元）	13 544.4	13 633.4	14 858.2	15 901.0	15 883.9
	增速（%）	−14.7	0.7	9.0	7.0	−0.1
吉林	地区生产总值（亿元）	11 726.8	12 256.0	13 163.8	13 070.2	13 531.2
	增速（%）	−13.3	4.5	7.4	−0.7	3.5
新疆	地区生产总值（亿元）	13 597.1	13 800.7	16 311.6	17 741.3	19 125.9
	增速（%）	−28.9	1.5	18.2	8.8	7.8

续表2

省（区、市）		2019年	2020年	2021年	2022年	2023年
甘肃	地区生产总值（亿元）	8 718.3	8 979.7	10 225.5	11 201.6	11 863.8
	增速（%）	−26.5	3.0	13.9	9.5	5.9
宁夏	地区生产总值（亿元）	3 748.5	3 956.3	4 588.2	5 069.6	5 315.0
	增速（%）	−29.5	5.5	16.0	10.5	4.8
青海	地区生产总值（亿元）	2 941.1	3 009.8	3 385.1	3 610.1	3 799.1
	增速（%）	−22.6	2.3	12.5	6.6	5.2
西藏	地区生产总值（亿元）	1 697.8	1 902.7	2 080.2	2 132.6	2 392.7
	增速（%）	−29.0	12.1	9.3	2.5	12.2

资料来源：2020—2024年国家统计局数据。

表1-2　2018—2023年旱区各省（区、市）人均可支配收入和最新增速

Table 1-2　Percapita disposable income and the latest growth table of all provinces in arid areas from 2018 to 2023

省（区、市）	人均可支配收入（元）						最新增速（%）
	2018年	2019年	2020年	2021年	2022年	2023年	
宁夏	22 400.4	24 411.9	25 734.9	27 905.0	29 599.0	31 604.0	6.8
吉林	22 798.4	24 562.9	25 751.0	27 770.0	27 975.0	29 797.0	6.5
山东	29 204.6	31 597.0	32 885.7	35 705.0	37 560.0	39 890.0	6.2
河南	21 963.5	23 902.7	24 810.1	26 811.0	28 222.0	29 933.0	6.1
天津	39 506.1	42 404.1	43 854.1	47 449.0	48 976.0	51 271.0	4.7
新疆	21 500.2	23 103.4	23 844.7	26 075.0	27 063.0	28 947.0	7.0
内蒙古	28 375.7	30 555.0	31 497.3	34 108.0	35 921.0	38 130.0	6.1
辽宁	29 701.4	31 819.7	32 738.3	35 112.0	36 089.0	37 992.0	5.3
黑龙江	22 725.8	24 253.6	24 902.0	27 159.0	28 346.0	29 694.0	4.8

续表

省 （区、市）	人均可支配收入（元）						最新增速(%)
	2018年	2019年	2020年	2021年	2022年	2023年	
北京	62 361.2	67 755.9	69 433.5	75 002.0	77 415.0	81 752.0	5.6
陕西	24 666.3	22 528.3	26 226.0	28 568.0	30 116.0	32 128.0	6.7
西藏	17 286.1	19 501.3	21 744.1	24 950.0	26 675.0	28 983.0	8.7
青海	20 757.3	22 617.7	24 037.4	25 920.0	27 000.0	28 587.0	5.9
甘肃	17 488.4	19 139.0	20 335.1	22 066.0	23 273.0	25 011.0	7.5
山西	21 990.1	23 828.5	25 213.7	27 426.0	29 178.0	30 924.0	6.0
河北	23 445.7	25 664.7	27 135.9	29 383.0	30 867.0	32 903.0	6.6

资料来源：2019—2024年国家统计局数据。

从旱区各省（区、市）的三次产业占比来看，除了黑龙江（22.2%），其余各省（区、市）的第一产业占比均低于20%。对于人均地区生产总值排名靠前的北京和天津，其第一产业占比仅为0.2%和1.6%，不足2%（见图1-7）。这些数据均反映了我国旱区第一产业发展水平较为低下的现状。在旱区各省（区、市）中，黑龙江省的第一产业占比最高，为22.2%；其次是新疆和甘肃，占比分别为14.3%和13.8%。同时，与2022年相比，旱区各省（区、市）的第一产业占比几乎维持不变，较为稳定，但旱区第一产业水平较低的事实仍然存在（见附表1）。由于农业生产效率较低，地区生产总值占比也较低，其在早期的经济发展中并没有引起各省（区、市）的足够重视，旱区第一产业相比第二、第三产业存在显著不足。在经济新常态下，经济结构转型需要根据当地自然环境，适当调整产业结构，为经济增长提供新动能。

旱区第一产业包含农、林、牧、渔四大部门。其中，农业在旱区各省（区、市）第一产业产值中所占的比例最大。2022年，旱区农业总产值为39 332.44亿元，占比为61.2%；畜牧业在旱区各省（区、市）第一产业产值中所占的比例次之，2023年的总产值为19 591.38亿元，占比为30.5%；渔业和林业产值较少，分别为3 694.97亿元和1 676.57亿元，占比分别为5.7%和2.6%（见图1-8）。考虑到旱区所处的地理环境，旱区各省（区、市）应该重点发展第一产业中的农业和畜牧业，以此带动旱区的经济发展。此外，农、林、牧、渔这四大部门的比例关系也基本稳定，

旱区农业发展环境分析

2018—2023 年，四大部门的产值结构比例基本不变，常年维持在 60∶2.5∶32∶5.5 左右（见图 1-9）。

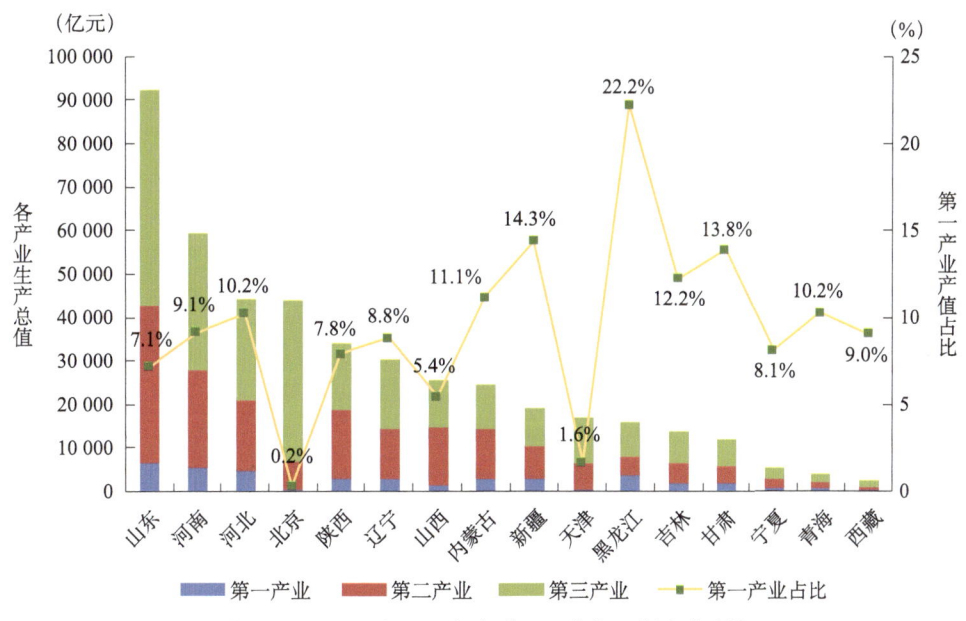

图 1-7　2023 年旱区各省（区、市）三类产业占比

Figure 1-7　The proportion of three types of industries in each province in arid areas in 2023

资料来源：国家统计局。

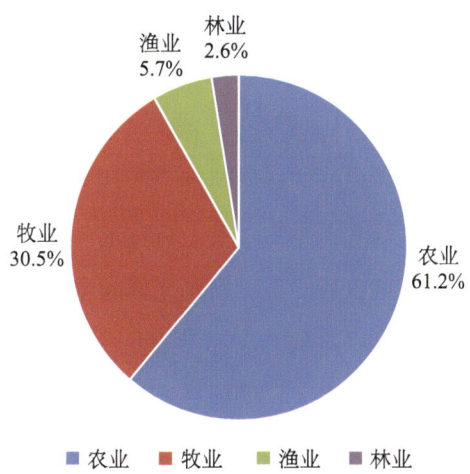

图 1-8　2023 年旱区第一产业产值的构成比例

Figure 1-8　The proportion of various industries in the first industry in arid area in 2023

资料来源：国家统计局。

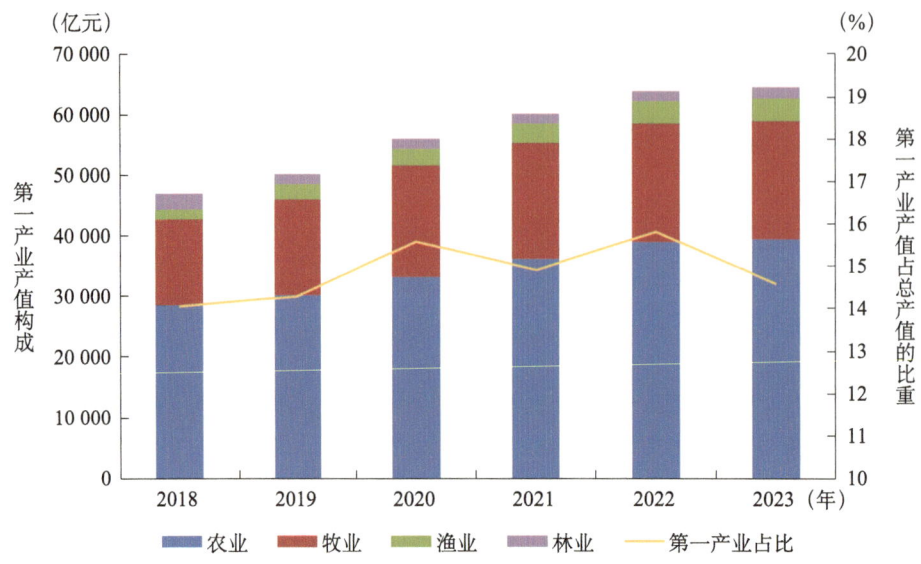

图 1-9 2018—2023 年旱区第一产业产值构成及地区生产总值占比变化

Figure 1-9 The primary industry output structure and its proportion in GDP in arid area from 2018 to 2023

资料来源：《中国统计摘要》（2019—2024 年）。

分省份来看，除青海、西藏外，2023 年旱区各省（区、市）第一产业产值中的农业占比均位于首位，畜牧业次之，渔业和林业在第一产业产值中所占比重较小。同时，旱区各省（区、市）的第一产业产值呈阶梯分布，第一梯队为山东、河南、河北、黑龙江；第二梯队为新疆、辽宁、陕西、内蒙古、吉林、甘肃、山西；第三梯队为宁夏、青海、天津、西藏、北京（见图 1-10）。

总体来看，随着国内经济的稳步发展，旱区经济形势逐渐复苏，一片向好。尽管面临着经济新常态和恶化的国际环境的挑战，我国经济发展速度仍然位居世界前列，旱区仍以较高的发展质量推动经济增长。具体而言，旱区经济总体保持稳定增长，第一、第二、第三产业高质量发展，居民生活水平大幅度提高。由于第一产业发展水平较为低下，资金主要流向第二、第三产业，导致农业发展动力不足，旱区农业发展整体质量不高。因此，旱区在发展经济过程中应当根据自然环境适当调整产业结构，促进农业生产的规模化和高效率，加大第一产业资金投入，为经济增长提供新动能。

1 旱区农业发展环境分析

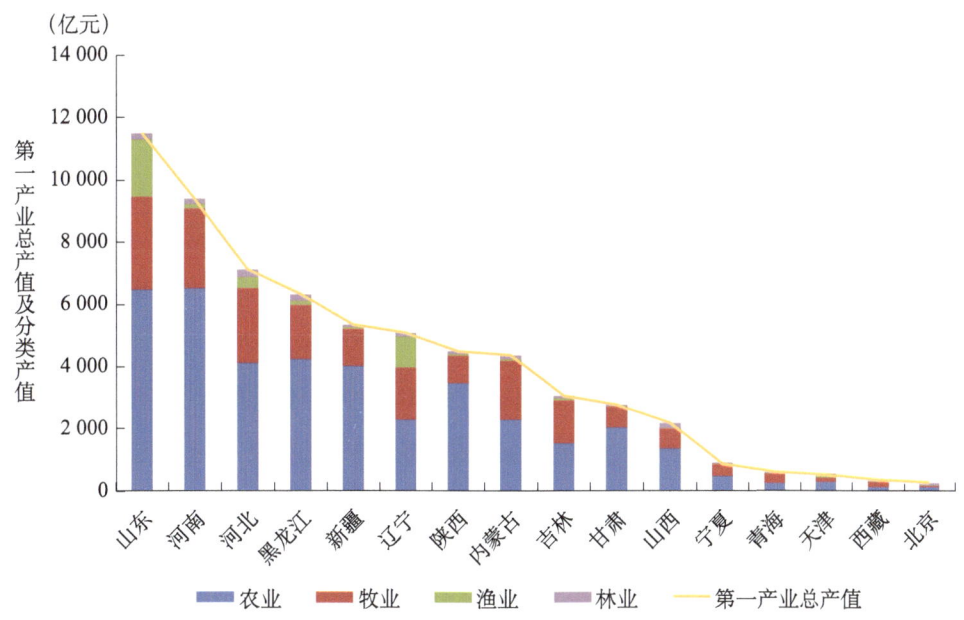

图 1-10　2023 年旱区各省（区、市）第一产业产值及分类产值

Figure 1-10　The primary industry output and structure in arid area in 2023

资料来源：国家统计局。

1.3　旱区农业生产

2024 年 2 月 3 日，《中共中央 国务院关于学习运用"千村示范、万村整治"工程经验有力有效推进乡村全面振兴的意见》正式发布，提出有力有效推进乡村全面振兴"路线图"。这是 21 世纪以来中共中央、国务院发布的第 21 个指导"三农"工作的一号文件。文件指出，推进中国式现代化，必须坚持不懈夯实农业基础，推进乡村全面振兴。要学习运用"千万工程"蕴含的发展理念、工作方法和推进机制，把推进乡村全面振兴作为新时代新征程"三农"工作的总抓手，坚持以人民为中心的发展思想，完整、准确、全面贯彻新发展理念，因地制宜、分类施策，循序渐进、久久为功，集中力量抓好办成一批群众可感可及的实事，不断取得实质性进展、阶段性成果。

现阶段，我国的第三产业发展迅速，第一、第二产业所占比例有所下降，但第一产业是国民经济的基础性产业，对于维护国家粮食安全，促进经济稳定有着不可替代的作用，同时也为我国第二、第三产业的发展奠定了坚实基础。旱区面积占全国国土面积过半，旱区耕地面积更是占全国耕地面积的六成，因而旱区农业是我国第一产业的最重要组成部分。就农业发展现状而言，旱区的主要农产品产量在全国农产品总产量中均占有较大比重，其对于保障国家粮食安全发挥着至关重要的作用。旱区有着深厚的农业发展基础，为产业融合发展提供了较好的农业支撑。

旱区农产品种类较为丰富，已成为我国重要且难以替代的农产品生产基地。虽然旱区的重要特征是干旱缺水，但在2022年，旱区的粮食总产量为41 160万吨，在全国粮食总产量中的占比为60%，相比2021年的粮食总产量提高了1.2%。在粮食作物产量方面，旱区的作用同样巨大。2022年，旱区生产了我国玉米总产量的83.7%，高粱总产量的69.3%，大豆总产量的75.9%，小麦总产量的71.6%，花生总产量的66.4%，谷物总产量的60.8%，马铃薯总产量的39.4%（见图1-11）。

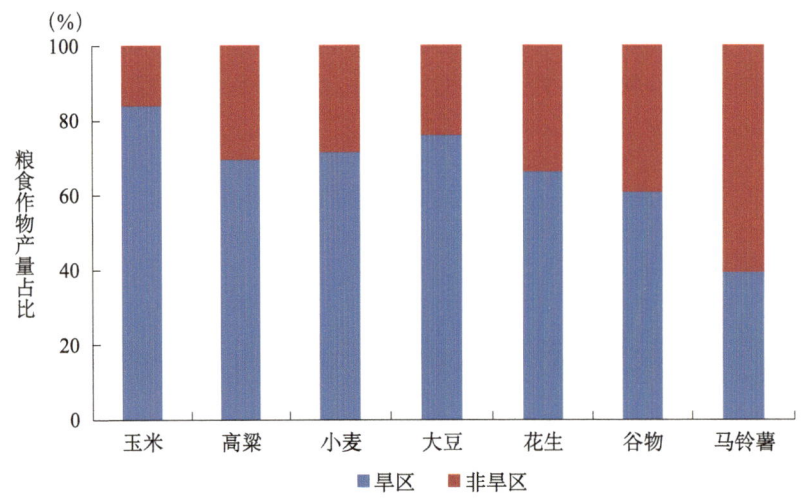

图1-11　2022年旱区粮食作物产量占比情况

Figure 1-11　The proportion of grain crop production in arid area in 2022

资料来源：《中国农村统计年鉴2023》。

同时，根据《中国农村统计年鉴2023》的数据，2022年旱区的奶类产量占全国奶类总产量的90%，棉花产量占总产量的96%，羊肉产量占总产量的74.3%，牛肉产量占总产量的71%，粮食产量占总产量的60%，蔬菜产量占总产量的45.5%，油料产量占总产量的47.4%，猪肉产量占总产量的40.3%，糖料产量占总产量的8%，水果产量占总产量的37.7%（见图1-12），其重要性可见一斑。

旱区农业发展环境分析

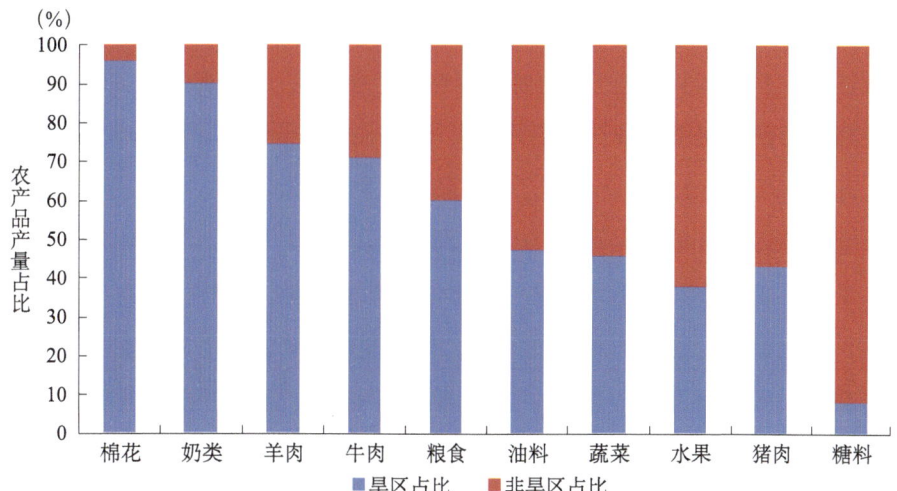

图 1-12　2022 年旱区主要农产品产量占比情况

Figure 1-12　The proportion of main agricultural output in arid area in 2022

资料来源：《中国农村统计年鉴 2023》。

图 1-13 展示了 2017—2022 年旱区各类农产品的产量变化。可以发现，旱区的蔬菜产量在 2019 年达到最低点，之后逐渐上升。同时，旱区的水果产量呈现波动的趋势，没有明显的增加或减少。除了蔬菜和水果外，旱区其他农产品的产量虽有生

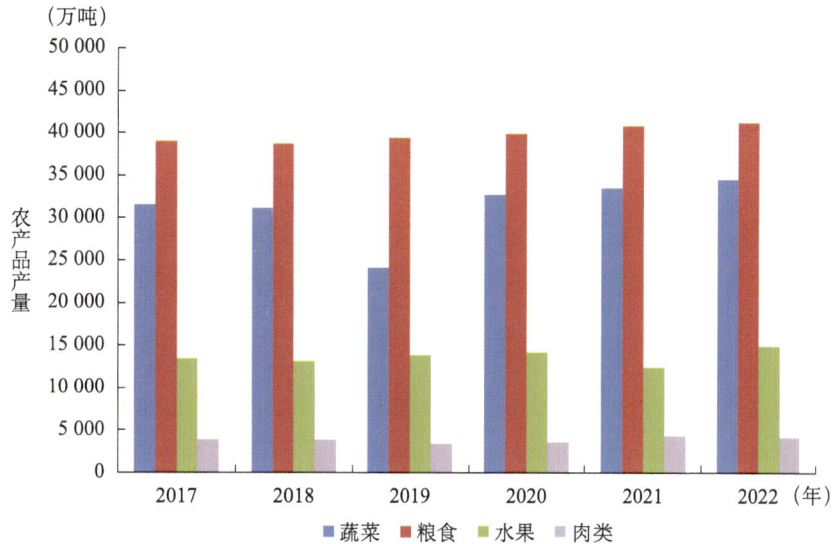

图 1-13　2017—2022 年旱区农产品产量变化

Figure 1-13　Changes of agricultural production in arid areas from 2017 to 2022

资料来源：《中国农村统计年鉴》（2018—2023 年）。

产波动现象，但是总体波动幅度不大，尤其是 2017 年以后（见附表 2）。

从谷物、玉米和小麦这三种主要农作物的产量来看，在 2017—2022 年，旱区农作物的总体产量呈现缓慢增长的趋势。具体地，2022 年旱区谷物总产量为 38 511.4 万吨，玉米总产量为 23 188.2 万吨，小麦总产量为 9 856.8 万吨，相较于 2021 年都有不同程度的提高（见图 1-14）。对于奶类而言，在 2017—2022 年，旱区奶类的总产量基本保持不变。总体来看，2017—2022 年，除了棉花、油料、奶类产量基本保持稳定外，在保障粮食安全的政策支持下，旱区的粮食产量也呈现较好的增长趋势，但蔬菜和肉类的产量波动较大。在 2019 年，蔬菜和肉类的产量大幅下降，分别比 2018 年减少了 7 006 万吨和 340 万吨；2020—2022 年，蔬菜和肉类的产量呈增长趋势（见附表 3）。

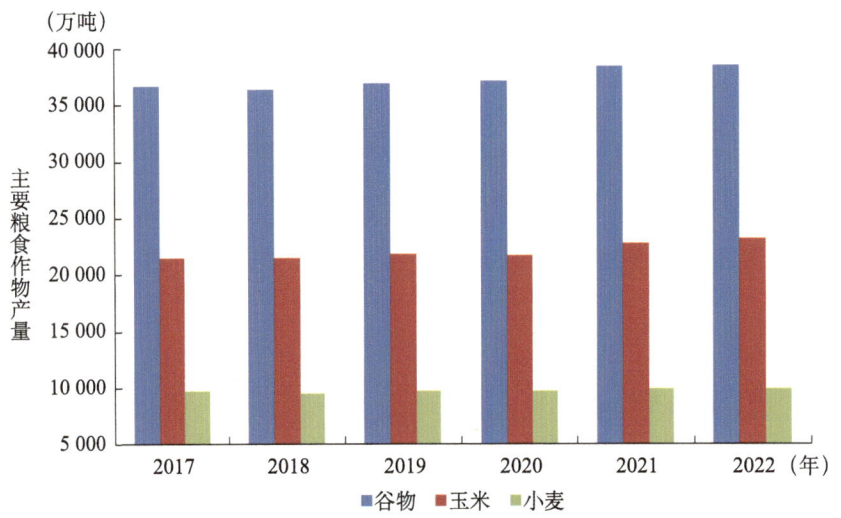

图 1-14 2017—2022 年旱区农作物产量变化

Figure 1-14 Changes of major crops production in arid areas from 2017 to 2022

资料来源：《中国农村统计年鉴》（2018—2023 年）。

从农业生产的生产资料和技术利用情况来看，2022 年旱区各省（区、市）的机器耕种、播种和收割面积分别为 6 776.2 万公顷、7 697.8 万公顷和 7 072.82 万公顷，占全国的比重均超过了 50.0%。相较于 2021 年，除机器耕种外，旱区各省（区、市）的农业播种和收割面积均有不同程度的提高，这从侧面反映了我国旱区农业正在向集约化转型，机械化水平稳步提高。旱区农业的机械化水平相较于非旱区略高，但各省（区、市）的农业机械化水平差异明显。黑龙江和河南的农业机械化水平远高于旱区其他省（区、市）（见表1-3），面积广袤的青海、西藏，其农业机械化水平较低，说明旱区西南部地区农业生产发展的潜力巨大（见表1-3）。

从旱区的耕地灌溉面积来看，2022年旱区总体耕地灌溉面积为4 113.16万公顷，相比上年增加6.3%，占全国比重的55.5%，这些数据说明旱区农业水利基础设施建设相对完善。从具体的省（区、市）来看，新疆、黑龙江、河南、山东、内蒙古、河北的耕地灌溉面积远超旱区其他省（区、市），西北地区的耕地灌溉面积普遍较小，干旱程度较高（见图1-15）。这说明旱区的农业水利基础设施建设和机械化水平类似，东北和中部地区农业大省较为完善，西北地区还存在不足，这一问题亟须改善。

表1-3　2022年旱区各省（区、市）机器耕种、播种和收割面积

Table 1-3　Areas cultivated sown and harvested by machines in the provinces of the arid areas in 2022

单位：万公顷

省（区、市）	机器耕种	机器播种	机器收割
黑龙江	1 358.35	1 506.32	1 493.12
河南	963.07	1 211.31	1 196.14
内蒙古	679.49	793.01	686.78
山东	634.03	982.72	941.63
新疆	627.58	617.47	459.58
河北	530.35	690.29	621.44
吉林	375.56	579.47	544.35
辽宁	401.7	380.96	317.28
甘肃	368.97	225.35	205.63
陕西	340.41	239.41	217.87
山西	280.79	275.97	216.9
宁夏	109.88	93.62	79.17
青海	44.88	36.55	32.78
天津	32.96	40.1	38.15
西藏	19.1	15.66	14.89
北京	9.08	9.59	7.11

资料来源：《中国农村统计年鉴2023》。

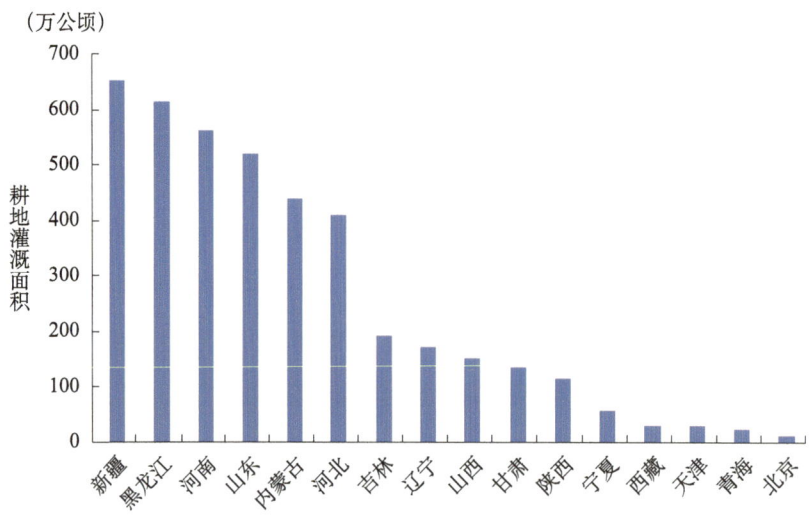

图 1-15　2022 年旱区各省（区、市）耕地灌溉面积

Figure 1-15　Irrigation area of cultivated land in various provinces of the arid areas in 2022

资料来源：《中国统计年鉴 2023》。

作为发展基石，农业的高质量发展必须得到重视。要全面推进乡村产业、人才、文化、生态、组织振兴，充分发挥农业产品供给、生态屏障、文化传承等功能，走中国特色社会主义乡村振兴道路，加快农业农村现代化。旱区的农业发展在全国农业生产中举足轻重，根据上述分析，旱区各类农产品的产量基本稳定，仅市场化程度较高的水果和蔬菜的产量波动较大。在节水灌溉和农业机械化方面，灌溉管理水平和机械化水平不断提高。但相比于旱区中东部的省市，西北地区的节水灌溉和机械化水平普遍偏低，加之气候更为干旱，使其农产品产值较低。因此，亟须提升西北地区的节水灌溉能力和机械化水平。此外，旱区农业中存在的农业科技化程度不足、生产效率低下等问题，严重制约着旱区农业的高质量发展。因此，深入推进旱区农业供给侧结构性改革，进行农业产业结构升级改造，是推进旱区第一产业持续发展的关键。同时，还需提高农业科技创新能力，坚持用改革创新点燃转型升级"核动力"，全力推进由要素拉动向创新拉动转换，将科技作为引领发展的"主引擎"，不断探索旱区现代农业的发展之路。

位于陕西省的杨凌农业高新技术产业示范区（以下简称"杨凌示范区"）是1997 年 7 月经党中央、国务院批准设立的首个国家级农业高新技术产业示范区。杨凌示范区成立以来，始终不断探索农业科技示范推广新模式，逐步形成了大学推广、产业链企业推广、科特派创业推广、农科培训推广、媒体推广、展会推广这六种推广模式，构建了多元立体化的农业科技推广体系，形成"核心示范、周边带动、广泛辐射"的农业科技示范推广新格局，产生了显著的经济社会效益。特别是近年来，围绕国家脱贫攻坚战略，杨凌示范区将示范推广与科技扶贫紧密结合，坚持立足陕西，面向有扶贫任务的中西部省份，重点在国家集中连片特殊困难地区建立科技示范推广基地，为助力全省、全国脱贫攻坚战贡献"杨凌力量"。截至2022年底，杨凌示范区在18个省、自治区、直辖市累计建设示范推广基地370个，示范推广面积超过1亿亩，累计推广效益1910亿元，带动旱区近1亿群众脱贫增收致富。未来，陕西省将持续发力把杨凌示范区建设成为干旱半干旱地区农业科技创新推广核心区，新时代乡村振兴、特色现代农业发展引领示范区，具有国际影响力的现代农业创新高地、人才高地和产业高地，辐射带动干旱半干旱地区农业产业发展，为旱区农业可持续发展强化战略科技力量。

综上所述，在相关政策的支持下，旱区农业取得了长足的发展，但仍要看到旱区农业发展面临的问题。首先，旱区农业自然条件较差，特别是干旱严重，给当地人民的生存与发展造成了巨大的困难。旱区的地理位置和环境导致其降水量少；同时，降水量不足的西北地区，雨水蒸发量较大，地表和地下水资源较为缺乏，这对农业的发展无疑是致命的打击。其次，旱区土壤通常贫瘠、缺乏养分，使作物的生长和产量受到了很大的限制。同时，土壤贫瘠还可能导致土壤侵蚀问题，进一步加剧了农业生产的困难。再次，旱区农业技术相对落后，管理水平仍较低。旱区农业往往缺乏先进的技术和管理经验，农民可能缺乏对水资源的有效利用和对农作物抗旱性强的品种的了解，很多农户的经营理念落后、经营方式落后、经营品种单一等，限制了旱区农业发展。旱区对农业的投资也明显弱于对工业的投资，这就导致西北干旱地区的农业基础设施薄弱，发展较为缓慢。最后，农民的适应能力和应对灾害的能力仍较弱。随着全球气候变暖趋势的加剧，旱区的气候变异性和极端天气事件发生的频率可能会增加，这进一步加剧了农业生产的不确定性，面对干旱等自然灾害，农民常常束手无策。因此，综合考虑各种因素并协调各部门采取有力措施，大力推进旱区高标准农田建设，是解决旱区农业困难，实现旱区农业可持续发展的关键。

1.4 旱区社会发展

改革开放40余年的发展，推动了旱区社会生产力水平的明显提高，居民收入水平提高，城乡差距缩小，人民生活安居乐业。同时，旱区的城镇化水平也逐渐提高，医疗水平、教育水平与自然环境得到了明显的改善，旱区社会的福利水平逐年提高，社会发展稳中带好。然而，在社会发展过程中，旱区仍面临许多突出的问题：城乡之间、地区之间的发展差距仍然较大，发展质量和效益不佳，发展不平衡不充分的问题尚未解决。因此，针对旱区发展存在的社会问题，我们应当积极响应党中央实施的国家发展战略，抓住"一带一路"、西部大开发、乡村振兴等重要机遇，缓解旱区各省（区、市）发展不平衡、城乡发展不平衡等问题。

居民收入水平是社会发展的一个重要指标。2023年，旱区居民人均可支配收入为36 096.6元，相较于上一年有1.06%的增长速率。同时，旱区居民人均消费支出为24 109.3元，相比上一年增加了1.12%。居民人均可支配收入和消费支出的增长，在一定程度上反映了个体经济状况和生活质量的改善，代表着人民生活水平的提高。其中，城镇居民的人均可支配收入为46 822.6元，相比2022年提高了5.18%；农村居民的人均可支配收入为20 857.3元，相比2022年提高了7.64%，农村居民收入的增长速率高于城镇居民，城乡居民的收入差距在逐渐缩小（见附表4）。

我国旱区地理区域分布广泛，既包括东部发达省（区、市），也有中西部欠发达省（区、市）。从图1-16来看，旱区各省（区、市）经济发展不平衡，不同省（区、市）之间的人均可支配收入相差很大，其中，北京为81 752.0元，天津为51 271.0元，属于第一梯队，远远高于旱区的其他省（区、市），同时也高于全国平均人均可支配收入水平。山东、内蒙古、辽宁属于第二梯队，人均可支配收入分别为39 890.0元、38 130.0元、37 992.0元，与全国平均人均可支配收入几乎持平，其余省（区、市）的人均可支配收入与全国平均线相差较大。同样地，人均消费支出也呈现出这一态势。上述结果表明，旱区内部各省（区、市）的发展极不均衡，从东向西，人均可支配收入和人均消费支出均呈现下降趋势。

旱区农业发展环境分析

除了中部、东部、西部发展不平衡，旱区城乡发展也有较大的差距。根据图1-17，西部地区的一些省（区、市），如甘肃、陕西、青海、西藏等，其城乡居民收入差距较大，不但高于旱区各省（区、市）的平均城乡收入差距水平，还高于全国平均城乡收入差距水平。东部的城乡收入差距较小，山东、辽宁、天津等省市的城乡收入差距低于全国平均水平。中部地区，如内蒙古、山西省的城乡收入差距水平高于全国平均水平和旱区平均水平，但黑龙江、吉林和河南的城乡收入差距均低于全国平均水平。值得注意的是，北京的城乡收入差距较大，但北京和天津的农村居民人均可支配收入水平相当，因此这种较大的城乡收入差距主要是由北京城镇居民较高的收入水平导致的。从旱区各省（区、市）内部的城乡收入差距来看，西北地区的城乡二元分化严重，具体表现为农村居民人均可支配收入较低。

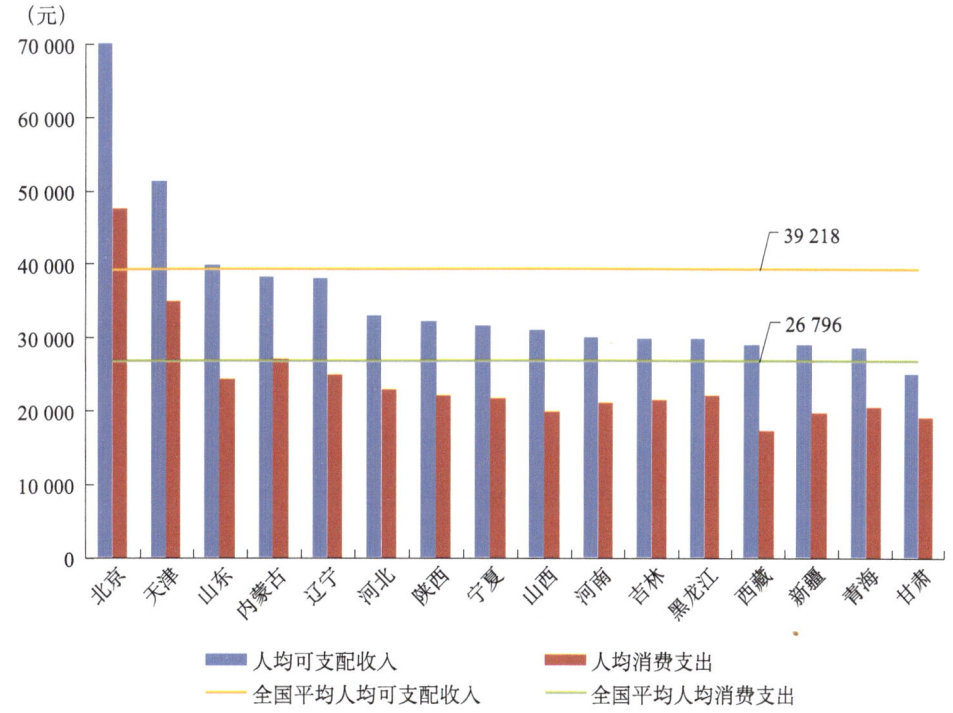

图 1-16　2023 年旱区各省（区、市）居民人均可支配收入和消费支出清况

Figure 1-16　Per capita disposable income and consumption expenditure of residents in the provinces in arid areas in 2023

资料来源：国家统计局。

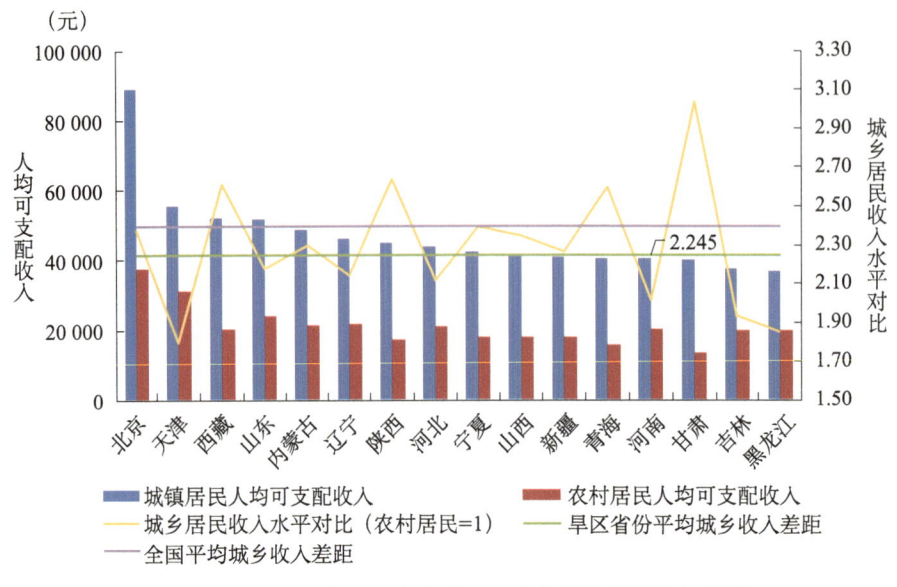

图 1-17　2023 年旱区各省（区、市）城乡居民收入差距

Figure 1-17　Income gap between urban and rural residents in arid areas in 2023

资料来源：国家统计局。

接下来，我们分析旱区农村人口的变化。由于从事农业与从事工业的收入差距较大，且城市拥有更优越的医疗和教育资源，越来越多的旱区农村居民选择迁往城市，旱区的城镇化率逐年提高，相应地，农村人口在逐渐减少（见附表 5）。2017—2022 年，旱区农村人口的比重总体稳定，在 2020 年有所波动，降低到 36.7%，2021 年回升至 41.9%。城镇化率从 58.5% 提高到 59.1%，城镇化水平不断提高，并在 2020 年达到最高（63.3%）。农村人口数量在 2021 年有所回升，可能是由于新冠疫情的影响，造成一部分人口从城镇回到农村（见图 1-18）。

不可否认的是，由于旱区地域广阔，各省（区、市）的城镇化发展水平也不尽相同。根据图 1-19 可以发现，西部地区的城镇化发展水平不高，新疆、甘肃、西藏等多个省区的农村人口占比远远高于全国平均水平和旱区平均水平；中部地区和东北部地区的城镇化发展水平相当，山西、吉林等多个省份的农村人口占比与全国平均水平持平；东部地区的城镇化发展水平较高，北京、天津等多个省市的农村人口占比远远低于全国平均水平和旱区平均水平。总体来看，旱区城镇化发展水平虽在稳步提高，但是各省（区、市）之间的差距仍然较大，东部地区城镇化发展水平较高，西部地区发展水平较低。

1 旱区农业发展环境分析

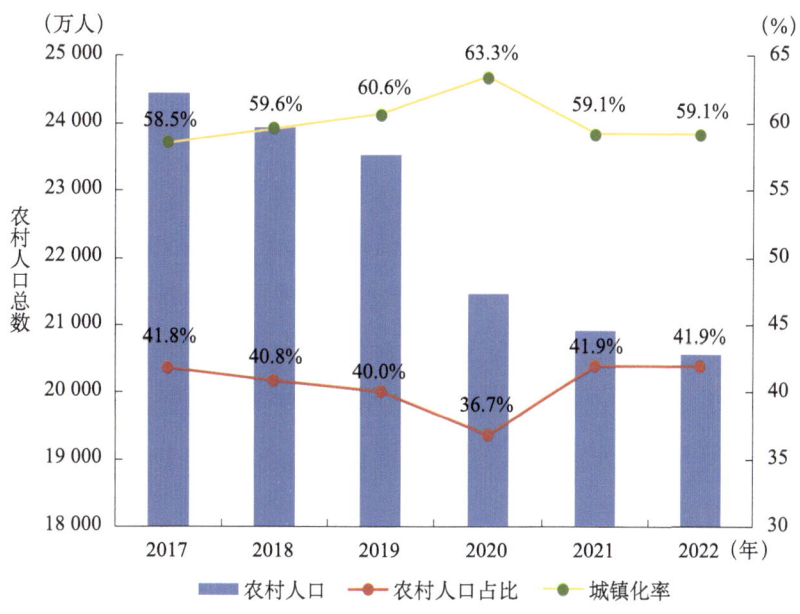

图 1-18 2017—2022 年旱区农村人口数变化

Figure 1-18 Changes in rural population in arid areas from 2017 to 2022

资料来源：《中国农村统计年鉴》（2018—2023 年）。

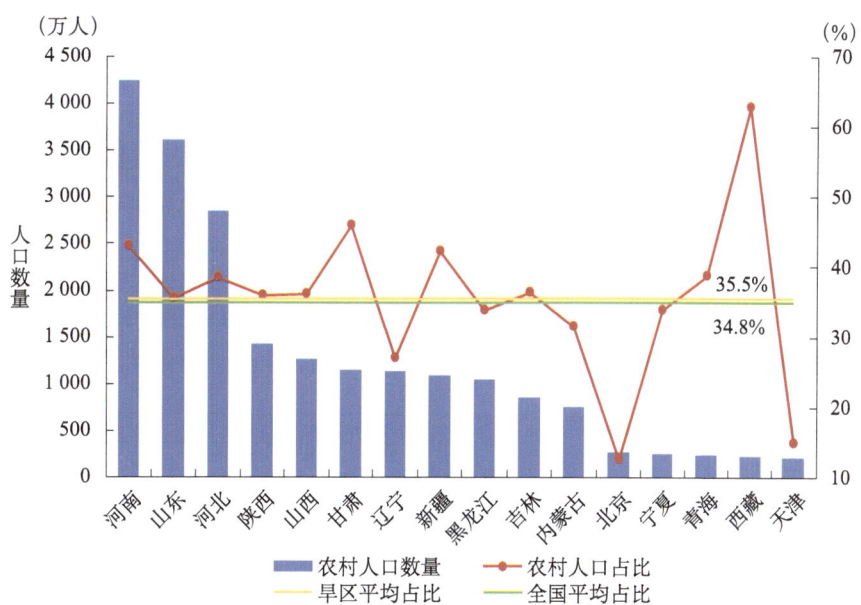

图 1-19 2022 年旱区各省（区、市）农村人口数量占比

Figure 1-19 The number and proportion of rural population in arid areas in 2022

资料来源：《中国农村统计年鉴 2023》。

同样，由于旱区横跨我国东部、中部和西部，其内部各省（区、市）的城镇化水平差异较大。如图1-19所示，西北地区，包括新疆、西藏、甘肃、青海等省区的城镇化水平较低，农村人口占比较大，高于全国平均水平。中部地区和东北地区，如陕西、吉林等地的城镇化水平与全国平均水平相当。东部地区，如北京、天津、辽宁等地的城镇化水平较高。此外，城镇化水平与农村人口数量并没有表现出明显的相关性。在河南、河北、山东三个农业大省中，河南省的农村人口数量最多，城镇化水平相对较低，但与河南省农村人口数量相近的山东省，其城镇化水平却高于全国平均水平和旱区平均水平。河北省的农村人口相对较多，城镇化水平与全国平均水平相当。总体来看，虽然旱区的城镇化进程正在稳步推进，但其内部各省（区、市）的城镇水平差异较大，表现出从东向西依次递减的趋势。农村人口数量多并不一定会阻碍城镇化进程。城镇化的差异与城乡发展的差异类似，多和地理位置、经济发展水平等因素相关。因此，促进旱区城镇化和城乡统筹发展，需要建立健全城乡融合发展体制机制和政策体系，加快推进农业农村现代化，推动旱区经济从多元发展向融合发展转变。

社会的发展进步不仅体现在居民收入的提高和城乡差距的缩小，居民生活的质量也是衡量社会进步的一个重要指标。图1-20展示了旱区医疗水平的发展情况，可以看到，2016—2021年旱区每千人口医护人数逐年提高。截至2021年，旱区每千人口卫生技术人员为8.5人、每千人口执业医师为2.8人、每千人口注册护士为3.6人，相较于2016年有了较大的提升。医护人员数量的增加在一定程度上反映出了旱区医疗水平的发展进步，旱区的公共卫生服务体系建设水平得到了提高，各地区逐步建立了纵横有序、功能互补的医疗保健体系。医疗卫生条件的改善和医疗保健体系的健全，有效提高了旱区居民的健康水平。

教育的发展水平是衡量社会进步的一个重要指标，旱区经济的快速发展也带动了居民教育水平的快速提高。旱区绝大多数省（区、市）6岁以上未上学的人口比例明显低于全国平均水平，只有宁夏、青海、山东、甘肃、西藏的比例高于全国平均水平。同时，对于大专及以上学历的人口比例，东部地区的大多数省市，包括北京、天津、辽宁等，均高于旱区其他省（区、市）的比例，其余各省（区、市）的比例相差不大（见图1-21）。上述数据从侧面反映了东部地区拥有较为优厚的教育资源，教育水平较高，西部地区的教育水平相对落后。

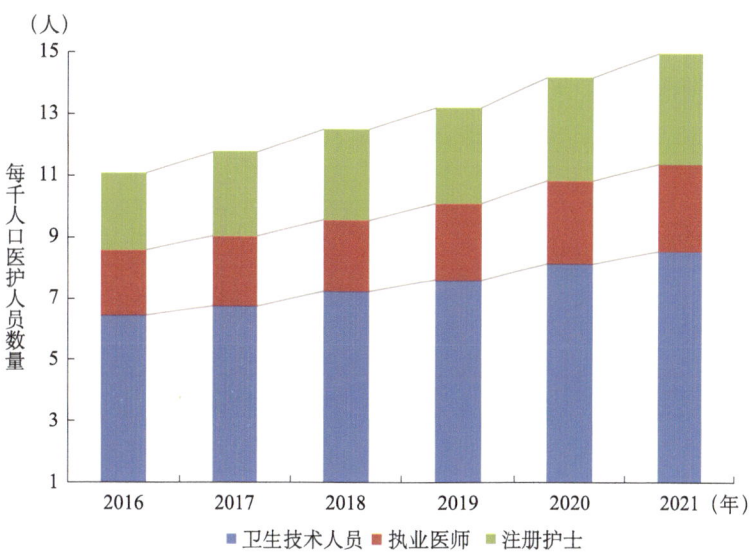

图 1-20　2016—2021 年旱区平均每千人口医护人员变化情况

Figure 1-20　Changes of medical staff per 1 000 people in arid areas from 2016 to 2021

资料来源：《中国卫生健康统计年鉴》（2017—2022 年）。

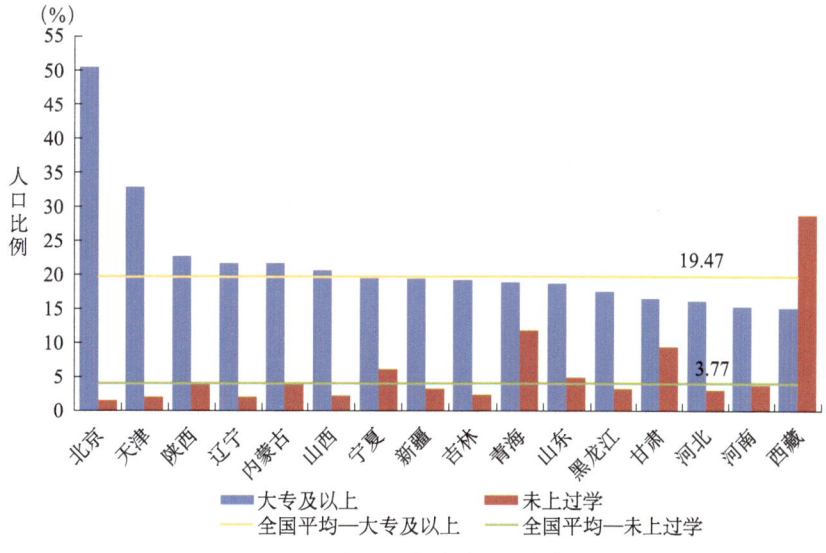

图 1-21　2022 年旱区各省（区、市）教育情况

Figure 1-21　Education in provinces in arid area in 2022

资料来源：《中国统计年鉴 2023》。

就业稳定性水平也是衡量旱区社会发展质量的一个重要指标。如图 1-22 所示，2016—2020 年，旱区的平均失业率水平逐渐与全国平均失业率水平持平，但在 2021

年又高于全国平均失业率，这表明旱区各省（区、市）具有较好的就业稳定性，然而受到新冠疫情的影响，失业率有所波动。

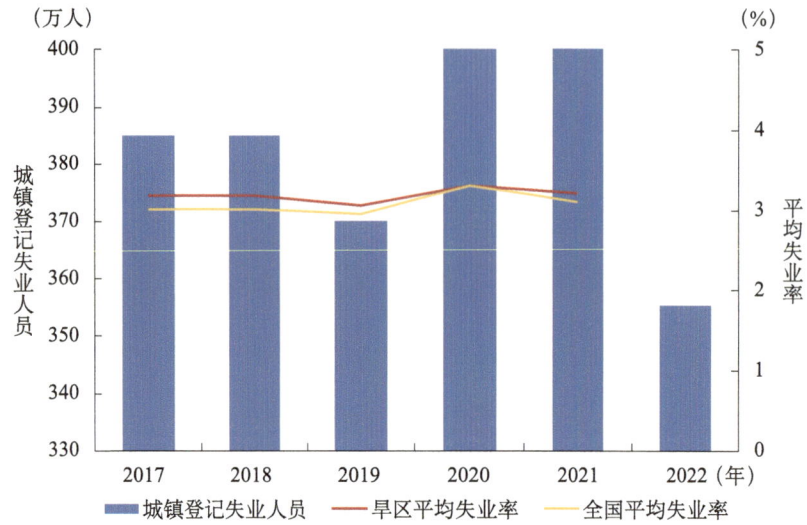

图 1-22　2016—2022 年旱区失业率和失业人数变化情况

Figure 1-22　Changes in unemployment rate and number of people working in arid areas from 2016 to 2022

注：2022 年起，人力资源和社会保障部不再发布城镇登记失业率数据。
资料来源：《中国人口与就业年鉴》（2017—2023 年）。

1.5　旱区相关支持政策

1.5.1　中央一号文件及其解读

2024 年 2 月 3 日，《中共中央 国务院关于学习运用"千村示范、万村整治"工程经验有力有效推进乡村全面振兴的意见》正式发布，提出有力有效推进乡村全面振兴"路线图"。这是党的十八大以来第 12 个指导"三农"工作的中央一号文件，全文共六个部分，包括确保国家粮食安全、确保不发生规模性返贫、提升乡村产业发展水平、提升乡村建设水平、提升乡村治理水平、加强党对"三农"工作的全面领导，充分体现了以习近平同志为核心的党中央对"三农"工作一以贯之的高度重视。2020—2024 年发布的中央一号文件的主题，如表 1-4 所示。

2024 年中央一号文件的关键内容是学习运用"千村示范、万村整治"工程经验，有力有效推进乡村全面振兴，要求"集中力量抓好办成一批群众可感可及的实事"。2024年的重点是"提升乡村产业发展水平、提升乡村建设水平、提升乡村治理水平"；需要强化的是"科技和改革双轮驱动"与"农民增收举措"；工作底线是"确保国家粮食安全、确保不发生规模性返贫"。

表1-4 2020—2024年中央一号文件主题

Table 1-4　Theme of No.1 central document from 2020 to 2024

年份	文件主题	主要内容
2024	学习运用"千村示范、万村整治"工程经验有力有效推进乡村全面振兴	确保国家粮食安全； 确保不发生规模性返贫； 提升乡村产业发展水平； 提升乡村建设水平； 提升乡村治理水平； 加强党对"三农"工作的全面领导
2023	全面推进乡村振兴重点工作	抓紧抓好粮食和重要农产品稳产保供； 加强农业基础设施建设； 强化农业科技和装备支撑； 巩固拓展脱贫攻坚成果； 推动乡村产业高质量发展； 拓宽农民增收致富渠道； 扎实推进宜居宜业和美乡村建设； 健全党组织领导的乡村治理体系； 强化政策保障和体制机制创新
2022	全面推进乡村振兴重点工作	全力抓好粮食生产和重要农产品供给； 强化现代农业基础支撑； 坚决守住不发生规模性返贫底线； 聚焦产业促进乡村发展； 扎实稳妥推进乡村建设； 突出实效改进乡村治理； 加大政策保障和体制机制创新力度； 坚持和加强党对"三农"工作的全面领导
2021	全面推进乡村振兴加快农业农村现代化	实现巩固拓展脱贫攻坚成果同乡村振兴有效衔接； 加快推进农业现代化； 大力实施乡村建设行动； 加强党对"三农"工作的全面领导
2020	确保如期实现全面小康	坚决打赢脱贫攻坚战； 对标全面建成小康社会加快补上农村基础设施和公共服务短板； 保障重要农产品有效供给和促进农民持续增收； 加强农村基层治理； 强化农村补短板保障措施

专栏 1-1　2024 年中央一号文件解读

2024 年 2 月 3 日，《中共中央 国务院关于学习运用"千村示范、万村整治"工程经验有力有效推进乡村全面振兴的意见》正式发布，提出有力有效推进乡村全面振兴"路线图"。这是党的十八大以来第 12 个指导"三农"工作的中央一号文件。文件指出，推进中国式现代化，必须坚持不懈夯实农业基础，推进乡村全面振兴。要学习运用"千万工程"蕴含的发展理念、工作方法和推进机制，把推进乡村全面振兴作为新时代新征程"三农"工作的总抓手，坚持以人民为中心的发展思想，完整、准确、全面贯彻新发展理念，因地制宜、分类施策，循序渐进、久久为功，集中力量抓好办成一批群众可感可及的实事，不断取得实质性进展、阶段性成果。充分体现了以习近平同志为核心的党中央对"三农"工作一以贯之的高度重视。2024 年中央一号文件的主要内容包括以下六个方面。

（1）确保国家粮食安全。

（2）确保不发生规模性返贫。

（3）提升乡村产业发展水平。

（4）提升乡村建设水平。

（5）提升乡村治理水平。

（6）加强党对"三农"工作的全面领导。

2024 年中央一号文件的总体框架可以概括为"两个确保、三个提升、两个强化"。"两个确保"，就是确保国家粮食安全、确保不发生规模性返贫；"三个提升"，就是提升乡村产业发展水平、提升乡村建设水平、提升乡村治理水平；"两个强化"，就是强化科技和改革双轮驱动、强化农民增收举措。

（1）把学习运用"千万工程"经验作为重要引领。2024 年中央一号文件强调，要学习运用"千万工程"蕴含的发展理念、工作方法和推进机制，把推进乡村全面振兴作为新时代新征程"三农"工作的总抓手，集中力量抓好办成一批群众可感可及的实事。习近平总书记在浙江工作期间亲自谋划推动"千万工程"，从整治农村环境入手，由点及面，扩容建设，经过 20 多年持续努力，不仅深刻改变了浙江农村的整体面貌，也为推进乡村全面振兴作出了先行探索和示范引路，各地都可学可鉴。必须看到，我国各地农村情况千差万别，自然条件、风土人情、发展水平、工作基础各不相同。学习运用"千万工程"经验，要因地制宜，不能生搬硬套、搞"一刀切"。归根结底要让广大农民在乡村振兴中有实实在在的获得感，坚决反对搞形象工程、做表面文章。当前和今后一个时期，推进乡村全面振兴工作重点是确保国家粮食安全，确保不发生规模性返贫；提升乡村产业发展水平，提升乡村建设水平，提升乡村治理水平；强化科技和改革双轮驱动，强化农民增收举措。

（2）确保国家粮食安全，确保不发生规模性返贫。2023 年我国粮食总产量再创新高，连续 9 年稳定在 1.3 万亿斤以上。面对各种风险挑战和不确定性，如何保障粮食安全？2024年中央一号文件突出稳面积、增单产两手发力的导向，提出确保粮食产量保持在1.3万亿斤以上的目标。确保国家粮食安全，关键是调动农民种粮和地方抓粮积极性。要适当提高小麦最低收购价，继续实施耕地地力保护补贴、玉米大豆生产者补贴和稻谷补贴，扩大完全成本保险和种植收入保险政策实施范围，让农民种粮有钱赚。全面落实粮食安全党政同责，加大对产粮大县的支持力度，探索建立粮食产销区省际横向利益补偿机制，让地方抓粮有动力。同时，把粮食增产的重心放到大面积提高单产上，实施粮食单产提升工程，集成推广良田、良种、良机、良法，推动粮食产能迈上新台阶。以小农户为基础、新型农业经营主体为重点、社会化服务为支撑，构建现代农业经营体系，解决"谁来种地"问题。要健全耕地数量、质量、生态"三位一体"保护制度体系，坚决整治乱占、破坏耕地违法行为，改革完善耕地占补平衡制度，适当提高高标准农田建设的中央和省级投资补助水平，确保耕地数量有保障、质量有提升。同时，树立大农业观、大食物观，多渠道拓展食物来源，构建多元化食物供给体系。确保不发生规模性返贫是推进乡村全面振兴的底线要求，2024年中央一号文件对此作出了部署。要压紧压实防止返贫工作责任，落实监测帮扶机制，加强跨部门信息整合共享，进一步提升监测及时性和帮扶精准性。加强产业和就业帮扶，强化帮扶产业分类指导，推进防止返贫就业攻坚行动。加大对重点地区帮扶支持力度，改善发展条件，增强"造血"能力，激发内生动力。

（3）提升乡村产业发展、乡村建设、乡村治理水平。乡村是广大农民群众的家园，只有营造安居乐业的良好环境，才能让农民有充足的获得感、幸福感、安全感。2024年中央一号文件将"三个提升"作为推进乡村全面振兴的重点。要统筹推进乡村产业发展、乡村建设、乡村治理，建设宜居宜业和美乡村。①提升乡村产业发展水平。做好"土特产"文章，坚持产业兴农、质量兴农、绿色兴农，把农业建成现代化大产业。促进农村一二三产业融合发展，推动农产品加工业优化升级，推动农村流通高质量发展，加快构建农林牧渔并举、产加销贯通、农文旅融合的现代乡村产业体系。②提升乡村建设水平。加强村庄规划编制实效性、可操作性和约束力，适应乡村人口变化趋势，优化村庄布局、产业结构、公共服务配置。深入实施农村人居环境整治提升行动，完善农民参与和长效管护机制。统筹农村供水、道路、能源、信息和住房安全等建设，推进农村基础设施补短板，完善农村教育、医疗、养老等公共服务体系，及时回应群众关切。统筹新型城镇化和乡村全面振兴，促进县域城乡融合发展。③提升乡村治理水平，健全完善党组织领导的自治、法治、德治相结合的乡村治理体系，推进抓党建促乡村振兴，建好建强农村基层党组织。持续推进基层减负，优化各类涉农督查检查考核。加强农村精神文明建设，繁荣发展乡村文化，加强乡村优秀传统文化保护传承和创新发展，持续推进农村移风易俗，加强高额彩礼、大操大办等突出问题综合治理。坚持和发展新时代"枫桥经验"，建设平安乡村。

（4）强化科技和改革双轮驱动，强化农民增收举措。2024年中央一号文件对强化科技和改革双轮驱动作出了系统部署。要协同推进科技创新和制度创新，激发农村各类要素潜能和主体活力，为推进乡村全面振兴注入强劲动能；要优化农业科技创新战略布局，支持重大创新平台建设，加大核心技术攻关力度，提高农业科技创新体系整体效能。扭住种子这个要害，加快推进种业振兴行动，完善联合研发和应用协作机制。改革是乡村振兴的重要法宝，要启动实施第二轮土地承包到期后再延长30年整省试点，稳慎推进农村宅基地改革，深化农村集体产权制度改革。在坚守底线的前提下，鼓励各地实践探索和制度创新，强化改革举措集成增效。农业农村工作，说一千、道一万，增加农民收入是关键。党的十八大以来，农村居民收入持续较快增长，2023年农村居民人均可支配收入为21 691元，城乡居民收入比进一步缩小到2.39∶1。2024年中央一号文件提出实施农民增收促进行动，目的就是巩固农民持续增收势头，促进共同富裕。要加强农民工职业技能培训，健全跨区域信息共享和有组织劳务输出机制，在重点工程项目和农业农村基础设施建设领域积极推广以工代赈。支持农户发展特色种养、手工作坊、林下经济等经营项目，完善产业联农带农机制。持续加大强农惠农富农政策力度，逐步提高农村社会保障水平，加强涉农资金项目监管，把给农民的各项补助补贴补到位。赋予农民更加充分的财产权益，鼓励以出租、合作开发、入股经营等方式盘活利用农村资源资产。总而言之，要紧紧围绕增加农民收入这个中心任务，广辟增收门路，让农民群众钱袋子越来越鼓、日子越过越好。

1.5.2　中共中央、国务院其他相关政策

2023年国务院印发的主要涉农政策文件，如表1-5所示。

表1-5　2023年国务院印发的主要涉农政策文件
Table 1-5　Main agricultural policies and regulations of the State Council in 2023

序号	颁文文号	主题
1	国办发〔2023〕33号	国务院办公厅关于印发《保障农民工工资支付工作考核办法》的通知
2	国办发〔2023〕36号	国务院办公厅印发《关于释放旅游消费潜力推动旅游业高质量发展的若干措施》的通知

资料来源：中国资讯行，根据资料进行不完全整理得到。

（1）2023年9月27日，国务院办公厅印发《保障农民工工资支付工作考核办法》。修订后的《保障农民工工资支付工作考核办法》规定，考核内容主要包括加强对保障农民工工资支付工作的组织领导、完善落实工资支付保障制度、治理欠薪特别是工程建设领域欠薪工作成效、人民群众满意度等情况。考核工作在国务院领

导下，由国务院就业促进和劳动保护工作领导小组（以下简称"领导小组"）负责实施，领导小组办公室具体组织落实。考核对象为各省、自治区、直辖市人民政府及新疆生产建设兵团。考核工作从2023年到2027年，每年开展一次，分为省级自查、实地核查、第三方评估、暗访抽查、综合评议5个阶段。

（2）2023年9月29日，国务院办公厅印发《关于释放旅游消费潜力推动旅游业高质量发展的若干措施》的通知。为深入贯彻落实习近平总书记关于文化和旅游工作的重要论述和中央政治局会议精神，丰富优质旅游供给，释放旅游消费潜力，推动旅游业高质量发展，进一步满足人民群众美好生活需要，发挥旅游业对推动经济社会发展的重要作用，通知提出开展乡村旅游提质增效行动。开展文化产业赋能乡村振兴试点，推动提升乡村旅游运营水平。建设一批富有地域文化特色的乡村旅游重点村镇，推动实施旅游民宿国家标准，打造"乡村四时好风光"线路产品，开展"游购乡村"系列活动。因地制宜打造美丽田园、景观农业、农耕体验、休闲渔业、户外运动等新业态。

1.5.3 各部委相关政策

除中共中央、国务院颁布的相关政策外，国务院的相关部门也积极出台政策，着力推动农业的高质量发展（见表1-6）。

表1-6 2023年各部委出台的主要涉农政策文件
Table 1-6 Main agricultural regulations and policies of the Ministries in 2023

序号	机构	颁文文号	主题
1	国家林业和草原局	林工发〔2023〕109号	国家林业和草原局关于做好退耕还林还草提质增效工作的通知
2	自然资源部	自然资发〔2023〕109号	自然资源部关于持续推进农村房地一体宅基地确权登记颁证工作的通知
3	文化和旅游部	办公共发〔2023〕156号	文化和旅游部办公厅关于印发《关于持之以恒推动乡镇综合文化站创新发展的实施方案》的通知
4	民政部	民发〔2023〕62号	关于印发《农村留守儿童和困境儿童关爱服务质量提升三年行动方案》的通知

续表

序号	机构	颁文文号	主题
5	农业农村部	农计财发〔2023〕6号	关于印发《全国现代设施农业建设规划（2023—2030年）》的通知

注："发文机构"仅列出政策文件中排序第一的部门名称。
资料来源：中国资讯行，根据资料进行不完全整理得到。

（1）《国家林业和草原局关于做好退耕还林还草提质增效工作的通知》。开展退耕还林还草提质增效是巩固退耕还林还草成果的迫切需要，对维护国土生态安全、促进农牧民增收、巩固脱贫攻坚成果和推进乡村振兴具有重大意义。根据自然资源部、国家林草局、国家发展和改革委员会、财政部、农业农村部《关于进一步完善政策措施 巩固退耕还林还草成果的通知》（自然资发〔2022〕191号）和自然资源部、国家林草局《关于明确巩固退耕还林还草成果有关问题处置意见的通知》（自然资发〔2023〕176号），就有关工作通知如下。

明确目标任务。到2025年，重点完成急需且有条件实施的退耕还林还草提质增效任务，提升林草生态系统的整体功能，增强林草生态产品供给能力。到2030年，全面完成两轮退耕还林还草提质增效，构建结构完善、功能完备的林草生态系统，为建设生态文明、推进乡村振兴作出更大贡献。

坚持分类施策。以问题为导向，坚持生态优先、因地制宜、分类施策，有针对性地采取补植补造补播、森林抚育、灌木平茬、低质低效林改造、品种改良和退化人工草地更新复壮等提质增效措施，结合当地资源禀赋和产业基础，推动特色产业和特色品牌建设，发展壮大退耕还林还草后续产业，促进成果巩固。

科学编制方案。省级林草主管部门要组织有关市县在全面调查退耕还林还草实施情况、提质增效需求、退耕农户意愿的基础上，结合各地实际情况以及提质增效的重点难点，统筹谋划提质增效工作总体思路、目标任务、技术路径和项目支撑。

强化政策支持。省级林草主管部门要指导有关市县把符合条件的退耕地块纳入"三北"或"双重"项目实施范围。符合国家储备林建设规定的退耕地块，可纳入国家储备林建设项目实施。用好退化林修复、森林抚育等中央现行政策。与乡村振兴、大规模国土绿化、加快油茶产业发展三年行动、森林可持续经营等实现有效衔接、统筹推进，依托退耕还林还草成果，发展特色林果、木本粮油和林下经济，培育森林康养、生态旅游等新型产业。鼓励多种经营主体积极参与提质增效，引导退耕主体通过租赁、入股、托管等方式流转林地经营权，盘活退耕还林还草资源，探索建立集体林场和乡村林场，力争形成财政支持、金融扶持和社会资本参与的多元化投融资机制，有效支撑提质增效工作顺利开展。

加强组织领导。各地要高度重视退耕还林还草提质增效工作，落实省级人民政府负总责和"四到省"要求，加强组织领导，明确责任分工，强化协同配合，通过林长制督查考核压实各级党委政府巩固退耕还林还草成果责任。

（2）《自然资源部关于持续推进农村房地一体宅基地确权登记颁证工作的通知》。党的二十大报告强调，要全面推进乡村振兴，深化农村土地制度改革，赋予农民更加充分的财产权益。规范开展房地一体宅基地确权登记颁证，对于依法保护农民财产权益、夯实农村土地制度改革基础、推进美丽乡村建设具有十分重要的意义。近年来，各地攻坚克难、稳步推进，取得了积极进展，但一些地方仍存在工作底数不清、数据汇交不到位、颁证不到户、成果更新不及时等问题。为持续推进全国农村房地一体宅基地确权登记颁证工作，自然资源部就有关事项通知如下。

加快推进房地一体宅基地地籍调查。各地要在已有工作基础上，以行政村为基本单位，统一组织开展地籍调查，查清宅基地及房屋的坐落、界址、面积、权属等，满足房地一体确权登记工作需要。要按照《地籍调查规程》《农村地籍和房屋调查技术方案（试行）》《农村不动产权籍调查工作指南》等技术标准，规范开展权属调查和不动产测绘。各地要充分利用地籍调查和确权登记等已有工作成果，全面掌握已调查登记、已调查未登记、已登记发证、已登记未发证宅基地的宗数和面积等情况，以县（市、区）为单位建立健全工作台账，夯实确权登记工作基础。

抓紧完成已有成果清理整合和入库汇交。各地要按照《自然资源部关于加快宅基地和集体建设用地使用权确权登记工作的通知》（自然资发〔2020〕84号）以及《不动产登记数据库标准》《不动产登记数据整合建库技术规范》《不动产登记存量数据成果汇交规范》等要求，抓紧完成已有数字化登记成果整合入库，以县（市、区）为单位，2023年底前汇交至国家级不动产登记信息管理基础平台（以下简称"国家级信息平台"）。已调查未登记的，先将不动产单元空间数据等地籍调查成果以单独图层形式汇交至国家级信息平台，登记完成后再更新汇交。对尚未数字化的纸质登记资料，要抓紧数字化建库，编制不动产单元代码，录入权利人、权利类型、面积、登记时间、证书号等登记簿信息，做到应填必填；对缺少空间信息的，可利用航空或高分辨率卫星影像图完成图形矢量化，也可利用"国土调查云"等软件补充空间位置信息，先汇交入库，再逐步更新提升。

规范有序推进房地一体宅基地确权登记颁证。对权属合法、登记要件齐全的宅基地及房屋均未登记的，要尽快办理房地一体确权登记颁证；宅基地已登记、房屋未登记的，根据群众需求及时办理房地一体登记，换发房地一体不动产权证书；已登记的宅基地及房屋自然状况和权利状况发生变化的，依法办理相关登记。对"一户多宅"、宅基地面积超标、非本集体成员占用宅基地、没有权属来源材料的宅基地，以及合法宅基地上的房屋没有符合规划或建设相关材料等情形，各地可依据《国土资源部 中央农村工作领导小组办公室 财政部 农业部关于农村集体土地确权登记发证的若干意见》（国土资发〔2011〕178号）、《国土资源部 财政部 住房和城乡建设部 农业部 国家林业局关于进一步加快推进宅基地和集体建设用地使用权确权登记发证工作的通知》（国土资发〔2014〕101号）、《国土资源部关于进一步加快宅基地和集体建设用地确权登记发证有关问题的通知》（国土资发〔2016〕191号）、《自然资源部关于加快宅基地和集体建设用地使用权确权登记工作的通知》（自然资发〔2020〕84号）等政策文件以及地方细化完善的政策要求办理登记。对纳入农村乱占耕地建房住宅类房屋专项整治问题台账的房屋及用地，做好问题处置与登记工作衔接，根据处置结果依法办理登记。各地要采取向乡镇、村延伸登记服务，以及网络视频确认、特殊困难群体上门服务等方式，方便群众办事。此外，做好登记成果日常更新和工作衔接。

（3）《文化和旅游部办公厅关于印发〈关于持之以恒推动乡镇综合文化站创新发展的实施方案〉的通知》。乡镇综合文化站是建设现代公共文化服务体系、推动乡村文化振兴的重要阵地，也是加强乡村社会治理的重要基础。长期以来，乡镇综合文化站在满足农民精神文化需求、推动新时代文明实践方面发挥了重要作用，但也存在资源分散、保障不足、效能不高等问题。为在新时代进一步推动乡镇综合文化站建设，持之以恒推进乡镇综合文化站创新发展，根据中共中央、国务院《关于加强基层治理体系和治理能力现代化建设的意见》和中共中央办公厅、国务院办公厅印发的《"十四五"文化发展规划》等文件精神，特制定此方案。主要任务如下：

旱区农业发展环境分析

进一步优化基层文化资源配置。统筹基层惠民资源。按照中央关于基层治理体系建设要求，遵循精简、统一、效能原则，根据各地实际，进一步加大与党群服务中心、新时代文明实践所、公共服务中心等机构的融合力度；统筹城乡公共文化资源。进一步深化县级文化馆图书馆总分馆制建设，合理布局乡镇分馆建设，推动将服务人口集中、工作基础好的乡镇综合文化站建设为分馆；统筹文旅综合性资源。发挥文化赋能优势，结合各地实际，在乡村文化和旅游资源丰富的乡镇发展乡村旅游，拓展乡村研学、文化体验等新业态，依托乡镇综合文化站建设乡村文化旅游服务中心，提供乡村旅游、乡土文化展览展示、宣传推介等服务，打造具有鲜明特色的乡村文化和旅游品牌；统筹社会资源。加大政府向社会力量购买乡村公共文化服务力度，用好基层文艺团体等资源，拓宽社会供给渠道，不断丰富乡镇综合文化站服务内容。

广泛组织乡村品牌文化活动。创新实施文化惠民活动。依托乡镇综合文化站等文化阵地，围绕"五一""七一""十一"等重要节日，开展唱响主旋律、弘扬正能量的乡村文化活动；广泛开展民俗文化活动。围绕春节、元宵节、端午节、中秋节等传统节日，乡镇综合文化站要组织开展乡村庙会、灯会、花会、龙舟会等特色民俗活动，常态化开展"四季村晚"活动，打造富有地域特色、融合农文旅体的乡村文化旅游节等节庆活动品牌。引导群众自办文化活动。要充分发挥农民主体作用，大力引导群众自发性的文化活动，广泛搭建群众自我交流展示的活动平台，引导带动农民群众在文化生活中当主角、唱大戏。

充分发挥乡镇综合文化站阵地作用。创新拓展乡村公共文化空间，鼓励有条件的地方因地制宜对老旧乡镇综合文化站进行更新改造，完善功能布局，提升服务品质，打造具有当地文化风貌和现代内涵，集阅读、文艺活动、社交和教育等功能于一体，"小而美"的乡村公共文化新空间；充分听取群众意见建议，优化公共文化产品和服务供给。有条件的地区可探索图书馆总分馆制与农家书屋的互联互通，在图书等资源配送上进一步提高与农民实际需求的匹配度，增加适合乡村儿童阅读的优秀绘本等儿童读物；进乡镇综合文化站与公共文化云、智慧图书馆、当地智慧城市、线上政务等平台的对接，在线上为群众提供活动预告、免费开放项目、开放时间、展览、视频欣赏、电子阅览等一站式服务，依托国家公共文化云建设"乡镇综合文化站服务平台"，强化对乡镇综合文化站的资源提供、业务指导。

加强基层文化队伍建设。完善乡镇综合文化站队伍建设机制。统筹县域文化人才资源，采取县聘乡用、派出制等形式，引进具有专业技能的文艺人才，到乡镇综合文化站从事基层文化工作，并通过县乡双重考核等方式加强管理；加强群众文艺团队扶持机制建设。乡镇综合文化站要加强对乡村文艺团队指导和管理，建立群众文艺团队信息库，挖掘和打造一批有影响力的民间艺术团队；壮大基层文化志愿服务队伍。开展文化和旅游志愿服务，培育一批扎根乡村的文化志愿服务团队。

（4）民政部联合14部门《关于印发〈农村留守儿童和困境儿童关爱服务质量提升三年行动方案〉的通知》。为进一步提高农村留守儿童和困境儿童关爱服务质量，健全农村留守儿童关爱服务体系，完善困境儿童保障制度，不断增进农村留守儿童和困境儿童福祉，制定此方案，并明确了5方面、18项重点任务。

实施精神素养提升行动。根据农村留守儿童和困境儿童不同年龄段的特点，分类提供有针对性的思想道德教育；指导儿童督导员、儿童主任在走访中及时掌握农村留守儿童和困境儿童心理关爱服务需求；动员引导社会组织和志愿者等，有针对性地提供精神陪伴等服务。

实施监护提质行动。强化监护职责落实；完善委托照护制度，各地民政部门应当指导外出务工父母或其他监护人加强对留守子女亲情关爱和日常联络沟通；加强监护干预工作；强化政府兜底监护，持续推进儿童福利机构优化提质和创新转型高质量发展。

实施精准帮扶行动。开展摸底走访建档，落实数据动态更新机制，建立定期走访制度，加强档案管理；强化救助保障服务，进一步加强困境儿童分类精准保障，引导鼓励公益慈善力量参与社会救助；提升教育帮扶能力；开展生活关爱服务，组织多种形式的儿童关爱服务活动，引导农村留守妇女积极参与；开展源头帮扶服务，积极为农村留守儿童父母或其他监护人提供就业岗位和机会。

实施安全防护行动。加强安全教育引导；加强各类涉及儿童机构场所的风险隐患防范，严格落实安全工作责任措施；加强网络保护工作。实施固本强基行动。加强儿童主任队伍建设；引导和规范儿童福利领域社会组织参与；加强与教育、公安等部门间数据信息共享，让数据多跑路、让群众少跑腿。

（5）农业农村部、国家发展和改革委员会、财政部、自然资源部《关于印发〈全国现代设施农业建设规划（2023—2030年）〉的通知》（以下简称《规划》）。《规划》指出，现代设施农业是利用现代信息技术、生物技术、工程装备技术与现代经营管理方式，为动植物生长提供相对可控制的环境条件，在一定程度上摆脱自然依赖进行高效生产的农业类型，涵盖设施种植、设施畜牧、设施渔业和提供支撑服务的公共设施等。其中，设施种植业包括日光温室、连栋温室和植物工厂以及不改变耕地地类的拱棚、塑料大棚等，设施畜牧业包括集约化工厂化设施畜禽养殖场等，设施渔业包括标准化池塘、工厂化循环水和深远海养殖渔场、沿海渔港等，公共服务设施包括产前的集约化育苗、产后的冷藏保鲜、冷链物流和仓储烘干等。

为贯彻落实习近平总书记重要指示精神和党中央、国务院决策部署，加快现代设施农业发展，依据《"十四五"推进农业农村现代化规划》《全国国土空间规划纲要（2021—2035年）》《"十四五"农业农村现代化重大工程建设总体规划》等，编制了《全国现代设施农业建设规划（2023—2030年）》。重点任务如下：

建设以节能宜机为主的现代设施种植业。统筹强化粮食与"菜篮子"产品稳产保供，坚持存量改造与增量拓展并重，发展节能节本、高产高效新型现代设施种植业。加快传统优势产区设施改造提升，加快推广现代信息技术和设施装备，有序推进产业提档升级。扩大生产作业空间，增强设施安全性，提高宜机化水平。升级设施装备。

建设以高效集约为主的现代设施畜牧业。坚持稳定生猪家禽产能、拓展肉牛肉羊与奶牛产能，改造提升设施畜牧养殖，推广不同区域、不同畜种的设施养殖标准和技术模式，加快畜牧设施养殖向高效集约型升级。

建设以生态健康养殖为主的现代设施渔业。坚持扩产能、优结构相结合，以水域滩涂承载力为前提，优化设施渔业生产力布局，推进池塘标准化改造，大力发展工厂化循环水和深远海大型养殖渔场等设施渔业，积极拓展设施渔业绿色养殖空间。

建设以仓储保鲜和烘干为主的现代物流设施。强化设施农业产业链的配套建设，重点提升粮食产地烘干能力，完善产地仓储保鲜冷链物流设施，有效减少粮食和"菜篮子"产品的产后损失和流通环节浪费，为构建双循环新格局提供有力支撑。

这是我国出台的第一部现代设施农业建设规划，对促进设施农业现代化具有重要指导意义。《全国现代设施农业建设规划》（2023—2030年）提出，到2030年，全国现代设施农业规模进一步扩大，区域布局更加合理，科技装备条件显著改善，稳产保供能力进一步提升，发展质量效益和竞争力不断增强。设施蔬菜产量占比提高到40%，畜牧养殖规模化率达到83%，设施渔业养殖水产品产量占比达到60%，设施农业机械化率与科技进步贡献率分别达到60%和70%，建成一批现代设施农业创新引领基地，全国设施农产品质量安全抽检合格率稳定在98%。

旱区农业科技资源配置 2

农业科技资源是从事农业科技活动的基础条件，是发展农业科技而作为必要投入的经费、人力资源、创新资源等的总称。农业科技资源配置效率的提升有助于农业经济创新发展，对农业对外开放、产业协调和经济共享具有积极作用，是促进农业高质量发展的重要途径。2023年我国粮食总产量1.39万亿斤，比2022年增长1.3%。其中，谷物产量比2022年增加164亿斤，油料作物种植面积迈上2亿亩台阶。目前，我国农业科技进步贡献率从2012年的54.5%提高到2023年的63.2%，较2022年增长0.8个百分点。2023年，我国农业机械总动力超过10.78亿千瓦，农机装备总量接近2亿台（套），全国农作物耕种收综合机械化率已超过73%。我国已完成新建和改造提升高标准农田8 611万亩，建成高效节水灌溉2 462万亩。化肥农药施用持续减量增效，畜禽粪污综合利用率、秸秆综合利用率、农膜处置率分别超过78%、88%、80%。

区域创新环境是区域主体间协同发展、交流学习、合作共生而建立的一系列正式或非正式复杂社会治理结构和关系网络。近年来，我国旱区各省（区、市）积极依托区域内部优势，主动对接国家战略，同时根据市场和产业需求积极与非旱区发达省市（珠三角、长三角城市群等）开展"大农业""大食品""全链条"等领域的科研攻关和科技服务协作。改善区域创新环境的诸多举措和努力，在很大程度上可以缓解科技资源配置存在的资源分散、协调能力不足、资源共享平台和渠道缺乏、科技资源综合利用率较低等问题。本章主要从装备要素、科技投入、科技条件、科技服务等多个维度分析了我国旱区农业科技资源的配置和布局情况。整体来看，我国旱区农业科技配置总体水平还处于爬坡阶段，与发达地区的科技配置水平相比仍存在一定差距；此外，我国旱区各省（区、市）的区域间科技资源配置能力差异明显，区域发展不均衡的状况没有得到根本性改变。尽管如此，我国旱区各省（区、市）在国家重要任务、重大计划、科技条件建设等方面的参与度明显提高，科技服务能力显著得到提升和改善。

2.1 装备要素

2.1.1 农业机械化示范

我国农业生产已从主要依靠人力、畜力转向主要依靠机械动力，进入了机械化为主导的新阶段。根据《农业生产全程机械化示范县创建活动工作方案（2023—2025年）》（农办机〔2024〕1号）有关要求，2024年农业农村部组织开展新一轮农业生产全程机械化示范县创建工作。2024年开始公示认定"农业生产全程机械化示范县"，全程机械化示范县类别在2016年仅含"农作物类"认定的基础上，新增"规模养殖类"和"设施种植类"认定。截至2024年，农业农村部共认定农业全程机械化示范县1 035个，2016—2024年分别认定了28个、122个、152个、151个、161个、144个、114个、163个（2023年未开展认定工作，2024年开始新一轮认定，见图2-1）。其中，旱区共认定了675个全程机械化示范县，占全国认定数的65.2%（见图2-2）。

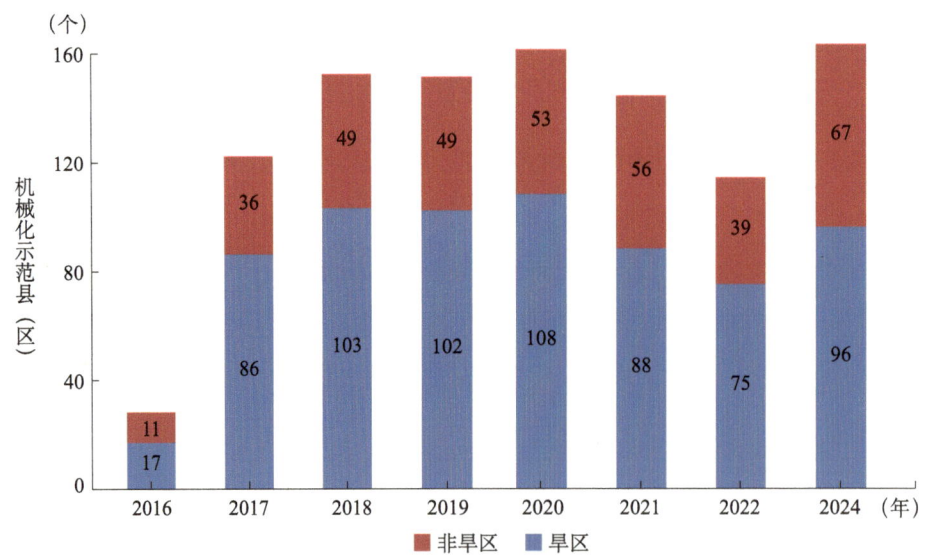

图2-1 2016—2024年农业生产全程机械化示范县的区域比较

Figure 2-1 Region comparison of the demonstration counties of whole mechanized agricultural production from 2016 to 2024

资料来源：农业农村部网站。

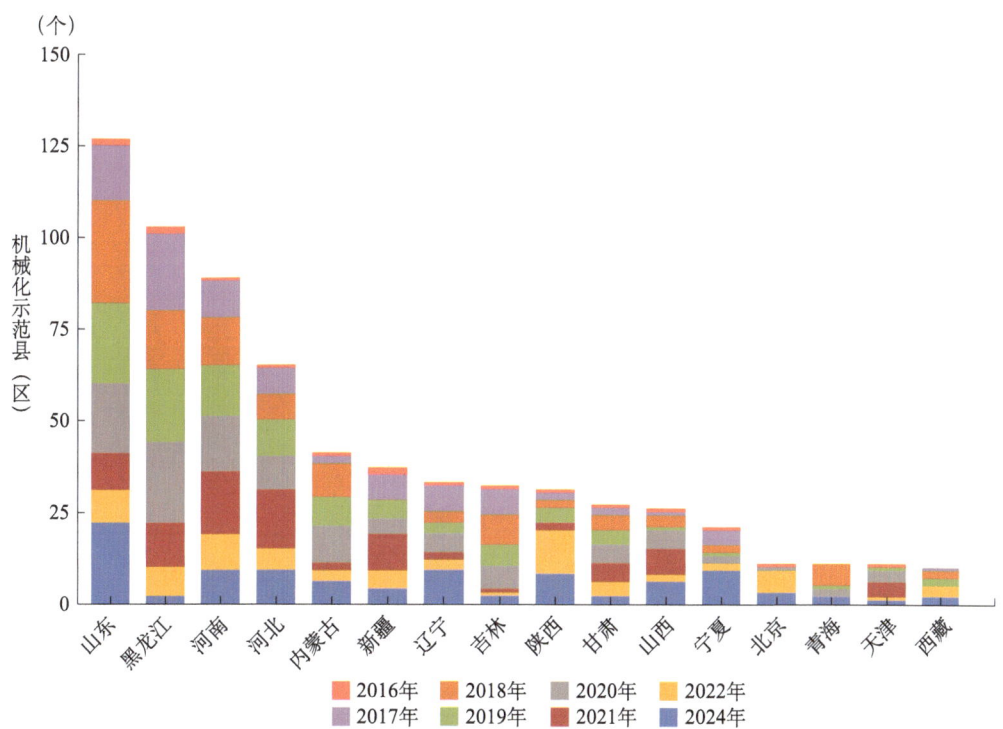

图 2-2 2016—2024 年旱区各省（区、市）农业生产全程机械化示范县数量分布

Figure 2-2 Demonstration counties of whole mechanized agricultural production in provinces of the arid areas from 2016 to 2024

资料来源：农业农村部网站。

2.1.2 农业机械动力

农业机械化在很大程度上可以缓解农村青壮年劳动力短缺给农业生产带来的不利影响，为我国粮食生产实现多年连增及农村经济快速发展提供重要支持。2010—2022 年，我国农业机械总动力呈阶段式的发展模式（见图 2-3）。2016 年以来，我国农业机械总动力表现出持续增长态势，2021 年和 2022 年分别为 10.8 亿千瓦和 11.1 亿千瓦，较 2016 年（9.7 亿千瓦）有一定增长。非旱区农业机械总动力合计数低于旱区，2010—2022 年二者的平均比值为 0.79，但该比值在 2020—2022 年呈现波动下行趋势，分别为 0.82、0.81 和 0.80。

从旱区各省（区、市）的比较来看，2021—2022 年共有 14 个省（区、市）的农业机械总动力呈现增长态势（见图 2-4）。其中，农业机械总动力增长最多的省（区、市）是内蒙古，较 2021 年增加 357 万千瓦。

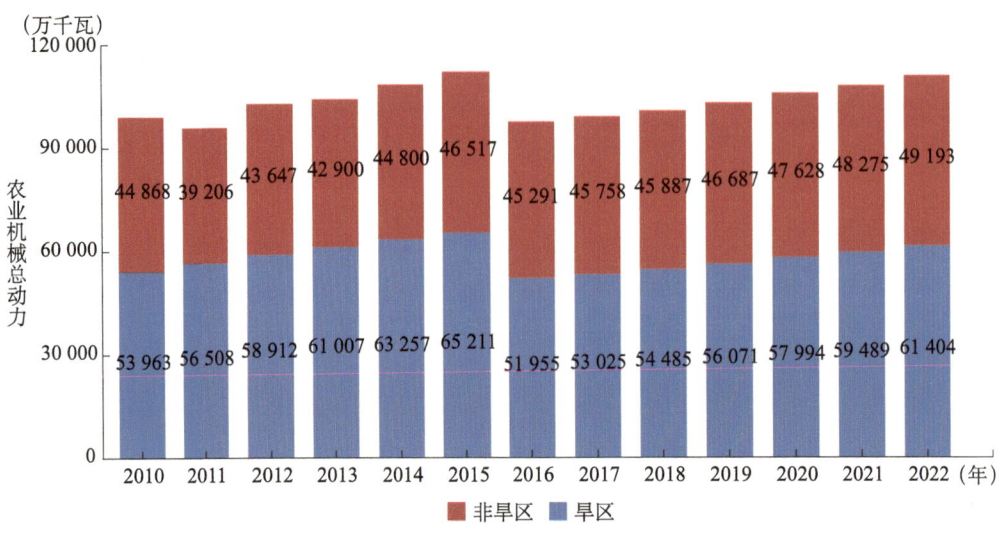

图 2-3　2010—2022 年我国农业机械总动力

Figure 2-3　Agricultural machinery power in China from 2010 to 2022

资料来源：《中国农村统计年鉴》（2011—2023 年）。

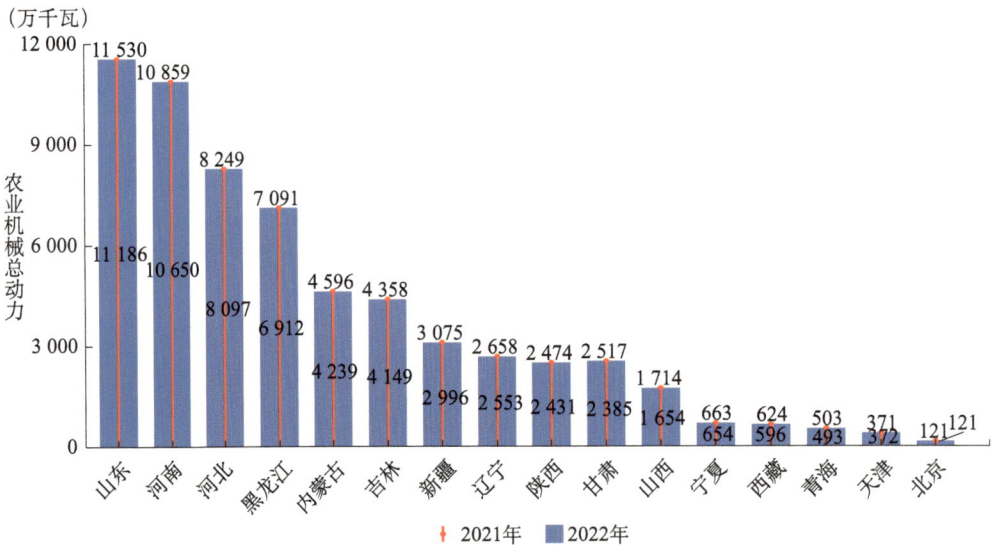

图 2-4　2021—2022 年旱区各省（区、市）农业机械总动力

Figure 2-4　Agricultural machinery power in provinces of the arid areas from 2021 to 2022

资料来源：《中国农村统计年鉴》（2022—2023 年）。

2.1.3 农用拖拉机

农用拖拉机是主要用于牵引和驱动各种配套机具，完成农业作业、土方工程作业、运输作业和固定作业的动力机械，可用于各种气候及土壤条件下的运输，田间机具牵引、驱动等相关作业，是农业生产中必不可少的动力机械。2022年，旱区中大型农用拖拉机及其配套机械合计保有量达799万台，小型农用拖拉机合计保有量为1 080万台。总体来看，我国旱区农用拖拉机及配套机械保有量呈增长趋势，装备配套结构更加合理（见图2-5）。

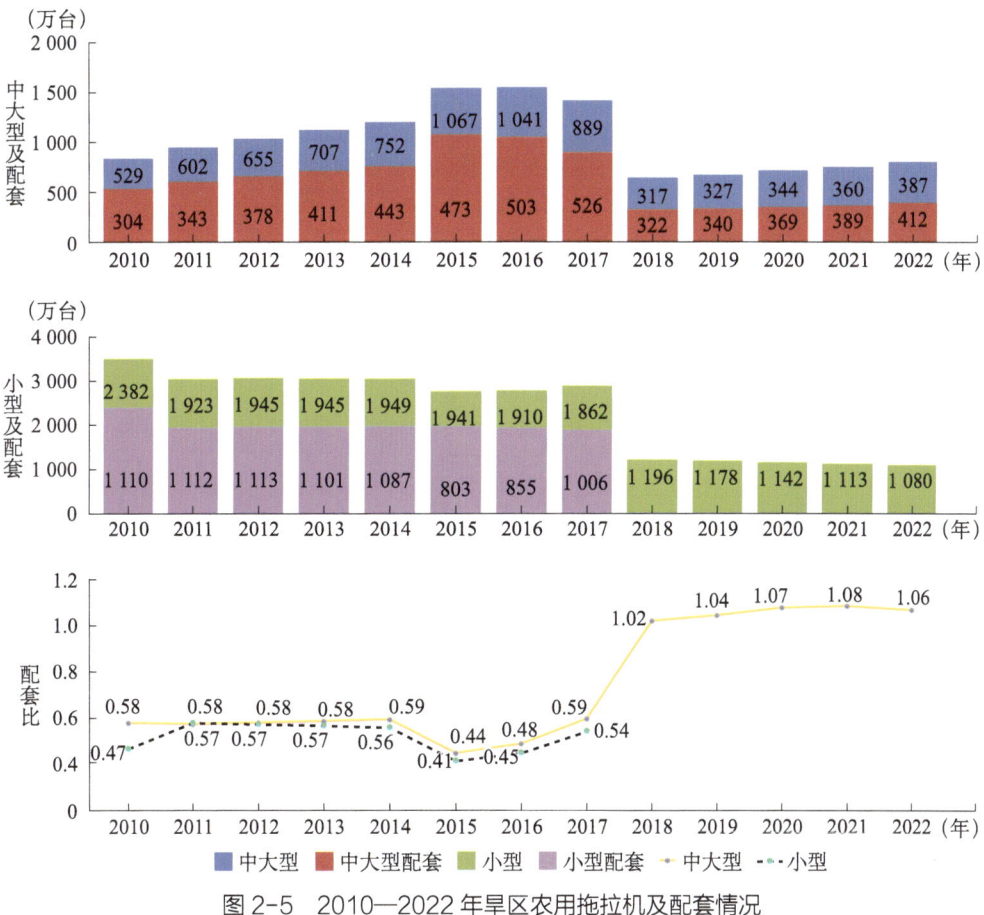

图 2-5　2010—2022年旱区农用拖拉机及配套情况

Figure 2-5　Agricultural tractor and its accompaniment in arid areas from 2010 to 2022

注：①2018年及以后数据未统计小型拖拉机配套农具的数量；②2018年及以后"大中型拖拉机配套机械"的统计口径变更为"与58.8千瓦及以上拖拉机配套"，与往年不可比。

资料来源：《中国农村统计年鉴》（2011—2023年）。

目前，我国旱区拖拉机拥有量仍以小型拖拉机为主，根据农业机械化发展规划等政策，未来我国将持续加大对大中型拖拉机的扶持，同时提高拖拉机的配套比，释放农机协同作业效率。2022年，中大型拖拉机数、配套数和配套比最高的旱区省（区、市）分别是黑龙江（69.6万台中大型）、黑龙江（73.1万台中大型配套）、西藏（73.0中大型配套比）。中大型拖拉机数、配套数和配套比最少的旱区省（区、市）分别是北京（0.4万台中大型）、北京（0.1万台中大型配套）、西藏（0.1万台中大型配套）、天津（0.5中大型配套比）。通过旱区各省（区、市）之间的对比，可以进一步看出中大型农用拖拉机及其配套机械数量相对较多的省（区、市）包括黑龙江、山东、吉林、内蒙古、新疆、河南等（见图2-6）。

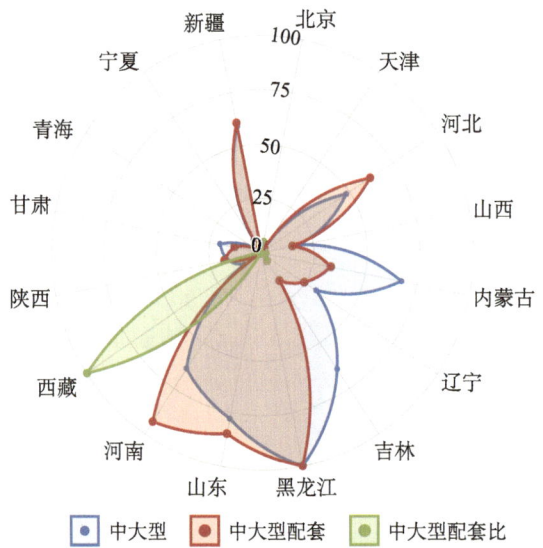

图2-6　2022年旱区各省（区、市）中大型农用拖拉机及配套对比

Figure 2-6　The comparison of medium and large farm tractors and supporting machine in provinces of the arid areas in 2022

注：本章雷达图中，对数据进行了量纲变换，变换公式为 $100 \times \dfrac{x_i - \min(x)}{\max(x_i) - \min(x)}$，下同。

资料来源：《中国农村统计年鉴》（2011—2023年）。

2.1.4　农用灌溉机械

农用排灌机械是农田水利工程的基础保障设备，广泛应用于灌溉、排涝、防洪、供水等农业生产和水利建设中。从变化趋势来看，旱区农用排灌机械的保有量波动并不是很大（见图2-7）。进一步分析旱区各省（区、市）数据，2022年农用水泵数量排前五位的省（区、市）分别是山东（294.9万台）、河南（219.5万台）、河北（151.6万台）、辽宁（113.4万台）、吉林（59.7万台），排名后五位的省（区、市）是青海（0.2万台）、西藏（0.5万台）、北京（2.6万台）、宁夏（3.8万台）、天津（7.1万台）。

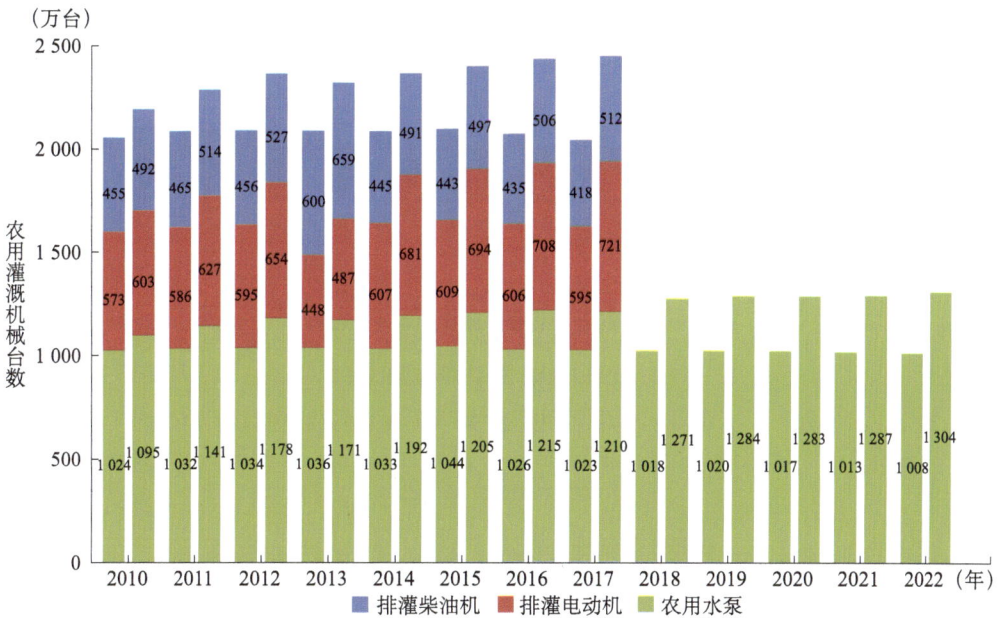

图2-7　2010—2022年三类农用灌溉机械的对比及变化

Figure 2-7　The comparison and time change of three types irrigation machines from 2010 to 2022

注：①左侧柱条表示旱区，右侧柱条表示非旱区；②2018年及以后未统计公布农用排灌电动机数量和农用排灌柴油机数量。

资料来源：《中国农村统计年鉴》（2011—2023年）。

2.1.5　农用收获机械

联合收获机和机动脱粒机属于两类重要的农业收获机械，旱区保有量与非旱区保有量的差距基本保持稳定（见图2-8）。2010年，两类农业收获机械在旱区的合计数为291万台，在非旱区的合计数为826万台，旱区和非旱区保有量的比值为0.35。2022年，两类农业收获机械在旱区的合计数增加到339万台，在非旱区的合计数增加到838万台，旱区和非旱区保有量的比值提升到0.40。

从旱区各省（区、市）的比较来看，联合收获机数和机动脱粒机的保有量主要

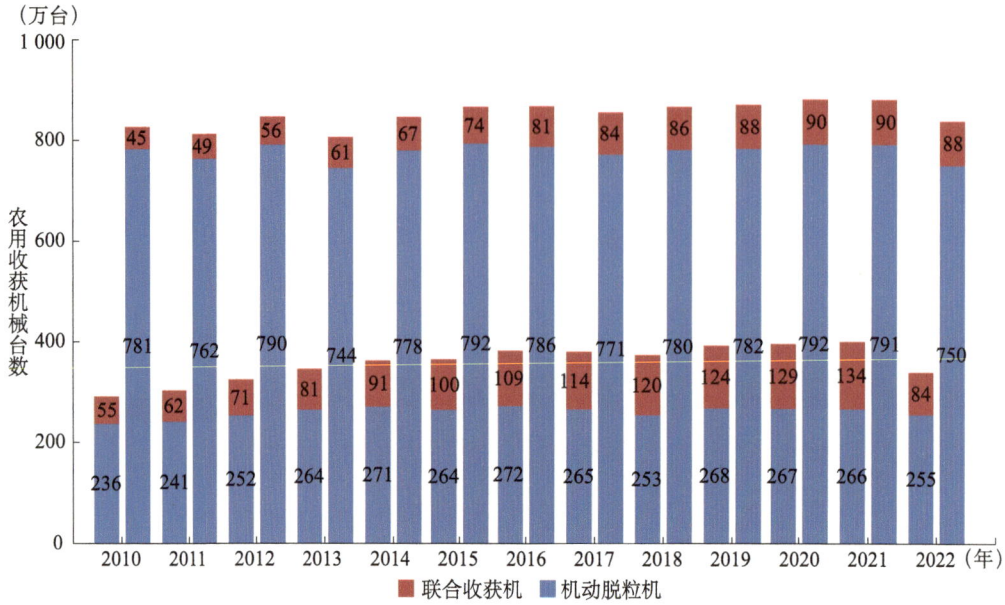

图 2-8　2010—2022 年两类农用收获机械保有量的对比及变化
Figure 2-8　The comparison and time change of two types of harvest machines from 2010 to 2022

注：左侧柱条表示旱区，右侧柱条表示非旱区。
资料来源：《中国农村统计年鉴》（2011—2023 年）。

集中在少数几个产粮大省（见图 2-9）。2022 年，联合收获机保有量排名前五位的旱区省（区、市）依次是河南（25 万台）、山东（20 万台）、黑龙江（13.9 万台）、河北（10.8 万台）、吉林（3.8 万台）；机动脱粒机保有量排名前五位的旱区省（区、市）依次是陕西（52.1 万台）、河南（47.2 万台）、山东（39.9 万台）、甘肃（28.9 万台）、吉林（15.4 万台）。

2.1.6　农业化学要素

农药、化肥和农膜是农业生产中重要的化学投入要素。2010 年以来，三类化学投入要素整体呈现稳定状态，并在近年开始逐步减少（见图 2-10）。2010 年，三者在旱区的合计数为 3 020 万吨，在非旱区的合计数为 2 935 万吨，旱区和非旱区使用量的比值为 1.03。2015 年，三类化学投入要素在旱区的合计数增加到 3 401 万吨，在非旱区的合计数增加到 3 060 万吨。2017 年以后，农业化学投入要素整体开始减少。2022 年，三类化学投入要素在旱区的合计数下降到 2 925 万吨，在非旱区的合

旱区农业科技资源配置

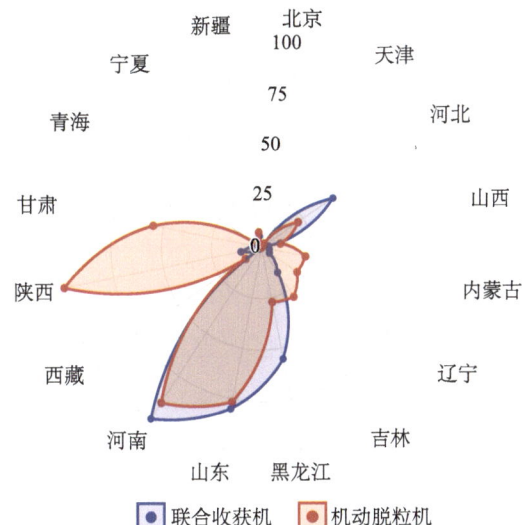

图 2-9 2022 年旱区各省（区、市）两类农用收获机械对比

Figure 2-9　The comparison of two types of harvest machines in provinces of the arid areas in 2022

资料来源：《中国农村统计年鉴》（2011—2023 年）。

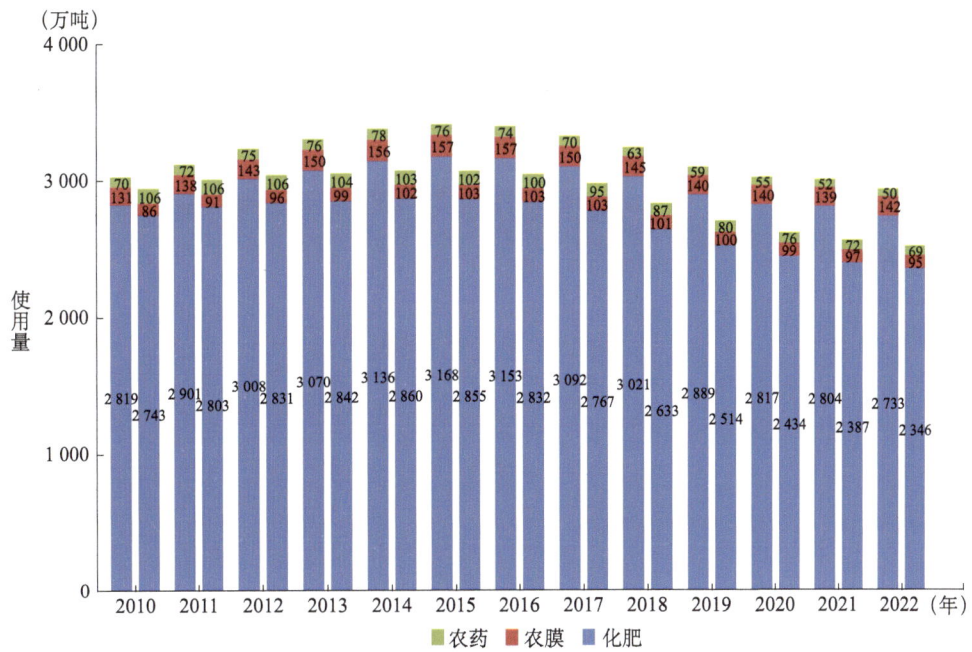

图 2-10　2010—2022 年化学农业投入要素的对比及变化

Figure 2-10　The comparison and time change of chemical agriculture inputs from 2010 to 2022

注：左侧柱条表示旱区，右侧柱条表示非旱区。

资料来源：《中国农村统计年鉴》（2011—2023 年）。

计数下降到 2 510 万吨，旱区和非旱区使用量的比值为 1.17。

从旱区各省（区、市）的比较来看，农药、化肥、农膜三类农业化学要素的使用呈现一定的模式化特征，如山东、河南、河北、新疆对三类要素的使用都较多。2022 年，化肥施用量排名前五位的旱区省（区、市）依次是河南（595.3 万吨）、山东（362.1 万吨）、河北（271.6 万吨）、新疆（243.7 万吨）、黑龙江（238.5 万吨）；农药施用量排名前五位的旱区省（区、市）依次是山东（10.5 万吨）、河南（9.2 万吨）、黑龙江（5.5 万吨）、河北（5.1 万吨）、吉林（4.4 万吨）；农膜使用量排名前五位的旱区省（区、市）依次是新疆（27.9 万吨）、山东（25.4 万吨）、甘肃（17.8 万吨）、河南（14 万吨）、内蒙古（11.5 万吨）。

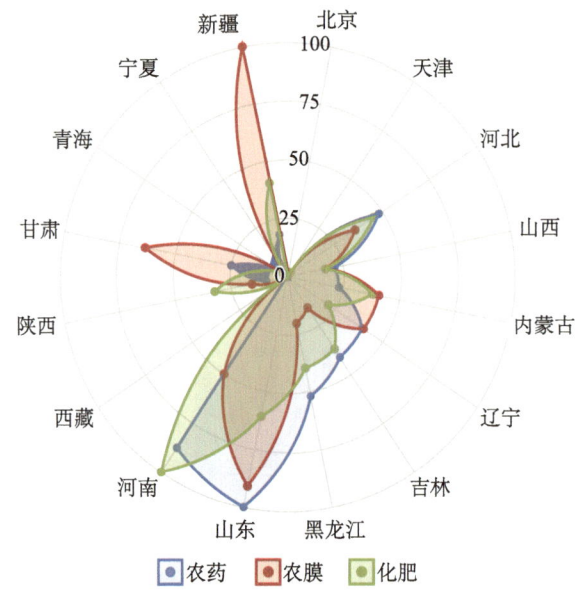

图 2-11　2022 年旱区各省（区、市）化学农业要素投入比较

Figure 2-11　The comparison of chemical agriculture inputs in provinces of the arid areas in 2022

资料来源：《中国农村统计年鉴 2023》。

2.2　科技投入

2.2.1　公共财政投入

公共财政对现代农业的支出是推动农业发展的重要支持和保障。多年以来，我国各级政府持续加大对教育、农林水和科技这三类公共预算的支出，但旱区和非旱区的预算支出差距在持续拉大（见图2-12）。2010年，旱区三类预算支出总额为9 620亿元，非旱区三类预算支出总额为11 540亿元，非旱区预算支出与旱区预算支出的比值为1.20。2022年，旱区三类预算支出总额增加到27 234亿元，非旱区三类预算支出总额增加到39 757亿元，非旱区预算支出与旱区预算支出的比值进一步扩大为1.46。

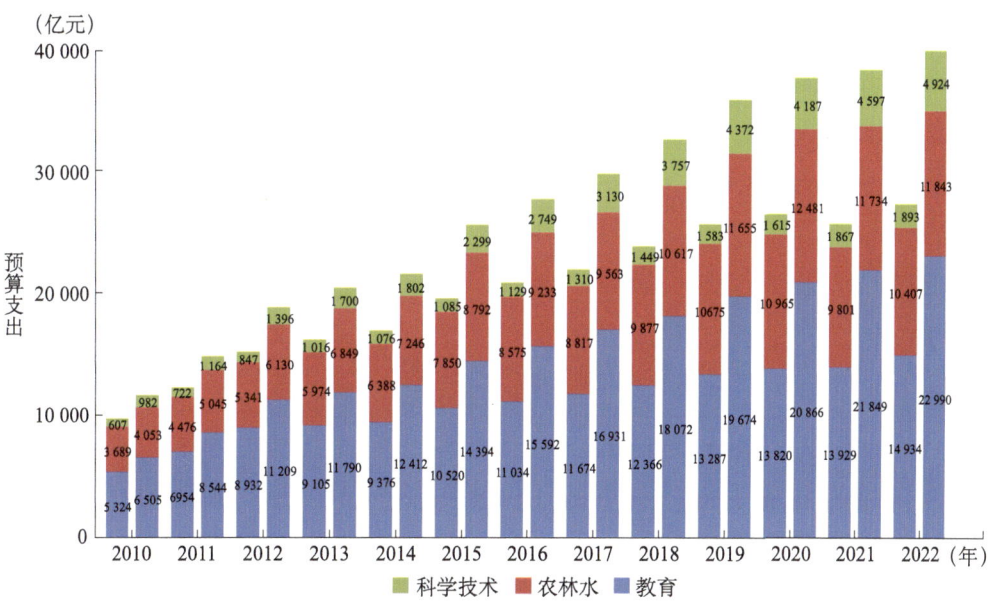

图2-12　2010—2022年地方政府三类公共预算支出

Figure 2-12　Three type of the local government' public budget from 2010 to 2022

资料来源：《中国统计年鉴》（2011—2023年）。

从农林水公共预算支出来看，2020年以来预算总量出现一定程度下滑且降幅明显，农林水预算支出在地方总预算支出中的比重也出现明显下滑，2022年后开始得到恢复（见图2-13）。2011年，旱区农林水预算支出总额为4 476亿元，同比增长21.3%，占当年地方预算总支出的10.8%。2022年，旱区农林水预算支出同比增长6.2%，占当年地方预算总支出的比重为11.1%；非旱区农林水预算支出同比增长0.9%，占当年地方预算总支出的比重持续下降到9.0%，甚至已经低于2011年的占比水平。

旱区16个省（区、市）的三类预算支出呈现明显的梯队化差异（见图2-14）。

2022年，三类预算支出超过2 000亿元的第一梯队旱区省（区、市）包括山东（4 058亿元）、河南（3 415亿元）、河北（2 761亿元）、北京（2 123亿元）、新疆（2 093亿元）；三类预算支出小于1 000亿元的第三梯队旱区省（区、市）包括西藏（697亿元）、天津（651亿元）、青海（505亿元）、宁夏（483亿元）。此外，旱区16个省（区、市）在三类支出预算安排上各有侧重（见表2-1）。2022年，三类支出占地方总支出预算比例排名前五位的旱区省（区、市）依次是甘肃（35.2%）、山东（33.5%）、河南（32.1%）、新疆（30.6%）、宁夏（30.4%）。其中，教育支出占地方总支出预算比例排名前五位的旱区省（区、市）依次是山东（21.7%）、河北（19.0%）、河南（17.8%）、天津（17.5%）、甘肃（16.4%）；农林水支出占地方总支出预算比例排名前五位的旱区省（区、市）依次是甘肃（17.7%）、黑龙江（17.2%）、内蒙古

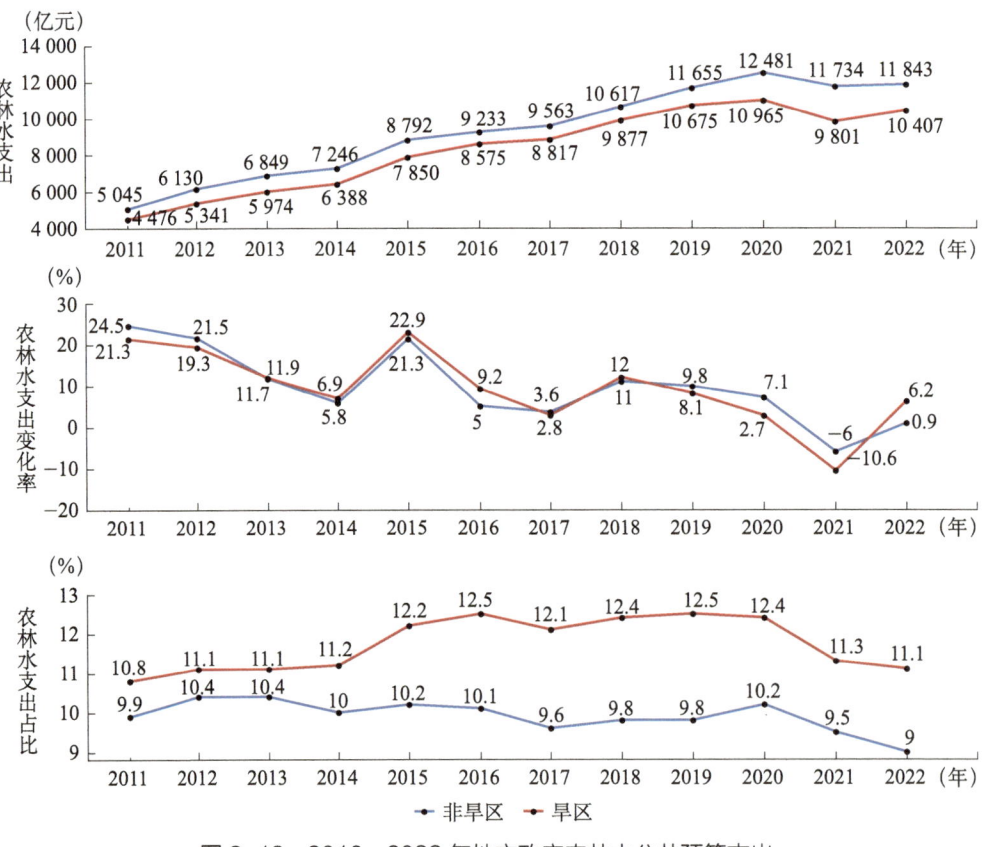

图2-13　2010—2022年地方政府农林水公共预算支出

Figure 2-13　The local government public budget for agriculture sector from 2011 to 2022

资料来源：《中国统计年鉴》（2011—2023年）。

（15.5%）、宁夏（15.4%）、西藏（14.3%）；科学技术支出占地方总支出预算比例排名前五位的旱区省（区、市）依次是北京（6.5%）、河南（3.8%）、山东（2.6%）、天津（2.3%）、宁夏（1.6%）、陕西（1.6%）。

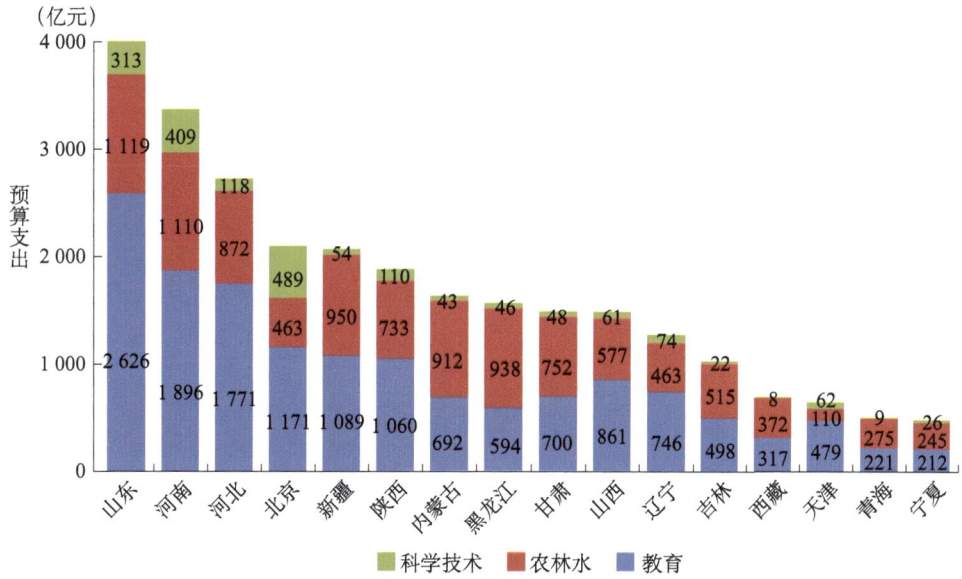

图 2-14　2022 年旱区各省（区、市）三类财政公共预算支出

Figure 2-14　Three types of public budget in provinces of the arid areas in 2022

注：按三类合计支出占比进行排序

资料来源：《中国统计年鉴 2023》。

表 2-1　2022 年旱区各省（区、市）三类财政公共预算支出比例

Table 2-1　The proportion of three types of public budget in dryland provinces in 2022

单位：%

序号	省（区、市）	教育支出	农林水支出	科学技术支出	三类合计
1	甘肃	16.4	17.7	1.1	35.2
2	山东	21.7	9.2	2.6	33.5
3	河南	17.8	10.4	3.8	32.1
4	新疆	15.9	13.9	0.8	30.6
5	宁夏	13.4	15.4	1.6	30.4
6	河北	19.0	9.4	1.3	29.7
7	黑龙江	10.9	17.2	0.9	29.0
8	北京	15.7	6.2	6.5	28.4

续表

序号	省（区、市）	教育支出	农林水支出	科学技术支出	三类合计
9	陕西	15.7	10.8	1.6	28.2
10	内蒙古	11.8	15.5	0.7	28.0
11	西藏	12.2	14.3	0.3	26.9
12	吉林	12.3	12.7	0.6	25.6
13	青海	11.2	13.9	0.5	25.6
14	山西	14.7	9.8	1.0	25.5
15	天津	17.5	4.0	2.3	23.9
16	辽宁	11.9	7.4	1.2	20.5

资料来源：《中国统计年鉴2023》。

2.2.2 R&D经费投入和强度

从研究与试验发展（R&D）经费投入变化情况来看，2011—2022年经费投入总量呈现持续增长趋势，但经费投入增速呈现阶段性波动趋势（见图2-15）。一方面，旱区各省（区、市）经费投入相对较少，而且与非旱区各省（区、市）的投入总量差距在持续扩大。2011年，全国R&D经费投入总量为8 687亿元，旱区占全国的比重为42.4%；2022年，全国R&D经费投入总量为30 783亿元，旱区占全国的比重下降到33.2%。另一方面，旱区和非旱区各省（区、市）的R&D经费投入增速均出现了阶段性波动。2012年开始，R&D经费投入增速出现下滑，到2016年增速才开始表现为提升；受新冠疫情冲击，2020年的R&D经费投入出现明显下降，2021年又很快得到恢复，但2022年继续表现出增速下降。2012年，全国和旱区的R&D经费投入增速分别为18.5%和16.7%；2015年全国和旱区的R&D经费投入增速分别下滑到8.9%和6.1%。在经过3年的增速提升后，2018年全国和旱区的R&D经费投入增速分别达到11.8%和7.4%。2022年全国和旱区的R&D经费投入增速同比略有下降，分别为10.1%和9.3%。

从旱区各省（区、市）的R&D经费投入情况来看，旱区16个省（区、市）的差异十分明显，经费投入的极化现象仍旧比较突出（见图2-16）。2022年，我国旱区16个省（区、市）的R&D经费总数为10 210亿元，与2021年R&D经费总数

（9 345亿元）相比，增长了9%。2022年，北京的R&D经费投入总数达到2 843亿元，成为旱区R&D经费投入最多的市（省、区）；山东省的R&D经费投入总数达到2 180亿元，位列第二；排在第三位的河南省，其R&D经费投入为1 143亿元。这三个省（区、市）也是仅有的经费投入水平超过全国平均投入经费数（993.0亿元）的旱区省（区、市）。除河北（849亿元）、陕西（770亿元）、辽宁（621亿元）外，旱区其余省（区、市）都未达到旱区平均投入经费（638.4亿元）一半的水平。

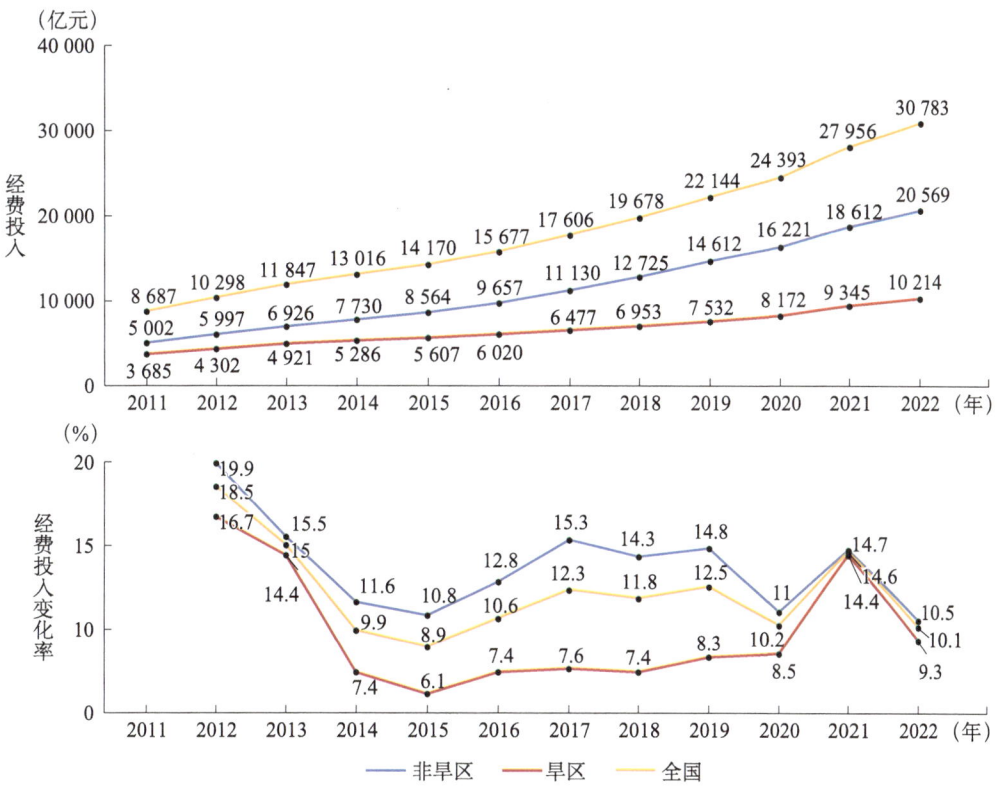

图2-15　2011—2022年研究与试验发展（R&D）经费投入情况

Figure 2-15　Input of R&D funds from 2011 to 2022

资料来源：《中国科技统计年鉴》（2011—2023年）。

2.2.3　R&D活动支出

R&D研发活动主要包括基础研究、应用研究和试验发展三个方面。对于旱区而言，基础研究经费占比和应用研究经费占比逐年下降，试验发展经费逐步增加。2022年，旱区基础研究、应用研究和试验发展三类研发活动的总支出分别为845

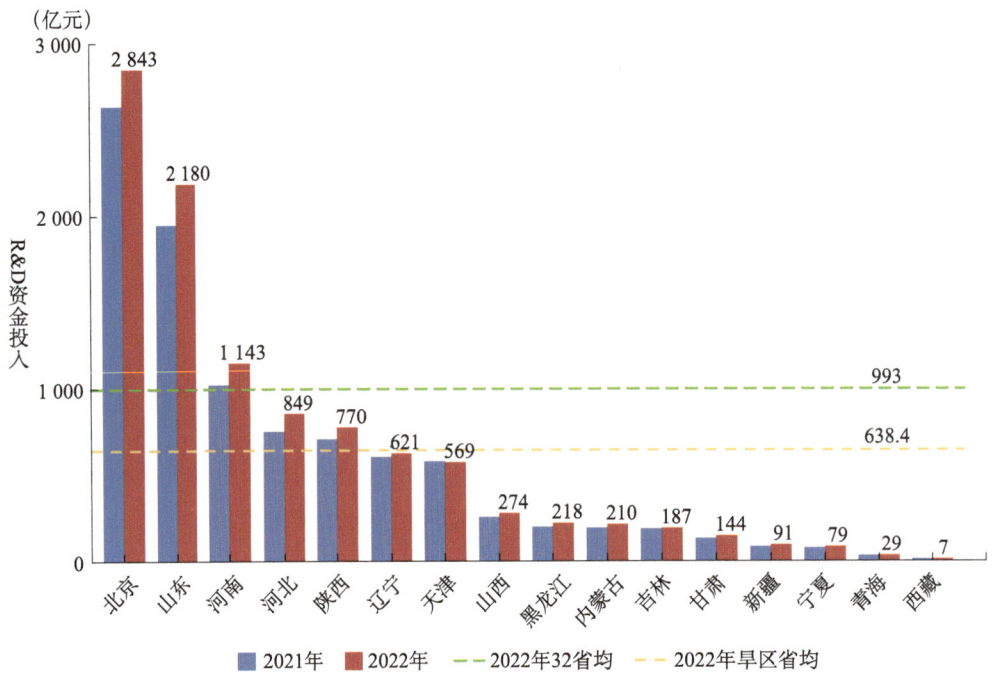

图 2-16　2021—2022 年旱区研究与试验发展经费投入情况

Figure 2-16　Input of R&D funds in arid areas from 2021 to 2022

资料来源：《中国科技统计年鉴》（2011—2023 年）。

亿元、1 611 亿元、7 758 亿元（见图 2-17），非旱区三类研发活动的总支出分别为 1 178 亿元、1 872 亿元、17 519 亿元。同时，旱区与非旱区的三类研发活动开支比值由 2010 年的 1.14、1.14、0.69，分别下降到 2022 年的 0.72、0.86、0.44。

从旱区各省（区、市）的比较来看，2022 年 R&D 研发活动支出总数排在前五位的省（区、市）依次为北京（2 843 亿元）、山东（2 180 亿元）、河南（1 143 亿元）、河北（849 亿元）、陕西（770 亿元）（见图 2-18）。旱区各省（区、市）的研发活动侧重点各不相同，基础研究支出位列前三的省（区、市）依次为北京（471 亿元）、山东（90 亿元）、陕西（42 亿元）；应用研究支出位列前三的省（区、市）依次为北京（731 亿元）、山东（164 亿元）、陕西（150 亿元）；试验发展支出位列前三的省（区、市）依次为山东（1 927 亿元）、北京（1 642 亿元）、河南（1 007 亿元）。总体来看，北京、山东、河南、陕西和辽宁在基础研究和应用研究的支出上相对旱区其他省（区、市）更具有优势（见图 2-19）。

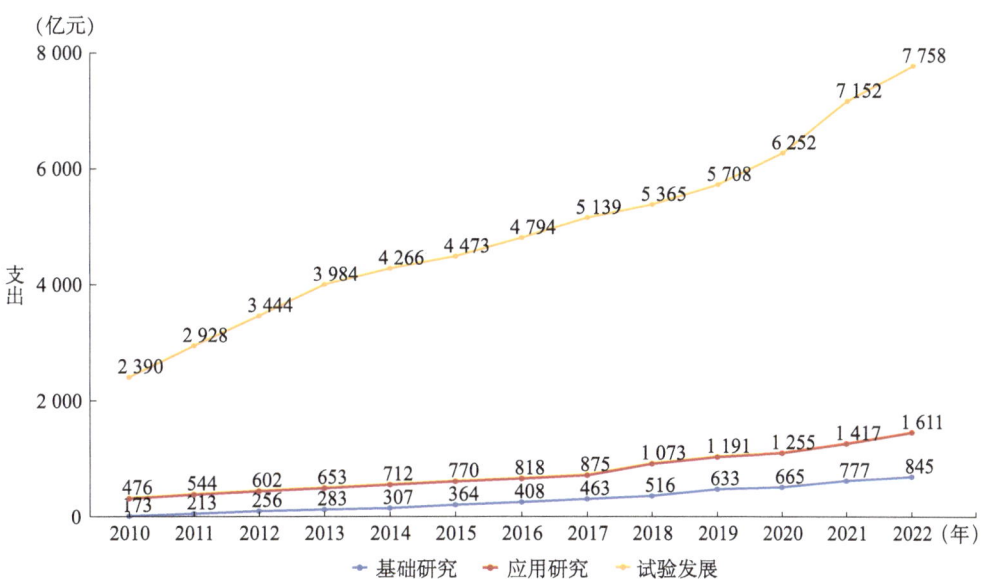

图 2-17　2010—2022 年旱区 R&D 研发活动支出变化

Figure 2-17　Expenditure change of R&D activity in arid areas from 2010 to 2022

资料来源：《中国科技统计年鉴》（2011—2023 年）。

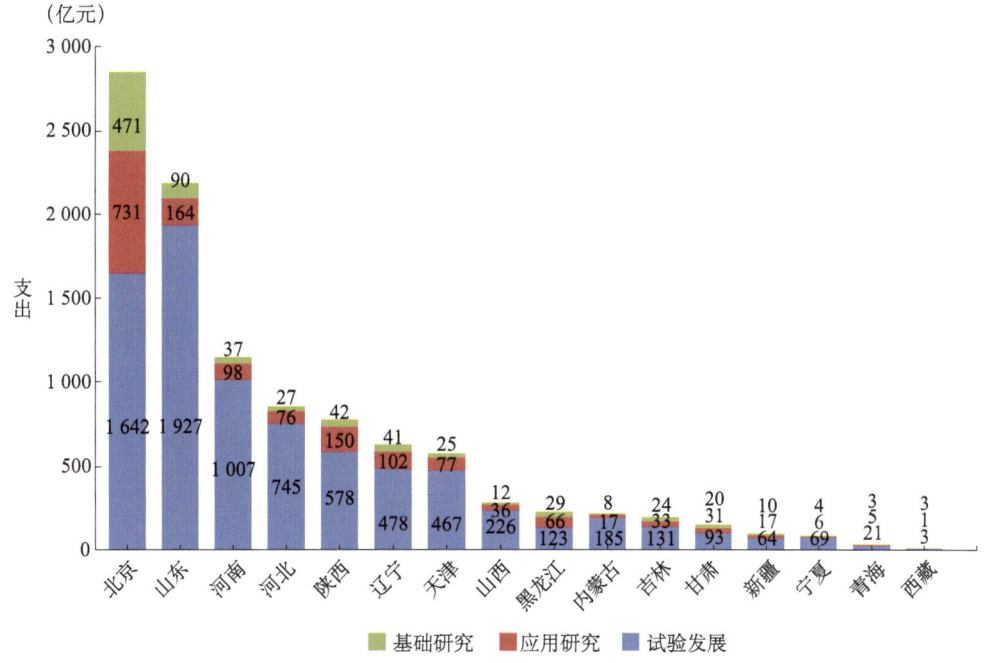

图 2-18　2022 年旱区各省（区、市）R&D 研发活动支出

Figure 2-18　Expenditure of R&D activity in provinces of the arid areas in 2022

资料来源：《中国科技统计年鉴 2023》。

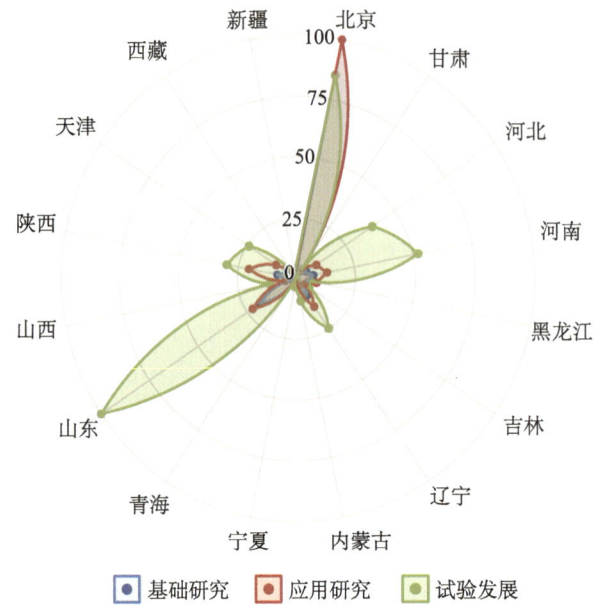

图 2-19　2022 年旱区各省（区、市）R&D 研发活动支出对比

Figure 2-19　Expenditure comparison of R&D activity in provinces of the arid areas in 2022

资料来源：《中国科技统计年鉴 2023》。

2.3　科技条件

2.3.1　科研基础设施和大型科研仪器共享

近年来，科技部和财政部逐步加强对中央级高校和科研院所等单位重大科研基础设施和大型科研仪器开放共享评价考核。国家部委先后颁布了《国务院关于国家重大科研基础设施和大型科研仪器向社会开放的意见》《中央级新购大型科研仪器设备查重评议管理办法》等政策文件，参评单位日趋重视开放共享，科研设施与仪器利用率进一步提升，支撑科技创新的成效显著。2018—2023 年，被纳入正式考核清单的单位数量依次为 373 家、344 家、356 家、346 家、345 家、345 家。其中，旱区在 2018—2023 年被列入考核清单的单位数量依次为 227 家、209 家、217 家、211 家、207 家、208 家（见图 2-20）。在 2023 年的评估考核中，旱区单位的评价考核结果为 32 家优秀、56 家良好、118 家合格、2 家较差。

旱区农业科技资源配置

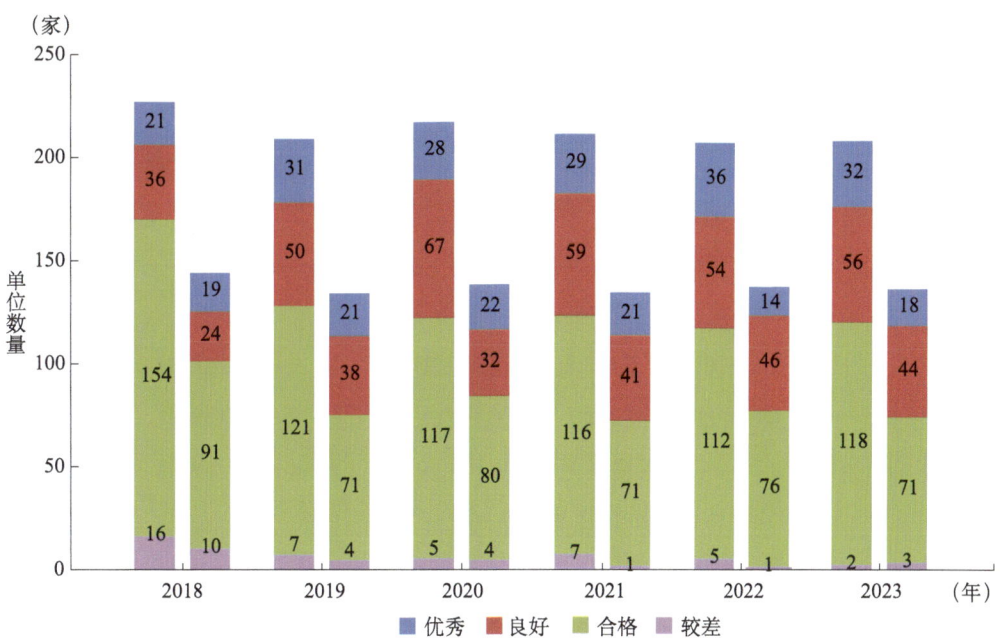

图 2-20　2018—2023 年重大科研基础设施和大型科研仪器开放共享评价考核结果比较
Figure 2-20　The evaluation comparison of opened and shared major scientific research infrastructure and large scientific research instruments from 2018 to 2023

注：①左侧柱条表示旱区，右侧柱条表示非旱区；②所属地区根据单位的组织机构登记信息进行确定，由编者整理得到。
资料来源：科技部网站。

2023 年 7—8 月，科技部和财政部组织开展 2023 年中央级高校和科研院所等单位科研设施与仪器开放共享评价考核。根据科技部公示文件，2023 年共有 26 个部门、345 家单位参加评价考核，涉及原值 50 万元以上科研仪器共计 4.9 万台（套），涵盖重大科研基础设施 80 个。其中，旱区参评单位的重大科研基础设施运行和开放共享情况较好（见表 2-2）。总体来看，与 2022 年相比，参评单位对科研设施与仪器的开放共享更加重视，参评的科研仪器年平均有效工作机时为 1 442 小时，纳入国家网络管理平台统一管理的仪器比例为 100%。参评单位的重大科研基础设施运行和开放共享情况较好，在支撑国家重大科研任务、推动产业技术创新、服务国家重大战略需求和国民经济持续发展等方面取得了显著成效。考评结果较差的单位主要存在开放共享意识淡薄，相关制度不健全，未建立或未有效使用在线服务平台，科研仪器重复购置、低效使用、闲置浪费等问题。

表 2-2　2023 年旱区重大科研基础设施和大型科研仪器开放共享评价考核结果

Table 2-2　Evaluation results of opened and shared major scientific research infrastructure and large scientific research instruments in arid areas in 2023

序号	单位	省（区、市）	评定结果
1	中国水产科学研究院黄海水产研究所	山东	优秀
2	中国科学院烟台海岸带研究所	山东	优秀
3	中国科学院长春光学精密机械与物理研究所	吉林	优秀
4	中国科学院西安光学精密机械研究所	陕西	优秀
5	中国科学院地球环境研究所	陕西	优秀
6	哈尔滨工业大学	黑龙江	优秀
7	中国农业科学院哈尔滨兽医研究所	黑龙江	优秀
8	哈尔滨工程大学	黑龙江	优秀
9	中国地质科学院地球物理地球化学勘查研究所	天津	优秀
10	中国农业科学院郑州果树研究所	河南	良好
11	中国农业科学院农田灌溉研究所	河南	良好
12	中国农业科学院棉花研究所	河南	良好
13	中国科学院近代物理研究所	甘肃	良好
14	中国科学院西北生态环境资源研究院	甘肃	良好
15	中国农业科学院兰州兽医研究所	甘肃	良好
16	中国科学院兰州化学物理研究所	甘肃	良好
17	交通运输部天津水运工程科学研究所	天津	良好
18	东北大学	辽宁	良好
19	大连理工大学	辽宁	良好
20	中国科学院沈阳应用生态研究所	辽宁	良好
21	中国科学院大连化学物理研究所	辽宁	良好
22	中国农业科学院果树研究所	辽宁	良好
23	中国农业科学院特产研究所	吉林	良好
24	吉林大学	吉林	良好
25	中国科学院青海盐湖研究所	青海	良好
26	中国科学院西北高原生物研究所	青海	良好

续表1

序号	单位	省（区、市）	评定结果
27	中国科学院海洋研究所	山东	良好
28	山东大学	山东	良好
29	青岛海洋地质研究所	山东	良好
30	中国农业科学院烟草研究所	山东	良好
31	中国科学院新疆理化技术研究所	新疆	良好
32	西安交通大学	陕西	良好
33	西北农林科技大学	陕西	良好
34	陕西师范大学	陕西	良好
35	中国科学院遗传与发育生物学研究所农业资源研究中心	河北	良好
36	应急管理部沈阳消防研究所	辽宁	合格
37	中国科学院沈阳自动化研究所	辽宁	合格
38	大连民族大学	辽宁	合格
39	大连海事大学	辽宁	合格
40	中国科学院金属研究所	辽宁	合格
41	中国气象局沈阳大气环境研究所	辽宁	合格
42	南开大学	天津	合格
43	中国科学院天津工业生物技术研究所	天津	合格
44	天津大学	天津	合格
45	农业农村部环境保护科研监测所	天津	合格
46	中国地质调查局天津地质调查中心	天津	合格
47	自然资源部天津海水淡化与综合利用研究所	天津	合格
48	中国医学科学院生物医学工程研究所	天津	合格
49	应急管理部天津消防研究所	天津	合格
50	中国民航大学	天津	合格
51	中国科学院青岛生物能源与过程研究所	山东	合格
52	中国石油大学（华东）	山东	合格
53	自然资源部第一海洋研究所	山东	合格
54	中国海洋大学	山东	合格

续表2

序号	单位	省（区、市）	评定结果
55	国家深海基地管理中心	山东	合格
56	中国科学院国家授时中心	陕西	合格
57	西北工业大学	陕西	合格
58	西安电子科技大学	陕西	合格
59	长安大学	陕西	合格
60	兰州大学	甘肃	合格
61	西北民族大学	甘肃	合格
62	中国农业科学院兰州畜牧与兽药研究所	甘肃	合格
63	中国气象局兰州干旱气象研究所	甘肃	合格
64	中国地震局兰州地震研究所	甘肃	合格
65	中国水产科学研究院黑龙江水产研究所	黑龙江	合格
66	中国地震局工程力学研究所	黑龙江	合格
67	东北林业大学	黑龙江	合格
68	中国农业科学院草原研究所	内蒙古	合格
69	水利部牧区水利科学研究所	内蒙古	合格
70	中国科学院长春应用化学研究所	吉林	合格
71	中国科学院东北地理与农业生态研究所	吉林	合格
72	东北师范大学	吉林	合格
73	北方民族大学	宁夏	合格
74	中国科学院山西煤炭化学研究所	山西	合格
75	中国科学院新疆生态与地理研究所	新疆	合格
76	水利部水工金属结构质量检验测试中心	河南	合格
77	黄河水利委员会黄河水利科学研究院	河南	合格
78	中国林业科学研究院经济林研究所	河南	合格

注：①所属省（区、市）根据单位的组织机构登记信息进行确定，由编者整理得到；②此表未包含登记属地为北京的单位；③此表未列出评定结果为"较差"的单位。
资料来源：科技部网站，《科技部办公厅 财政部办公厅关于发布2023年中央级高校和科研院所等单位重大科研基础设施和大型科研仪器开放共享评价考核结果的通知》（国科办基〔2023〕83号）。

2.3.2 国家农业种质资源库

为加强种业振兴战略,进一步推进种质资源保护与利用,农业农村部开始布局建设并认定国家农业种质资源库。国家农业种质资源库是我国种质资源安全保存与共享利用的重要设施,具有战略性、基础性和公益性特征,承担着种质资源收集整理、安全保存、精准鉴定、共享交流等重要任务。国家农业种质资源库包括两个类别,分别是农作物种质资源库(圃)和农业微生物种质资源库。农业农村部在2022年和2023年分两个批次共认定了100个国家农业种质资源库,其中旱区省(区、市)认定总数达到46个,略少于非旱区认定总数54个。

截至2023年底,农业农村部共认定国家农作物种质资源库(圃)73个,其中旱区省(区、市)认定数为33个,基本构建形成了以长期库为核心,以复份库、中期库、种质圃等为依托的农作物种质资源保护体系。截至2023年底,农业农村部共认定国家农业微生物种质资源库27个,涉及食用菌、肥料微生物、植保微生物、饲料微生物等多个领域,其中旱区省(区、市)认定数为13个。旱区省(区、市)国家农业种质资源库名单如表2-3所示。

表2-3 截至2023年底旱区各省(区、市)国家农业种质资源库名单

Table 2-3 List of the National Agricultural Germplasm Library in arid provinces by the end of 2023

序号	省(区、市)	类别	年份	名称	依托单位
1	北京	农作物	2022	国家农作物种质资源库	中国农业科学院作物科学研究所
2	北京	农作物	2022	国家粮食作物种质资源中期库(北京)	中国农业科学院作物科学研究所
3	北京	农作物	2022	国家蔬菜种质资源中期库(北京)	中国农业科学院蔬菜花卉研究所
4	北京	农作物	2022	国家多年生蔬菜种质资源圃(北京)	中国农业科学院蔬菜花卉研究所
5	北京	农作物	2022	国家多年生草本花卉种质资源圃(北京)	中国农业科学院蔬菜花卉研究所
6	北京	农作物	2022	国家桃草莓种质资源圃(北京)	北京市农林科学院林业果树研究所
7	北京	农业微生物	2023	国家植保微生物种质资源库(北京)	北京市农林科学院

续表1

序号	省（区、市）	类别	年份	名称	依托单位
8	北京	农业微生物	2022	国家农业微生物种质资源库	中国农业科学院农业资源与农业区划研究所
9	北京	农业微生物	2022	国家饲料微生物种质资源库（北京）	中国农业科学院北京畜牧兽医研究所
10	北京	农业微生物	2022	国家畜禽水产微生物种质资源库（北京）	中国农业科学院饲料研究所
11	山东	农作物	2022	国家烟草种质资源中期库（青岛）	中国农业科学院烟草研究所
12	山东	农作物	2022	国家核桃板栗种质资源圃（泰安）	山东省农业科学院果树研究所
13	山东	农作物	2022	国家耐盐碱作物种质资源圃（东营）	山东省农业科学院
14	山东	农业微生物	2022	国家植保微生物种质资源库（山东）	山东农业大学
15	山东	农业微生物	2022	国家农业环境微生物种质资源库（山东）	中国农业科学院烟草研究所
16	黑龙江	农作物	2022	国家甜菜种质资源中期库（哈尔滨）	黑龙江大学
17	黑龙江	农作物	2022	国家马铃薯种质资源试管苗库（克山）	黑龙江省农业科学院克山分院
18	黑龙江	农作物	2022	国家寒带作物及大豆种质资源中期库（哈尔滨）	黑龙江省农业科学院草业研究所
19	黑龙江	农业微生物	2023	国家食用菌种质资源库（黑龙江）	黑龙江省科学院微生物研究所
20	辽宁	农作物	2022	国家梨苹果种质资源圃（兴城）	中国农业科学院果树研究所
21	辽宁	农作物	2022	国家山楂种质资源圃（沈阳）	沈阳农业大学
22	辽宁	农作物	2022	国家李杏种质资源圃（熊岳）	辽宁省果树科学研究所
23	辽宁	农业微生物	2023	国家农业环境微生物种质资源库（辽宁）	沈阳农业大学
24	新疆	农作物	2022	国家新疆特有果树种质资源圃（轮台）	新疆农业科学院轮台果树资源圃

续表2

序号	省（区、市）	类别	年份	名称	依托单位
25	新疆	农作物	2022	国家野生苹果种质资源圃（伊犁）	伊犁哈萨克自治州农业科学研究所
26	新疆	农作物	2022	国家中亚特色作物种质资源中期库（乌鲁木齐）	新疆农业科学院农作物品种资源研究所
27	河南	农作物	2022	国家棉花种质资源中期库（安阳）	中国农业科学院棉花研究所
28	河南	农作物	2022	国家西瓜甜瓜种质资源中期库（郑州）	中国农业科学院郑州果树研究所
29	河南	农作物	2022	国家葡萄桃种质资源圃（郑州）	中国农业科学院郑州果树研究所
30	吉林	农作物	2022	国家山葡萄种质资源圃（左家）	中国农业科学院特产研究所
31	吉林	农作物	2022	国家寒地果树种质资源圃（公主岭）	吉林省农业科学院
32	吉林	农业微生物	2022	国家食用菌种质资源库（吉林）	吉林农业大学
33	内蒙古	农作物	2022	国家北方饲草种质资源中期库（呼和浩特）	中国农业科学院草原研究所
34	内蒙古	农作物	2022	国家多年生饲草种质资源圃（呼和浩特）	中国农业科学院草原研究所
35	内蒙古	农业微生物	2022	国家饲料微生物种质资源库（内蒙古）	内蒙古农业大学
36	陕西	农作物	2022	国家柿种质资源圃（杨凌）	西北农林科技大学
37	陕西	农业微生物	2023	国家肥料微生物种质资源库（陕西）	西北农林科技大学
38	西藏	农作物	2022	国家青藏高原作物种质资源圃（拉萨）	西藏自治区农牧科学研究院
39	西藏	农作物	2022	国家青藏高原作物种质资源中期库（拉萨）	西藏自治区农牧科学研究院
40	山西	农作物	2022	国家枣葡萄种质资源圃（太谷）	山西农业大学果树研究所

续表3

序号	省（区、市）	类别	年份	名称	依托单位
41	山西	农作物	2022	国家特色杂粮作物种质资源中期库（太原）	山西农业大学农业基因资源研究中心
42	河北	农作物	2022	国家小麦野生近缘植物种质资源圃（廊坊）	中国农业科学院作物科学研究所
43	河北	农业微生物	2022	国家植保微生物种质资源库（河北）	河北省农林科学院植物保护研究所
44	宁夏	农作物	2022	国家枸杞葡萄种质资源圃（银川）	宁夏农林科学院枸杞科学研究所、宁夏农林科学院园艺研究所
45	青海	农作物	2022	国家农作物种质资源复份库（西宁）	青海大学农林科学院（青海省农林科学院）
46	天津	农业微生物	2023	国家肥料微生物种质资源库（天津）	天津农学院

注：按旱区各省（区、市）的国家农业种质资源库数量、资源库类别进行排序。
资料来源：农业农村部网站。

2.3.3 现代农业产业技术体系

2007年，农业部、财政部共同启动建设国家现代农业产业技术体系，聚焦主要农产品，组建相应的现代农业产业体系，形成跨部门、跨区域、跨单位、跨学科的优势科技力量，联合协作解决产业重大问题。"十二五"期间（2011—2015年），国家现代农业产业技术体系共确定了50个产业技术研发中心、233个功能研究室和1 144个综合试验站，总计聘请了50名首席科学家、1 051名岗位科学家和1 144名站长（农科教发〔2011〕3号）。"十三五"（2016—2020年）和"十四五"（2021—2025年）期间，国家现代农业产业技术体系持续加强体系队伍建设，提升技术支撑能力，开展了多轮次的岗位新增调整和科学家聘用增补。对历年公示文件进行汇总整理，从区域对比来看，旱区拥有各类科学家共计1 205名，非旱区拥有各类科学家共计1 012名，二者的人数比率为1.19（见图2-21）。从旱区省（区、市）的对比来看，科学家人数排在前三位的省（区、市）分别是北京（410名）、山东（151名）、河南（94名）（见图2-22）。

旱区农业科技资源配置

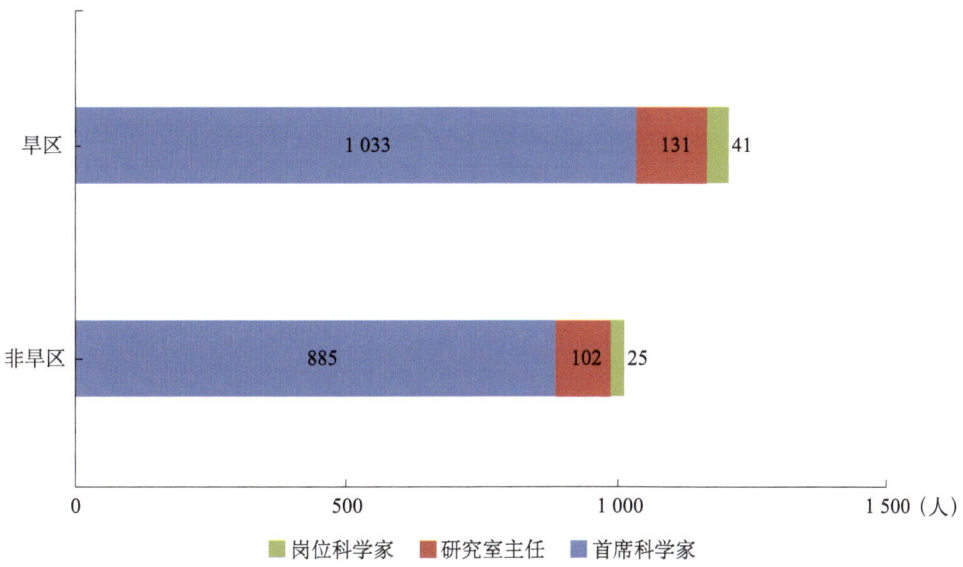

图 2-21　2011—2023 年现代农业产业技术体系科学家人数分布情况

Figure 2-21　Amounts distribution of science researchers in China Agricultural Research System from 2011 to 2023

注：①同一科学家可能聘用于多个类别的岗位，此处进行累加汇总。②所属地区根据科学家所在单位的组织机构登记信息进行确定。③科学家名单经过多轮次调整、新增，此处仅汇总历年公示名单。

资料来源：农业农村部网站，《农业部关于印发现代农业产业技术体系建设依托单位和岗位聘用人员名单的通知》（农科教发〔2011〕3号）、《关于公示现代农业产业技术体系"十三五"新增岗位科学家候选人名单的通知》〔农科（产业）函〔2017〕第68号〕、《关于公示现代农业产业技术体系2019年增补岗位科学家候选人名单的通知》〔农科（产业）函〔2019〕第184号〕、《关于公示现代农业产业技术体系首席科学家和岗位科学家候选人名单的通知》〔农科（产业）函〔2021〕7号〕、《关于公示现代农业产业技术体系首席科学家和岗位科学家候选人名单的通知》（2022年6月17日，2023年5月24日）。

2017年，国家现代农业产业技术体系遴选增补了359名科学家〔农科（产业）函〔2017〕第68号〕；2019年，增补55位岗位科学家〔农科（产业）函〔2019〕第184号〕；2021年，继续增补11名首席科学家和215名岗位科学家〔农科（产业）函〔2021〕7号〕；2022年，遴选公示4位首席科学家和131位岗位科学家候选人；2023年，继续对体系专家进行优化调整，共遴选公示1位首席科学家和107位岗位科学家候选人，其中旱区有56名岗位科学家候选人入围（见表2-4）。

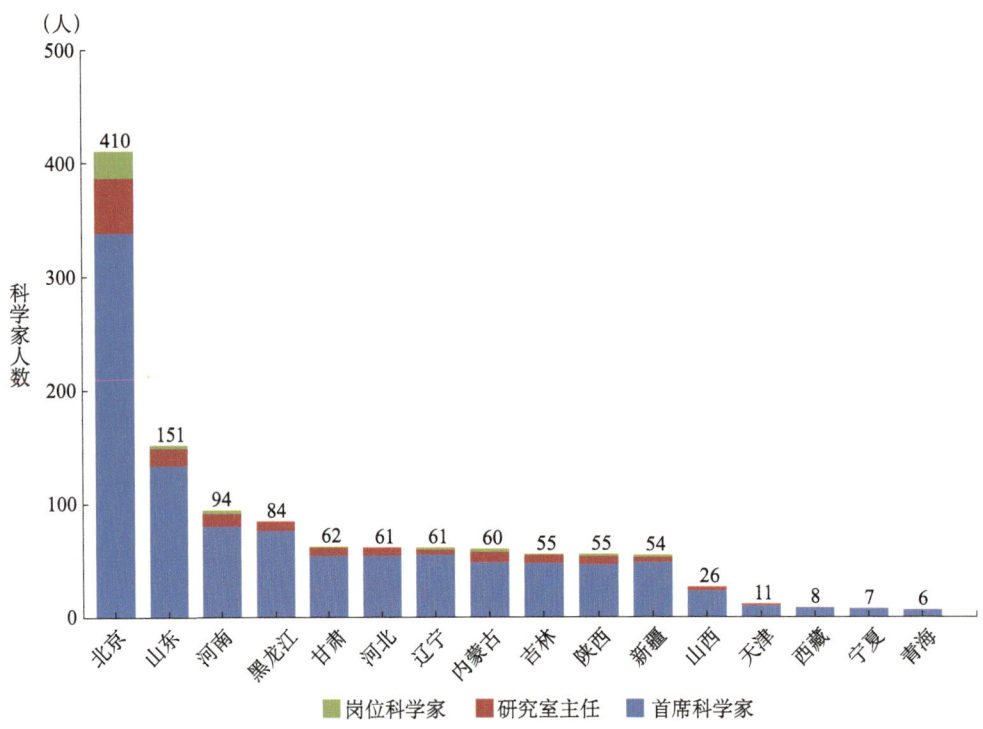

图 2-22 2011—2023 年旱区各省（区、市）现代农业产业技术体系科学家人数分布情况

Figure 2-22 Amounts distribution of science researchers of the China Agricultural Research System in provinces of the arid areas from 2011 to 2023

注：①同一科学家可能聘用于多个类别的岗位，此处进行累加汇总。②所属地区根据科学家所在单位的组织机构登记信息进行确定。③科学家名单经过多轮次调整、新增，此处仅汇总历年公示名单。

资料来源：农业农村部网站，《农业部关于印发现代农业产业技术体系建设依托单位和岗位聘用人员名单的通知》（农科教发〔2011〕3号）、《关于公示现代农业产业技术体系"十三五"新增岗位科学家候选人名单的通知》［农科（产业）函〔2017〕第68号］、《关于公示现代农业产业技术体系2019年增补岗位科学家候选人名单的通知》［农科（产业）函〔2019〕第184号］、《关于公示现代农业产业技术体系首席科学家和岗位科学家候选人名单的通知》［农科（产业）函〔2021〕7号］、《关于公示现代农业产业技术体系首席科学家和岗位科学家候选人名单的通知》（2022年6月17日，2023年5月24日）。

表 2-4 2023 年旱区各省（区、市）入选现代农业产业技术体系科学家候选人名单

Table 2-4 List of candidates of the China Agricultural Research System in provinces of the arid areas in 2023

序号	产业体系	岗位名称	姓名	依托单位	省（区、市）
1	中药材	生态种植	康传志	中国中医科学院中药研究所	北京

续表1

序号	产业体系	岗位名称	姓名	依托单位	省（区、市）
2	中药材	贮藏与包装	杨健	中国中医科学院中药研究所	北京
3	中药材	根及根茎类药材	栗孟飞	甘肃农业大学	甘肃
4	大宗蔬菜	土传病害防控	卢晓红	中国农业科学院植物保护研究所	北京
5	大宗蔬菜	蔬菜种子加工检测	范晓飞	河北农业大学	河北
6	大豆	土壤管理与轮作制度	尧水红	中国农业科学院农业资源与农业区划研究所	北京
7	大豆	高油大豆种质挖掘与创制	郭勇	中国农业科学院作物科学研究所	北京
8	大豆	东北中晚熟品种改良	蒋洪蔚	吉林省农业科学院	吉林
9	大麦青稞	种子扩繁与生产技术	包奇军	甘肃省农业科学院	甘肃
10	大麦青稞	水分生理与节水栽培	汪军成	甘肃农业大学	甘肃
11	奶牛	粗饲料资源开发与利用	王蔚	中国农业大学	北京
12	奶牛	粪污处理与利用（肥料化）	黄光群	中国农业大学	北京
13	奶牛	奶牛品种资源评价	王兴平	宁夏大学	宁夏
14	奶牛	细菌性传染病防控	樊晓旭	中国动物卫生与流行病学中心	山东
15	小麦	春麦品种改良	宋维富	黑龙江省农业科学院	黑龙江
16	梨	种苗扩繁与生产技术	姜峰	中国农业大学	北京
17	梨	果园生态与环境综合治理	许建锋	河北农业大学	河北
18	梨	秋子梨品种改良	欧春青	中国农业科学院果树研究所	辽宁
19	棉花	水分管理	汤秋香	新疆农业大学	新疆
20	水禽	鹅繁殖调控技术	赵秀华	黑龙江省农业科学院	黑龙江
21	油菜	根肿病防控	李晓楠	沈阳农业大学	辽宁
22	油菜	种子生产与质量控制	关周博	陕西省杂交油菜研究中心	陕西
23	海水鱼	河鲀营养需求与饲料	徐后国	中国水产科学研究院黄海水产研究所	山东
24	海水鱼	海鲈种质资源与品种改良	李昀	中国海洋大学	山东
25	海水鱼	寄生虫病防控	章晋勇	青岛农业大学	山东
26	牧草	虫害防控	涂雄兵	中国农业科学院植物保护研究所	北京

续表2

序号	产业体系	岗位名称	姓名	依托单位	省（区、市）
27	牧草	披碱草无芒雀麦品种改良	靳瑰丽	新疆农业大学	新疆
28	特色油料	生态与土壤管理	张君	内蒙古自治区农牧业科学院	内蒙古
29	特色油料	芝麻种质资源评价与创新	刘艳阳	河南省农业科学院	河南
30	特色油料	草害防控	牛树君	甘肃省农业科学院	甘肃
31	特色淡水鱼	质量安全与营养品质评价	程波	中国水产科学研究院	北京
32	特色蔬菜	韭菜品种改良	马培芳	平顶山市农业科学院	河南
33	玉米	种子扩繁与生产技术	顾日良	中国农业大学	北京
34	玉米	玉米储藏病害等综合防控	曹志艳	河北农业大学	河北
35	玉米	夏玉米中熟抗病种质改良	鲁晓民	河南省农业科学院	河南
36	生猪	种质资源评价	何鑫淼	黑龙江省农业科学院畜牧研究所	黑龙江
37	糖料	甜菜种植制度	王宇光	黑龙江大学	黑龙江
38	绒毛用羊	细菌病防控	王兴龙	西北农林科技大学	陕西
39	绿肥	旱地土壤及肥水管理	张达斌	西北农林科技大学	陕西
40	肉牛牦牛	传统中兽医兽药防治	华永丽	甘肃农业大学	甘肃
41	肉牛牦牛	地方品种改良	杨武才	西北农林科技大学	陕西
42	肉羊	良种扩繁与生产技术	杨燕燕	内蒙古自治区农牧业科学院	内蒙古
43	苹果	果实病害防控	梁晓飞	西北农林科技大学	陕西
44	葡萄	虫害防控	朱亮	中国农业科学院植物保护研究所	北京
45	虾蟹	虾生态系统养殖	栾生	中国水产科学研究院黄海水产研究所	山东
46	虾蟹	寄生虫病防控	姜宏波	沈阳农业大学	辽宁
47	蚕桑	柞树种质资源收集与评价	王勇	沈阳农业大学	辽宁
48	蛋鸡	制种技术	孙研研	中国农业科学院北京畜牧兽医研究所	北京
49	西甜瓜	草害虫害防控	陈景超	中国农业科学院植物保护研究所	北京

续表3

序号	产业体系	岗位名称	姓名	依托单位	省（区、市）
50	西甜瓜	土壤与养分管理	杜少平	甘肃省农业科学院	甘肃
51	西甜瓜	育种技术与方法	王学征	东北农业大学	黑龙江
52	谷子高粱	土壤管理	王湛	宁夏农林科学院	宁夏
53	食用菌	质量分析与营养评价	王迪	吉林农业大学	吉林
54	食用菌	小宗种类食用菌栽培	李守勉	河北农业大学	河北
55	食用豆	质量安全与营养品质评价	么杨	中国农业科学院作物科学研究所	北京
56	食用豆	芸豆育种	王强	黑龙江省农业科学院	黑龙江

注：所属地区根据科学家工作单位的组织机构登记信息进行确定。
资料来源：农业农村部网站，2023年公示名单。

2.4 科技服务

2.4.1 国家农业园区体系

自1997年起，在科技部、农业农村部等部委的推动下，各地积极创建农业科技园区、农业产业示范区、农业产业园等。通过在园区范围内集中创新资源，探索建立以技术推广、科技开发、农业示范、成果孵化等为任务的特色园区，加速推进农业产学研一体化和农业高科技产业化发展。目前，我国初步建成了特色鲜明、模式典型、科技示范效果显著的农业园区发展体系。我国已经建成了9家国家农业高新技术产业示范区、233家国家农业科技园区、300个国家农业现代化示范区和174个国家现代农业产业园。其中，国家农业高新技术产业示范区是国家农业科技园区的一种高级形态，重点提升农业生产率、产出率和绿色发展水平，发展成为具有全球影响力的"农业硅谷"。国家农业科技园区是现代农业创新驱动发展先行示范区、农业高新技术产业集聚区，重点聚焦于农业科技创新。国家农业现代化示范区是农业产业园区发展的中间阶段，通过整区县推进，提升农业科技示范，推进产业配套。

农业农村部按照《农业现代化示范区创建方案》的建设布局和条件要求，选择农业现代化发展基础好、潜力足、空间大，地方政府积极性高、支持保障有力、模式路径比较清晰、示范带动能力较强的县（市、区）进行农业现代化示范区创建工作。农业现代化示范区综合考虑各地农业资源禀赋、基础设施条件、特色产业发展等因素，重点围绕粮食产业、优势特色产业、都市农业、智慧农业、高效旱作农业和脱贫地区"小而精"特色产业等，以县（市、区）为单位进行分区、分类创建。截至2023年底，农业农村部分三批共创建了300个农业现代化示范区，并且每年组织开展一次综合评估（见图2-23）。

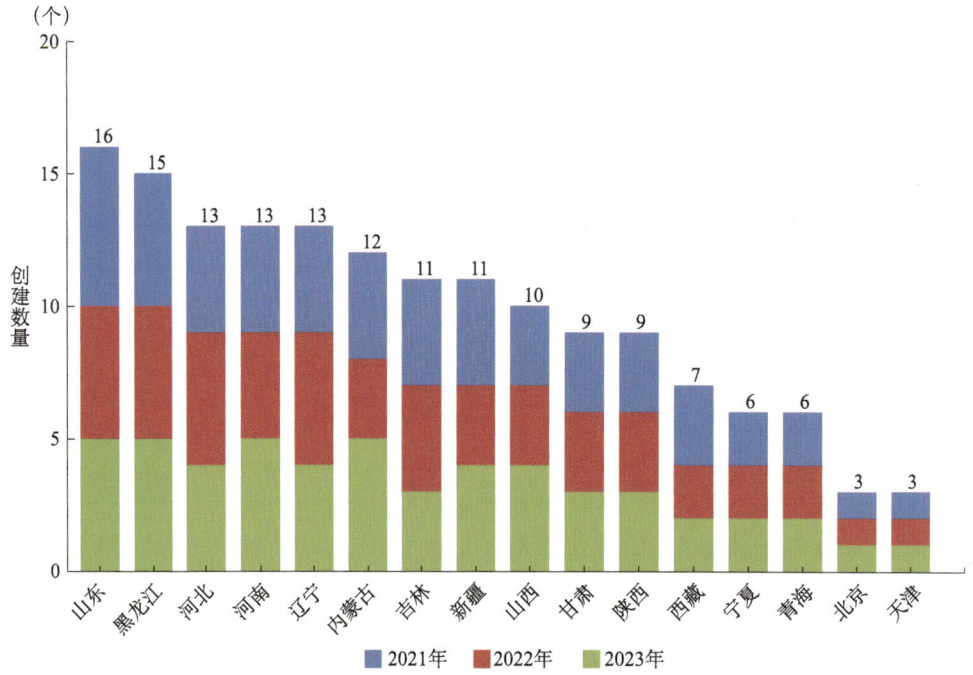

图 2-23　2021—2023年旱区各省（区、市）农业现代化示范区创建数量及分布情况

Figure 2-23　Amounts distribution of the Agricultural Modernization Demonstration Zone in provinces of the arid areas from 2021 to 2023

注：现代农业示范区所在省（区、市）的统计包括部分计划单列市、生产建设兵团、农垦集团等。

资料来源：农业农村部网站公布的农业现代化示范区创建名单。

2.4.2　农业产业融合发展

2021年开始，农业农村部、财政部统筹政策资金，创建国家现代农业产业园、优势特色产业集群、农业产业强镇，为加快建设农业强国和实现乡村全面振兴、农业农村现代化提供有力支撑。对批准创建或建设的国家现代农业产业园、优势特色产业集群、农业产业强镇，中央财政分年、分类给予奖补支持，并重点支持具有较强公益性、对农民带动能力强的环节和领域。

农业农村部、财政部分别于 2017 年批准创建第一批国家现代农业产业园 11 个、于 2018 年批准创建第一批农业产业强镇 254 个，于 2020 年批准创建第一批全国优势特色产业集群 50 个。截至 2024 年，共创建国家现代农业产业园 322 个，其中旱区省（区、市）有 158 个；共创建 4 个批次全国优势特色产业集群 220 个，其中旱区省（区、市）有 114 个；共创建 6 个批次农业产业强镇 1 699 个，其中旱区省（区、市）有 815 个。在旱区省（区、市）中，农业产业融合发展三类项目创建总数位居前三的分别是山东（134 个，其中产业集群 8 个、产业园 15 个、产业强镇 111 个）、河南（126 个，其中产业集群 9 个、产业园 14 个、产业强镇 103 个）、黑龙江（108 个，其中产业集群 10 个、产业园 16 个、产业强镇 82 个）（见图 2-24）。国家现代农业产业园创建数量排名前六位的旱区省（区、市）分别是黑龙江、山东、新疆、河南、内蒙古、山西，具体如表 2-5 所示。

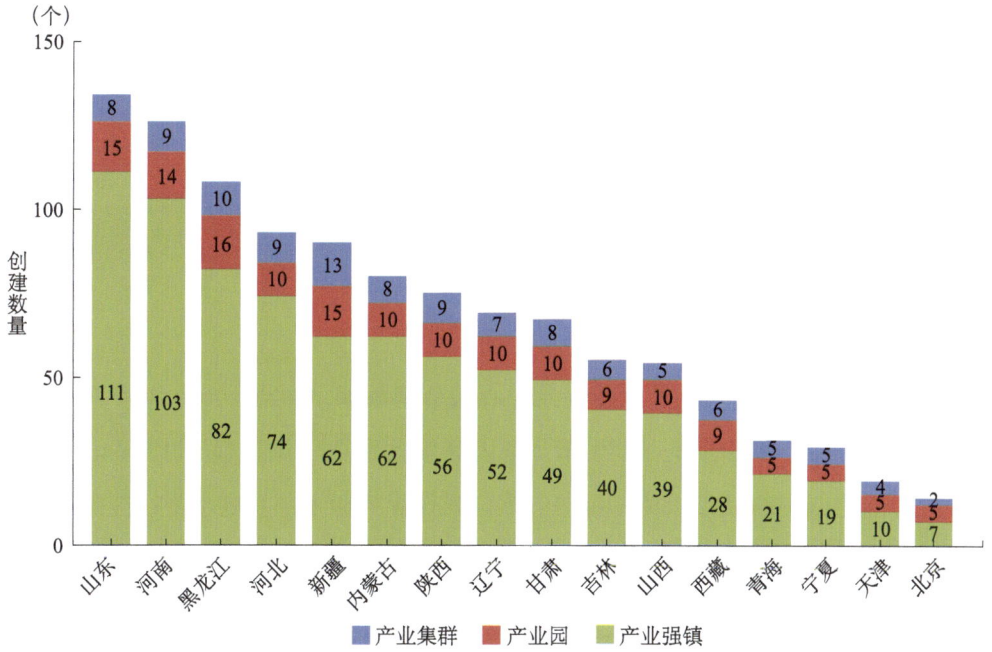

图 2-24 截至 2024 年旱区各省（区、市）三类农业产业融合发展项目创建数量分布情况

Figure 2-24 Distribution of the three types agricultural industry integration development project in provinces of the arid areas by the end of 2024

资料来源：农业农村部网站。

表 2-5 截至 2024 年国家现代农业产业园创建数量排名前六位的旱区省（区、市）及分布情况
Table 2-5 The top 6 arid regions provinces in the number of the National Modern Agricultural Industrial Parks by the end of 2024

序号	省（区、市）	数量	国家现代农业产业园
1	黑龙江	16	虎林市、北安市、宝清县、讷河市、桦川县、北大荒农垦集团有限公司北安分公司、勃利县、五大连池市、绥滨县、海伦市、富锦市、铁力市、黑龙江农垦建三江管理局七星、黑龙江农垦宝泉岭垦区、五常市、庆安县
2	山东	15	济南市济阳区、兰陵县、平度市、威海市文登区、泰安市岱岳区、泗水县、嘉祥县、烟台市莱山区、齐河县、阳信县、滨州市滨城区、庆云县、东阿县、泰安市泰山区、金乡县
3	新疆	15	鄯善县、库车市、第九师白杨市、伽师县、阿瓦提县、伊宁县、奇台县、若羌县、第三师草湖、墨玉县、霍城县、福海县、昌吉市、第二师铁门关市、阿拉尔市
4	河南	14	汤阴县、淇县、清丰县、柘城县、郸城县、信阳市浉河区、临颍县、新乡市平原城乡一体化示范区、永城市、灵宝市、内乡县、延津县、泌阳县、温县
5	内蒙古	10	太仆寺旗、科右前旗、和林格尔县、莫力达瓦达斡尔族自治旗、杭锦后旗、科尔沁右翼中旗、扎兰屯市、克什克腾旗、乌兰察布市察右前旗、科尔沁左翼中旗
6	山西	10	新绛县、曲沃县、翼城县、晋中市榆次区、临猗县、大同市云州区、稷山县、平顺县、隰县、万荣县

注：①国家现代农业产业园的名称有明确规范，为方便展示，此处进行简化处理。例如，"黑龙江省宝清县现代农业产业园"简化为"宝清县"。②产业园名称按公示批次及其序号进行排序，经过对历年国家现代农业产业园创建名单公示结果汇总整理得到。
资料来源：农业农村部网站。

2.4.3 国家高新技术企业

根据科技部火炬高技术产业开发中心的公示数据，2022—2023 年全国高新技术企业认定数量增幅明显，2023 年，全国高新技术企业认定数为 176 640 家，相比 2022 年的 160 054 家，增幅达到 10.4%。区位优势和经济发展水平往往是培育和发展高新技术企业的重要环境条件。就旱区高新技术企业认定数量分布情况来看，旱区省均高新技术企业认定数量远低于全国平均高新技术企业认定数量（分别为 3 581 家和 5 698 家），而且旱区省（区、市）认定数量的分布具有较大差异性（见图 2-25）。2022 年，旱区高新技术企业认定数量排名前五位的省（区、市）分别是山东（13 413 家）、北京（10 475 家）、陕西（7 526 家）、河北（4 934 家）、河南（4 806 家），认定数量超过全国平均高新企业认定数量的旱区省（区、市）只有 3 个，

分别为山东、北京、陕西；认定数量超过旱区省均高新企业认定数量的旱区省（区、市）有7个，分别为山东、北京、陕西、河北、河南、辽宁、天津。

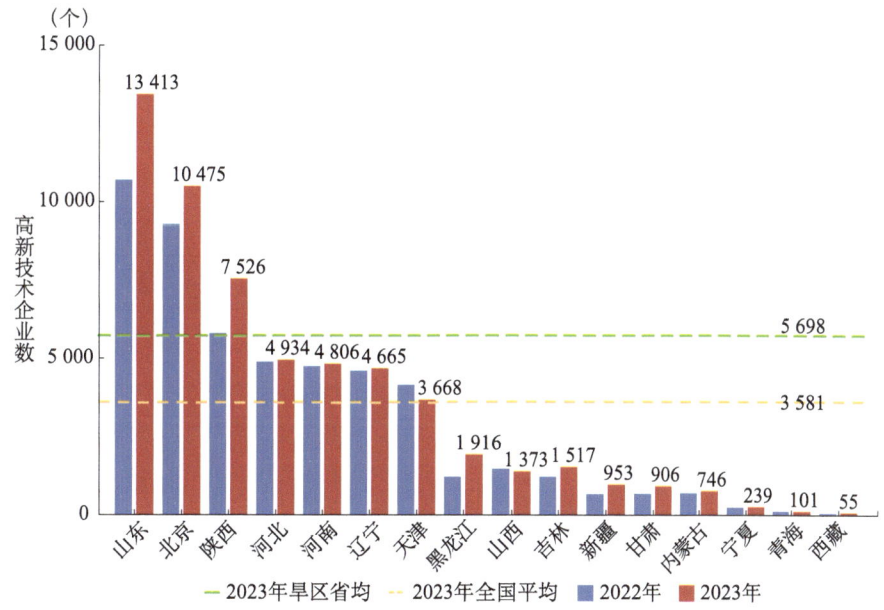

图2-25 2022—2023年旱区各省（区、市）国家高新技术企业认定数量的分布情况

Figure 2-25 Amounts distribution of the national high-tech enterprises in provinces of the arid areas from 2022 to 2023

资料来源：科技部火炬高技术产业开发中心。

规模以上高新技术企业是我国企业创新的中坚力量，贡献了全部高新技术企业生产产值的六成左右。2021年，全国规模以上高新技术企业数为45 646家；到2022年，全国规模以上高新技术企业数增加到49 674家，其中旱区拥有规模以上高新技术企业9 024家，约占全国总数的1/5。对比来看，2022年旱区16个省（区、市）平均拥有规模以上高新技术企业564家，比2021年的平均数（517家）有所增加，但仍远低于全国平均拥有规模以上高新技术企业数（1 602家）（见图2-26）。旱区仅有山东（2 251家）超过了全国平均拥有规模以上高新技术企业数。就旱区省（区、市）而言，超过旱区省均规模以上高新技术企业数的有山东（2 251家）、河南（1 525家）、北京（993家）、河北（928家）、陕西（811家）、天津（584家），西北部其他旱区省（区、市）的规模以上高新技术企业分布明显较少，但比往年的分布情况有所改善。2022年旱区省（区、市）规模以上高新技术产业研发机构数和新产品研发项目数分布，如图2-27所示。

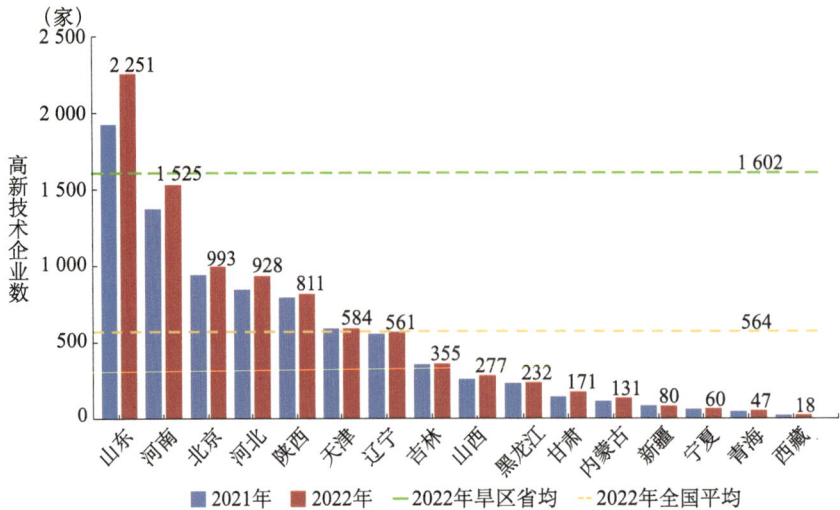

图 2-26　2021—2022 年旱区各省（区、市）规模以上高新技术企业数量分布

Figure 2-26　Amounts distribution of the high-tech enterprises in provinces of the arid areas from 2021 to 2022

资料来源：《中国科技统计年鉴》（2022—2023 年）。

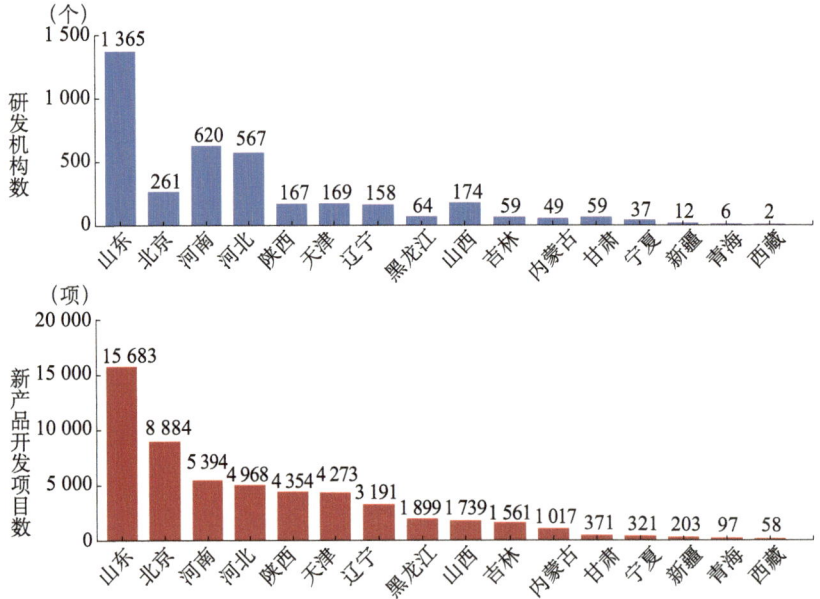

图 2-27　2022 年旱区各省（区、市）规模以上高新技术产业研发机构数和新产品开发项目数分布

Figure 2-27　Amounts distribution of the high-tech industry R&D institutions and new product developing projects in provinces of the arid areas in 2022

注：由于统计口径变化，2020 年未公布 R&D 项目数，故与往年不可比，此处仅展示新产品开发项目数。

资料来源：《中国科技统计年鉴 2023》。

2.4.4 农业产业化龙头企业

为推动培育农业产业化国家重点龙头企业（以下简称"国家重点龙头企业"）发展壮大，按照《农业产业化国家重点龙头企业认定和运行监测管理办法》《农业农村部办公厅关于开展农业产业化国家重点龙头企业监测工作的通知》（农办产〔2020〕3号）等相关文件要求，截至2024年，农业农村部共分8个批次认定国家重点龙头企业2 311家，其中旱区省（区、市）有1 113家（见图2-28）。国家重点龙头企业的主要培育方向是围绕"五个引领"：引领现代农业生产、引领技术集成创新、引领产业融合发展、引领乡土品牌打造、引领利益机制完善。在旱区16个省（区、市）中，国家重点龙头企业认定数排名前五位的省份依次是山东（149家）、河南（124家）、黑龙江（100家）、河北（96家）、辽宁（88家）（见图2-29）。

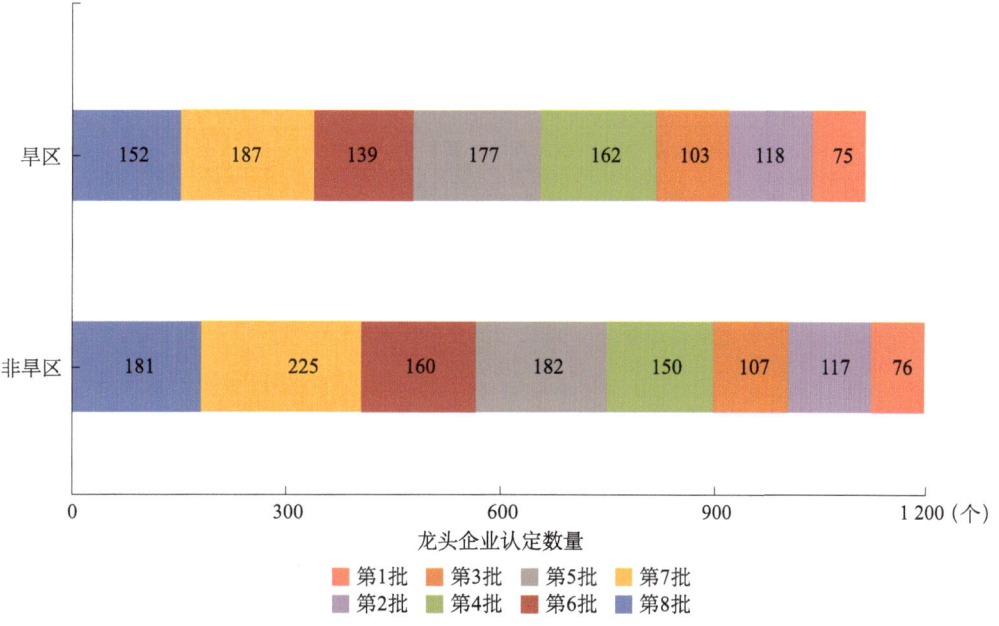

图 2-28 截至2024年农业产业化龙头企业批次认定及分布情况

Figure 2-28 Amounts distribution of the national leading enterprises of agricultural industrialization by the end of 2024

注：①龙头企业归属区域依据工商登记信息注册所在地进行汇总。②部分龙头企业的名称经历了信息变更。③龙头企业名单经过多轮次认定、监测、调整、递补等，此处仅汇总历年公示的认定名单。

资料来源：农业农村部网站，历年公布的农业产业化国家重点龙头企业公示名单。

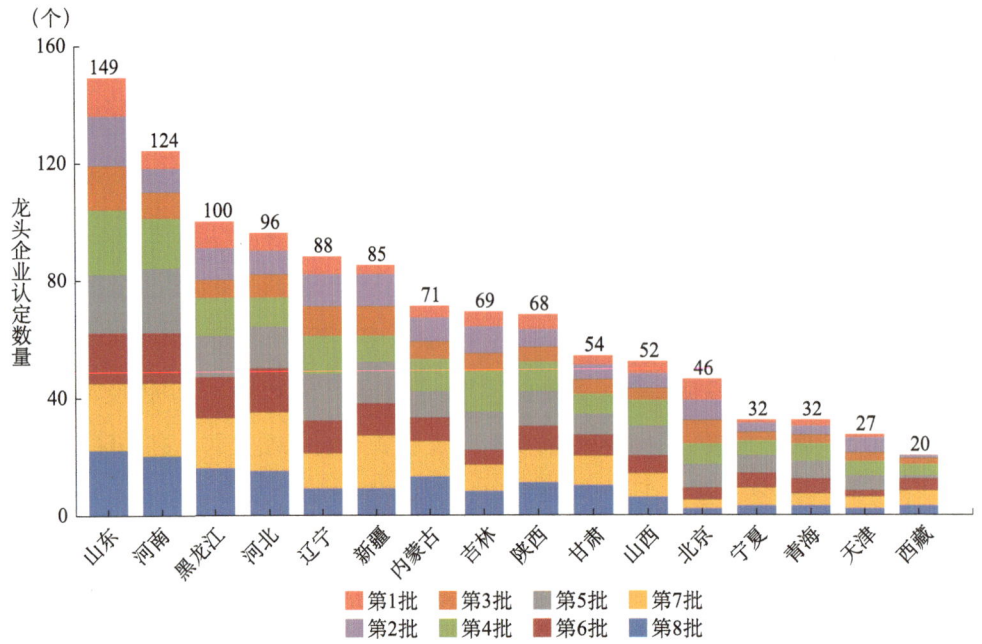

图 2-29　2024 年旱区各省（区、市）农业产业化龙头企业认定数量及分布情况

Figure 2-29　Amounts distribution of the national leading enterprises of agricultural industrialization in provinces of the arid areas in 2024

注：①龙头企业归属区域依据工商登记信息注册所在地进行汇总。②部分龙头企业的名称经历了信息变更。③龙头企业名单经过多轮次认定、监测、调整、递补等，此处仅汇总历年公示的认定名单。

资料来源：农业农村部网站，历年公布的农业产业化国家重点龙头企业公示名单。

2.4.5 "育繁推"一体化种子企业

符合农业农村部规定条件、获得选育生产经营相结合许可证的种子企业被称为"育繁推一体化种子企业"。国家级"育繁推"一体化种子生产经营许可证支持企业在全国范围内开展种子选育、生产及经营，助推企业扩大种子推广及营销范围；允许企业通过绿色通道开展品种审定，以有效提高育种效率和制种速度，为保障国家粮食安全、助力农业现代化发展奠定基础。通过对中国种业大数据平台中相关数据的整理，截至 2023 年底，旱区省（区、市）共有 87 家企业在大豆、花生、棉花、小麦等品种上获得"育繁推"一体化种子企业许可证（见图 2-30），其中排名前五位的旱区省（区、市）分别是山东（20 家）、北京（11 家）、河北和河南（各 10 家）、吉林（8 家）。

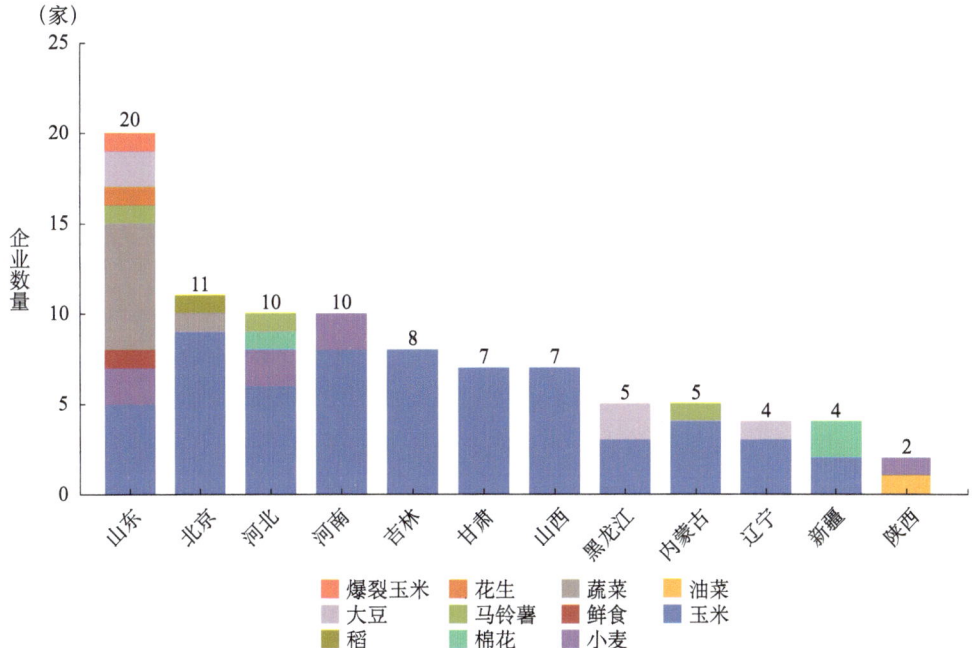

图 2-30 截至 2023 年底旱区各省（区、市）"育繁推"一体化种子企业数量及分布情况
Figure 2-30 Amounts distribution of the Integrated Seed Enterprises in provinces of the arid areas by the end of 2023

注：①根据企业种子生产经营许可证编号的类型，识别其是否为"育繁推"一体化种子企业（证书编号以 A 开头）。②部分企业的种子生产经营许可证同时登记多种作物种子类型，图中汇总该企业时会计算多次。③对种子生产经营许可证登记的作物种子名称进行了一定处理，如"鲜食玉米""杂交玉米""玉米种子"都统一处理为"玉米"。④仅统计证书有效日期至 2023 年 12 月 31 日以后的企业。
资料来源：中国种业大数据平台，经过系统查询整理得到。

3 旱区农业技术产出情况

习近平总书记在十四届全国人大二次会议上强调，要牢牢把握高质量发展这个首要任务，因地制宜发展新质生产力。农业是国家的基础产业，以新质生产力赋能农业现代化是农业创新发展的关键所在。我国农业体量大，多种农产品产量居全球首位，但大而不强、大而不优的问题较为突出。需聚焦农业新质生产力，改变依赖高投入获得高产出的传统生产方式，依靠科技赋能，以现代发展理念引领农业，培养高素质的新型农民，提高农业水利化、机械化和信息化水平，提高土地产出率、资源利用率和农业劳动生产率，以进一步提高农业效益和竞争力。依据气候、土壤、生物等多种因素，我国共有16个省（区、市）被划分为农业旱区省（区、市），旱区农业在全国农业生产中占据着重要的地位，对保障当地居民的食物供应和经济收入具有重要意义。然而，旱区农业的发展还面临着诸多挑战，农业科研中的相应研究应发挥积极作用。

近年来，旱区农业科研力量在全国范围内的农业科研中发挥着越来越重要的作用。2023年，旱区16个省（区、市）在农业领域的专利授权量为46 085项，占全国农业领域专利授权量的39.0%，和2022年基本持平。截至2023年底，旱区16个省（区、市）的植物新品种权申请量为7 581项，占全国植物新品种权申请量的54.6%；植物新品种权授权量为4 655项，占全国植物新品种权授权量的55.5%。2019—2023年，SCI数据库收录旱区16个省（区、市）农业领域科技论文的数量总体呈上升趋势，由2019年的31 729篇增加至2023年的48 644篇，涨幅为53.3%。同期，EI收录我国旱区16个省（区、市）农业领域科技论文的数量变化呈现相同趋势，由2019年的5 221篇增加至2023年的9 882篇，增加了4 661篇，增长率达到89.3%。2019—2023年，中国知网收录的有关旱区农业领域科技论文的数量呈现稳定增长态势。旱区农业科技奖励授予情况也紧紧围绕着新质生产力这一核心，截至 2023 年底，旱区 16 个省（区、市）在农业领域的科技奖励数为 441 项，其中各省（区、市）获奖项目大部分聚焦在生物育种、智能装备、智慧农业等方面。同时，旱区的技术交易市场活跃。2022 年全国技术交易合同总数为 60.5 万项，相较 2021 年增长 3.5 万项；技术净输出交易合同数扩大到 3.5 万项，比 2021 年增长 0.4 万项。2022 年全国技术交易总金额为 36 439 亿元，技术净输出交易金额为 3 577 亿元，与 2021 年相比分别增长 8 713 亿元和 1 365 亿元。从省域视角看，大部分省（区、市）的市场交易合同数和成交金额均有所增长，其中内蒙古的净吸纳技术交易合同数升至全国第一，新疆的净吸纳金额同比增长最快。

3.1 旱区农业领域专利授权情况

农业作为我国经济中的基础产业，对经济的可持续和高质量发展具有重要意义。以新质生产力为抓手，推动农业现代化，是当前工作的重中之重。新质生产力不仅包括先进的农业科技，还涵盖了高效的资源利用、智能化的管理手段和创新的生产模式。通过提升新质生产力，农业生产的科技含量显著提高，资源利用更加优化，农作物产量和品质得到提升，农民收入也逐步增长。这种转变使农业向着绿色、智能、高效的方向稳步前进，为我国农业的长远发展奠定了坚实基础。

2023 年，旱区 16 个省（区、市）在农业领域的专利授权量为 46 085 项，占全国农业领域专利授权量的 39.0%。其中，发明专利授权为 11 238 项，占全国发明专利授权的 34.2%；实用新型专利授权为 34 847 项，占全国实用新型专利授权的 40.9%。山东、北京、河南、河北、黑龙江等地的农业专利授权量依然保持在较高水平，进一步巩固了这些地区在全国农业科技创新中的领先地位。2023 年旱区农业领域专利授权量如表 3-1 所示，各省（区、市）农业领域专利授权量从多到少排名依次是山东、河南、北京、河北、陕西、甘肃、黑龙江、内蒙古、辽宁、新疆、陕西、吉林、宁夏、天津、山西、青海、西藏。与 2022 年相比，作为农业大省的山东、河南，其专利授权量仍然位居旱区前列，陕西、北京、内蒙古的排名略有上升，黑龙江的排名略有下降，其他省（区、市）的排名则基本持平。

表 3-1 2023 年旱区农业领域专利授权量

Table 3-1 The number of the three types of patents granted in arid areas in 2023

单位：项

省（区、市）	发明	实用新型	外观设计	合计
北京	1 885	1 884	—	3 769
天津	330	924	—	1 254
河北	646	2 944	—	3 590
山西	339	796	—	1 135
内蒙古	586	1 702	—	2 288
辽宁	470	1 801	—	2 271
吉林	470	1 026	—	1 496
黑龙江	700	1 968	—	2 668
山东	3 085	10 153	—	13 238
河南	1 178	3 549	—	4 727
西藏	63	205	—	268
陕西	543	2 148	—	2 691
甘肃	363	2 311	—	2 674
青海	72	444	—	516
宁夏	152	1 205	—	1 357
新疆	356	1 787	—	2 143
旱区合计	11 238	34 847	—	46 085
全国合计	32 860	85 165	—	118 025

资料来源：在国家知识产权局专利检索及分析系统中获得数据，按 IPC 分类，统计与农产品生产及加工相关的 A01、A22、A23B、A23C、A23D、A23F、A23G、A23K、A23N、A24B、A61D 部分的专利授权量。

2019—2023 年，全国共授权了 493 616 项农业领域的专利，其中包括 114 964 项发明专利和 378 652 项实用新型专利。旱区的专利授权数为 185 870 项，占全国专利授权总数的 37.7%，其中发明专利为 38 459 项，实用新型专利为 147 411 项。在此期间，2023 年的专利授权数达到 118 025 项，占这 5 年专利授权总数的 23.9%。

全国范围内，农业科技创新的快速发展推动了专利授权数量的稳步增长。随着技术研发投入的增加和知识产权保护力度的加强，我国农业专利的授权数量显著提升，尤其在粮食安全、环境保护、农业现代化等关键领域取得了重要突破。这些专利不仅为农业生产提供了强有力的技术支持，也为我国农业的可持续发展奠定了坚实的基础。

3.2 旱区植物新品种申请受理与授权情况

保障粮食和重要农产品的稳定安全供给始终是建设农业强国的头等大事，因此培育、优化农作物品种一直是我国农业发展的重要方向之一。党的二十大对"全方位夯实粮食安全根基，加快建设农业强国"作出了系统部署，明确要求深入实施种业振兴行动。近年来，针对农业生产的迫切需求，农业部门加快优良品种培育和推广工作，进一步提高良种覆盖率，不断推进育种联合攻关，自主培育突破性优良品种，提升粮食生产质量效益和竞争力。截至2023年底，我国累计受理农业植物新品种权申请约7.4万项，授予植物新品种权约3.1万项。从目前植物新品种的数量和质量来看，我国种业发展促进了优良品种、关键技术、先进模式的推广应用，在农业产业结构优化调整、环境保护和可持续发展方面也发挥了重要作用。

根据农业农村部科技发展中心的品种公告，截至2023年底，旱区16个省（区、市）植物新品种权申请量为7 581项，占全国植物新品种权申请量的54.6%；植物新品种权授权量为4 655项，占全国植物新品种权授权量的55.5%。与2022年的数据相比，2023年旱区16个省（区、市）植物新品种权申请量与授权量均有所增加，占比超过全国总数的一半。2023年旱区植物新品种权申请和授权情况如表3-2所示。在新品种权申请方面，北京市的植物新品种权申请量位居旱区第一，各省（区、市）植物新品种权申请量从多到少排名依次为：北京、山东、黑龙江、河南、河北、辽宁、甘肃、吉林、山西、内蒙古、新疆、天津、陕西、宁夏、青海、西藏。在新品种权授权量方面，河南省的植物新品种权授权量居于旱区第一，各省（区、市）植物新品种权授权量从多到少排名依次为：河南、北京、黑龙江、山东、河北、辽宁、吉林、山西、内蒙古、甘肃、新疆、陕西、天津、宁夏、西藏、青海。

表 3-2 2023 年旱区植物新品种权申请和授权情况

Table 3-2　The number of plant variety right application in arid areas in 2023

单位：项

省（区、市）	申请量	授权量
北京	1 346	659
天津	125	60
河北	587	573
山西	254	169
内蒙古	235	139
辽宁	585	244
吉林	358	230
黑龙江	1 096	650
山东	1 166	624
河南	992	935
西藏	7	5
陕西	109	64
甘肃	408	135
青海	13	2
宁夏	93	35
新疆	207	131
旱区合计	7 581	4 655
全国合计	13 886	8 385

资料来源：农业农村部科技发展中心。

3.3　旱区农业领域科技论文主要检索工具收录情况

3.3.1　SCI 收录旱区农业领域科技论文的情况

SCI 数据库是世界三大著名科技文献检索系统之一，国际上普遍将其视为科学统计和评价的核心检索工具。被 SCI 数据库收录的论文在学术界通常具有较高的影响力，能够反映出科研机构、高等院校和企业的研究水平和创新能力。2019—2023年，SCI收录旱区16个省（区、市）农业领域科技论文的数量总体呈上升趋势，由2019年的31 729篇增加至2023年的48 644篇，增幅为53.3%，其中2022年达到了最高值49 601篇，但2022—2023年数量有所下降（见图3-1）。从年度增长率来看，2020—2021年的增速最快，同比增长17.2%；2022—2023年增长率为负，是近几年最低，同比下降1.93%。总体而言，旱区农业领域科技水平保持稳定状态。①

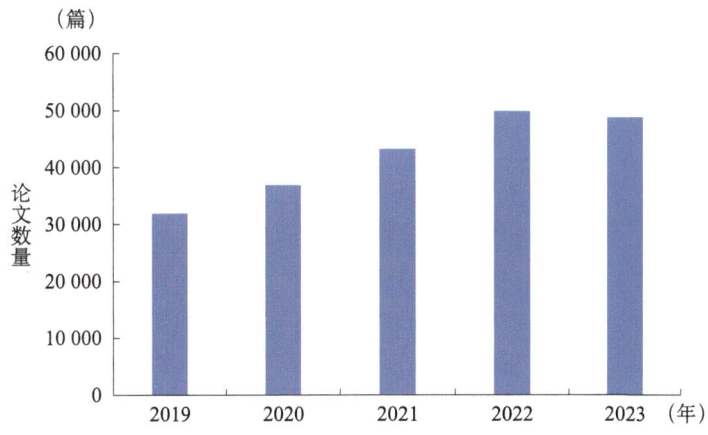

图 3-1　2019—2023 年 SCI 收录旱区农业领域科技论文数量

Figure 3-1　Number of scientific and technical papers in the field of agriculture in arid areas included in SCI from 2019 to 2023

数据来源：Web of science 数据库。

从2023年SCI收录旱区16个省（区、市）农业领域科技论文数量的地区构成情况来分析，各省（区、市）的论文收录量从高到低排名依次是北京、山东、陕西、河南、辽宁、黑龙江、天津、河北、吉林、甘肃、内蒙古、山西、新疆、宁夏、青海以及西藏。排名前三位的北京、山东和陕西，其论文收录数量分别为13 525篇、6 435篇和4 289篇，占旱区论文收录总数的27.8%、13.2%和8.8%（见图3-2）。

---

① 考虑到文献检索数据库的动态调整，为准确反映论文检索情况的变化，本报告自2023年起对3.3小节的相关数据进行了如下调整：一是不再汇报ISTP数据库论文收录情况；二是以报告当年为时间节点，检索近5年论文收录数据，以汇报论文收录情况的动态变化。例如，2023年的报告基于2023年检索得到的2018—2022年论文收录数量相关数据，2024年的报告基于2024年检索得到的2019—2023年论文收录数量相关数据。

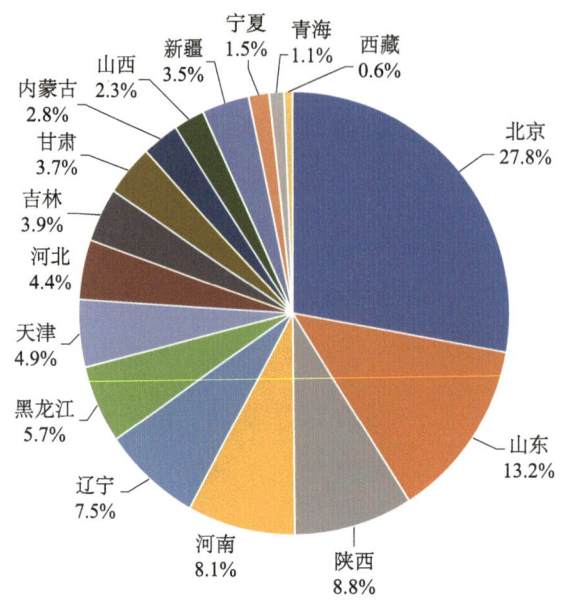

图 3-2　2023 年 SCI 收录旱区农业领域科技论文数量地区构成

Figure 3-2　The region proportion of agriculture science and technology papers retrieved by SCI in arid areas in 2023

数据来源：Web of science 数据库。

对 2022 年和 2023 年旱区 16 个省（区、市）SCI 收录农业领域科技论文的数量情况进行对比分析可知，增速最快的是西藏，增幅为 13.41%，其余大部分省（区、市）的论文收录数量都有下降的趋势，其中青海的下降幅度最大，降幅为 9.23%（见表 3-3）。尽管个别省（区、市）的论文收录数量有所增加，但整体而言，大部分省（区、市）的论文收录数量出现下降现象，这可能反映了某些外部因素的影响，如政策导向、科研经费调整或其他因素所导致的科研产出波动。

表 3-3　2022—2023 年 SCI 收录旱区农业领域科技论文数量

Table 3-3　Number of scientific and technical papers in the field of agriculture in arid areas included in SCI from 2022 to 2023

单位：篇

省（区、市）	2022 年	2023 年
北京	13 958	13 525
山东	6 372	6 435
陕西	4 482	4 289
河南	3 825	3 921

续表

省（区、市）	2022年	2023年
辽宁	3 668	3 631
黑龙江	2 826	2 767
天津	2 495	2 395
河北	2 214	2 139
吉林	2 018	1 916
甘肃	1 868	1 814
新疆	1 648	1 697
内蒙古	1 445	1 377
山西	1 170	1 140
宁夏	740	744
青海	596	541
西藏	276	313
旱区合计	49 601	48 644

数据来源：Web of science 数据库。

3.3.2 EI 收录旱区农业领域科技论文的情况

据统计，2019—2023 年 EI 收录我国旱区 16 个省（区、市）农业领域科技论文的数量呈现明显上升趋势，由 2019 年的 5 221 篇增加至 2023 年的 9 882 篇，增加了 4 661 篇，增长率达到 89.3%（见图 3-3）。就增量而言，2019—2020 年的增量呈现略微下降趋势，2020 年的增量最低，仅增加了 682 篇。从 2021 年开始，增量明显上升。2022 年，论文收录数量的增幅最大，增加了 2 154 篇，但 2023 年增速出现下滑，仅增加了 850 篇。对比各年数据，同比增长率呈现先增长后下降的趋势，2022 年增速最快，达到 31.3%，2023 年增速显著下降，仅有 9.4%。

从 2023 年 EI 收录旱区农业领域科技论文数量的地区构成来看，各省（区、市）的论文收录量从高到低排名依次是北京、陕西、河南、天津、黑龙江、山东、辽宁、吉林、新疆、甘肃、山西、河北、内蒙古、宁夏、青海、西藏（见图 3-4）。排名前三位的北京、陕西、河南，分别被收录 3 826 篇、1 244 篇和 668 篇论文（见

表3-4），占EI收录旱区农业领域科技论文总量的38.7%、12.6%和6.8%。对比2022年，甘肃省2023年农业领域科技论文收录数量的排名从第10名上升为第9名，山东省赶超辽宁省上升为第6名。

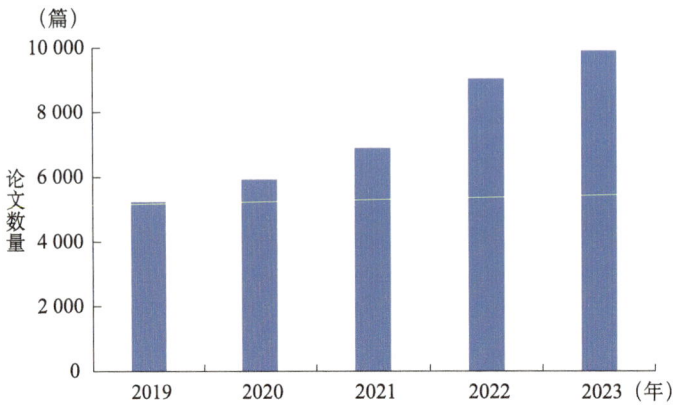

图3-3 2019—2023年EI收录旱区农业领域科技论文数量

Figure 3-3　Agriculture science and technology papers retrieved by EI in arid areas from 2019 to 2023

资料来源：Engineering Village Compendex数据库。

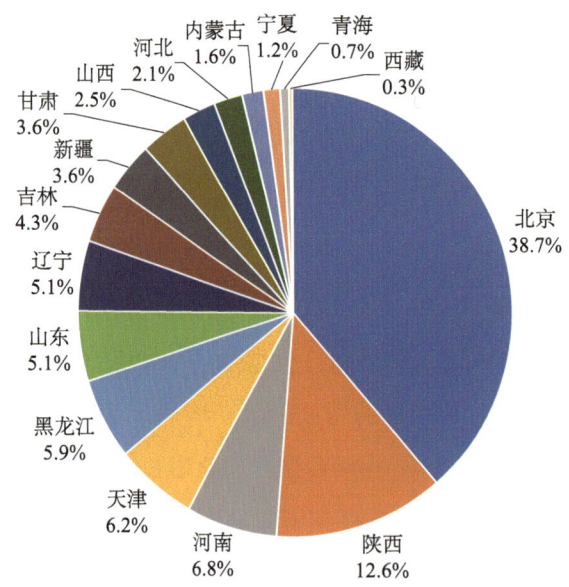

图3-4　2023年EI收录旱区农业领域科技论文数量地区构成

Figure 3-4　Agriculture science and technology papers retrieved by EI in arid areas in 2023

资料来源：Engineering Village Compendex数据库。

3 旱区农业技术产出情况

就 EI 收录旱区农业领域科技论文数量的整体情况而言，2023 年，除甘肃省的论文收录数量有所下降外，旱区其他省（区、市）的收录数量均呈现上升趋势。增量上，2023 年农业领域科技论文的收录数量增加了 850 篇，对比 2022 年增加的 2 154 篇，降幅约为 60.5%。其中，北京、陕西、河南的增量排名在前三位，分别增加 172 篇、125 篇和 96 篇。

表 3-4　2022—2023 年 EI 收录旱区农业领域科技论文数量
Table 3-4　The number of agriculture science and technology papers retrieved by EI in arid areas from 2022 to 2023

单位：篇

省（区、市）	2022 年	2023 年
北京	3 654	3 826
陕西	1 119	1 244
河南	572	668
天津	557	608
黑龙江	517	581
山东	402	503
辽宁	485	500
吉林	370	422
新疆	306	355
甘肃	363	353
山西	179	248
河北	177	207
内蒙古	138	154
宁夏	102	121
青海	66	66
西藏	25	26
旱区合计	9 032	9 882

资料来源：Engineering Village Compendex 数据库。

3.3.3　国内旱区农业领域科技论文的收录情况

知网数据库是全球最大的中文数据库，收录我国各学科的核心期刊。经过统计，2019—2023年中国知网收录旱区农业领域科技论文的数量如图3-5所示。2019年收录的论文数量为23 032篇；2020年受到外部环境影响，论文收录量下降到22 712篇；2021年论文收录数量大幅增加，达23 473篇；2022年收录了23 483篇农业领域科技论文，增长幅度最大；2023年收录量略有降低，共有23 262篇。总体来看，2019—2023年中国知网收录的有关旱区农业科技领域的论文数量相对稳定，波动较小，平均每年约有23 192篇。对比各年的同比增长率，2021年的增速最快，达到3.4%。

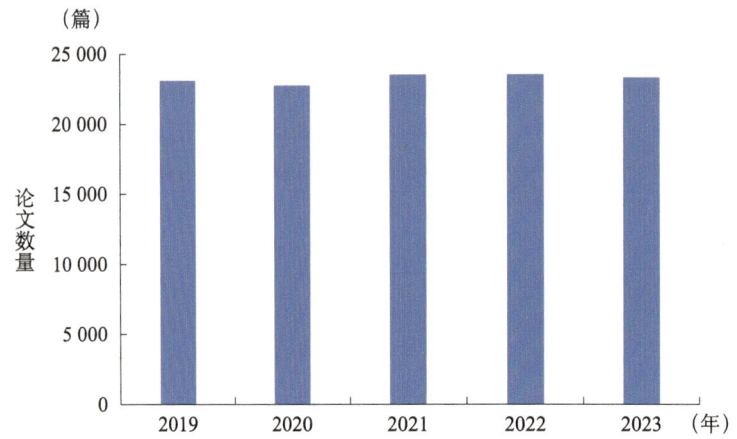

图3-5　2019—2023年中国知网收录旱区农业领域科技论文数量

Figure 3-5　Agriculture science and technology papers retrieved by CNKI in arid areas from 2019 to 2023

注：通过中国知网进行检索和统计，其中科技论文只包含农业科技领域的北大中文核心期刊收录论文。

资料来源：中国知网。

根据2023年中国知网收录旱区农业领域科技论文数量的地区构成，各省（区、市）的论文收录量从高到低排名依次是北京、河南、山东、新疆、陕西、黑龙江、河北、甘肃、内蒙古、辽宁、吉林、山西、宁夏、青海、天津、西藏（见图3-6）。论文收录量排名前三位的北京、河南、山东，分别收录了4 714篇、2 193篇和2 119篇农业领域科技论文（见表3-5），占中国知网收录旱区农业领域科技论文总量的20.3%，9.4%和9.1%。

2023年中国知网收录旱区16个省（区、市）农业领域科技论文总计23 262篇，较2022年略有降低。与2022年相比，山东、新疆、甘肃、内蒙古、山西、宁夏、青海、西藏的论文收录数量有不同程度的增加，其中，西藏的论文收录数量增加得最多，为66篇，上涨幅度约为37.9%；其他省（区、市）收录的论文数量有所减少，降幅最为明显的是北京，共减少334篇，下降约6.62%。

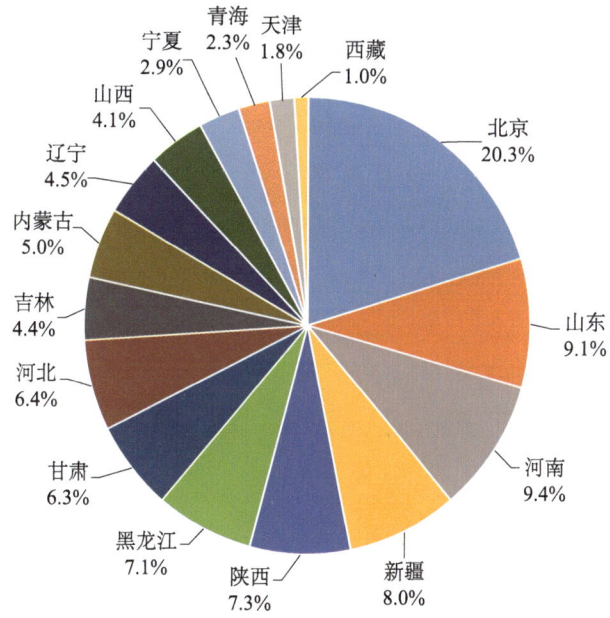

图3-6　2023年中国知网收录旱区农业领域科技论文数量地区构成

Figure 3-6　Agriculture science and technology papers retrieved by CNKI in arid areas in 2023

资料来源：中国知网。

表3-5　2022—2023年中国知网检索旱区农业领域科技论文数量

Table 3-5　The number of agriculture science and technology papers retrieved by CNKI in arid areas from 2022 to 2023

单位：篇

省（区、市）	2022年	2023年
北京	5 048	4 714
山东	2 104	2 119
河南	2 195	2 193
新疆	1 857	1 872
陕西	1 728	1 695
黑龙江	1 653	1 641

续表

省（区、市）	2022 年	2023 年
甘肃	1 467	1 474
河北	1 544	1 496
吉林	1 070	1 028
内蒙古	1 121	1 167
辽宁	1 067	1 047
山西	909	952
宁夏	626	686
青海	483	528
天津	437	410
西藏	174	240
旱区合计	23 483	23 262

资料来源：中国知网。

根据上述几大主要科技论文检索数据库的检索和统计结果可知，近年来旱区在农业领域的论文收录量呈现明显上升趋势。其中，EI 和 SCI 的论文收录数量显著增加，中国知网的论文收录数量相对稳定。从旱区农业领域科技论文收录总量和地区构成情况来看，我国旱区农业领域的科技水平在不断提升。

3.4　旱区农业领域省级科技奖励情况

查询旱区各省（区、市）科技厅网站可知，截至 2023 年底，旱区 16 个省（区、市）在农业领域获得科技奖励为 441 项，较 2022 年有所增长。按科技奖励数从多到少排名，依次为甘肃、辽宁、吉林、宁夏、河南、陕西、河北、山东、新疆、山西、天津、北京、青海、西藏、黑龙江，各省（区、市）获省级科技奖励的数量依次为 87 项、64 项、62 项、58 项、39 项、29 项、26 项、23 项、13 项、12 项、11 项、7 项、5 项、4 项、1 项（见图 3-7）。

农业领域中被授予科技奖励的内容丰富，涵盖农业生产全流程。其中，各省（区、市）被授予科技奖励数量较多的项目主要涉及粮食、水果新品种的选育与推广，农机农膜类、栽培技术创新类项目的获奖数量也显著多于前几年。其中，"智能设备""减肥增效""绿色"等关键词在奖项中多次出现，这表明目前农业发展不仅关注智慧技术创新为农业赋能，打造环境友好型农业也越来越受到重视。

总体而言，根据省级旱区农业领域科技奖励的数量及年际变化趋势进行判断，2023年旱区农业科研力量在全国农业科研与创新活动中的重要作用并未改变，应继续发挥科研力量，推动农业高质量发展。

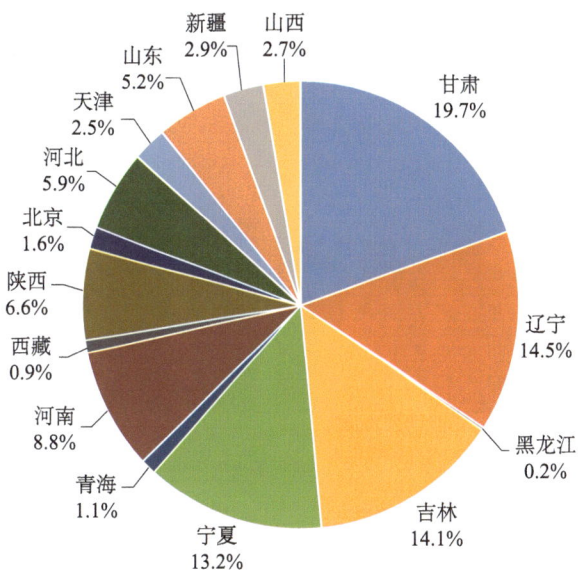

图 3-7　2023年旱区农业领域省级科技奖励情况

Figure 3-7　The number of provincial agriculture science and technology awards in arid areas in 2023

注：内蒙古自治区省级科技奖励在偶数年评选，奇数年公示，2024年暂未公布评选结果。
资料来源：各省（区、市）科技厅网站。

3.5　科技成果转化

近年来，全国技术市场交易活动日益活跃，成交额持续上涨。对旱区而言，尽管技术交易市场整体上呈现出技术净输出的状态，但仍然存在显著的技术进步空间。从交易合同数来看，2013年技术交易合同数为28.1万项，技术交易净输出合同数（输出与吸纳交易合同数的差值）为1.1万项；2019年技术交易合同数为45.1

万项，技术净输出交易合同数扩大到2.5万项；2022年技术交易合同数为60.5万项，技术净输出交易合同数扩大到3.5万项。从交易金额来看，2013年技术交易总金额为7 431亿元，技术净输出交易金额（技术输出金额与技术吸纳金额的差值）为1 459亿元；2019年技术交易总金额为20 154亿元，技术净输出交易金额扩大到2 688亿元；2022年技术交易总金额为36 439亿元，技术净输出交易金额进一步扩大至3 577亿元（见图3-8）。

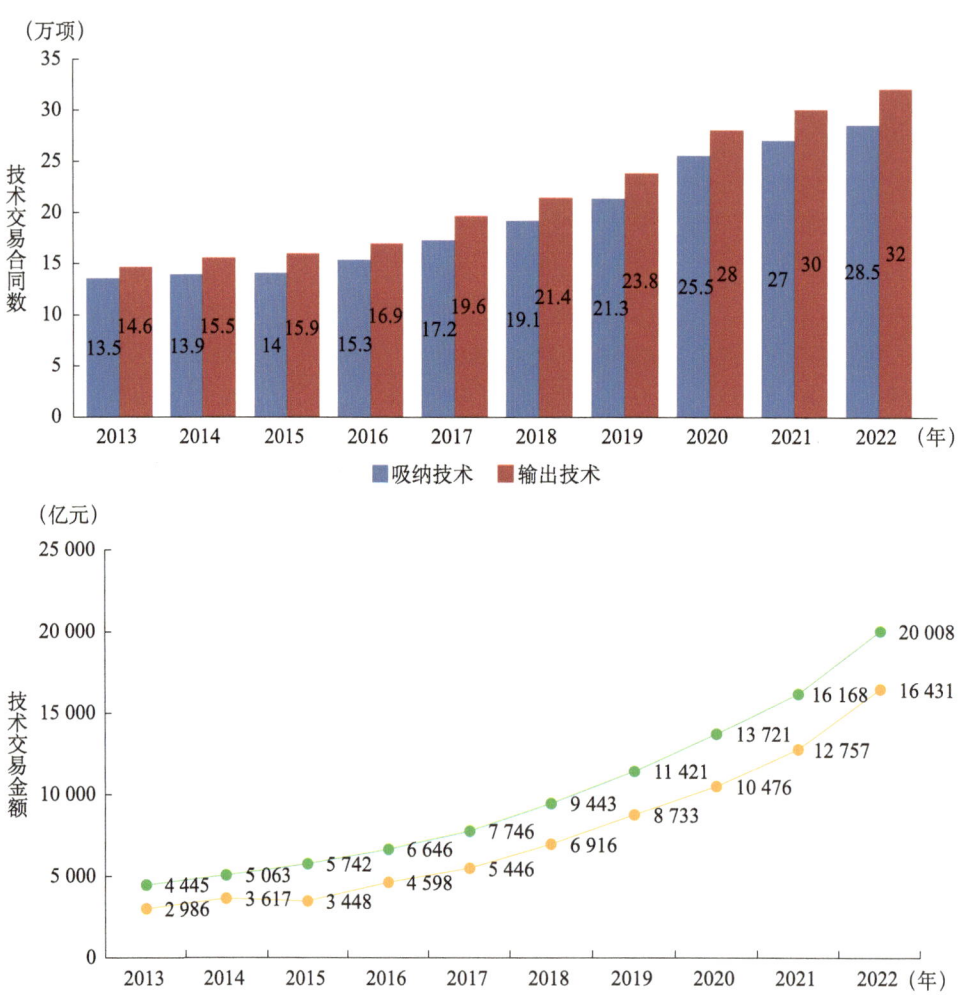

图3-8　2013—2022年旱区技术合同成交情况

Figure 3-8　Trade of technology contract in arid areas from 2013 to 2022

资料来源：《中国科技统计年鉴》（2014—2023年）。

从旱区各省（区、市）的技术交易合同数来看，交易合同数排在前五的省（区、市）分别为北京（16.47万项）、山东（11.05万项）、陕西（10.36万项）、河南（4.56万项）、辽宁（3.59万项）（见图3-9）。与2021年相比，河南省的交易合同数排名升至第四名。其中，技术交易合同数表现为净输出的前五个省（区、市），与2021年的排名一致，分别为陕西（净输出合同3.34万项）、北京（净输出合同2.55万项）、天津（净输出合同0.17万项）、辽宁（净输出合同0.09万项）、山东（净输出合同0.05万项）；技术交易合同数表现为净吸纳的前五个省（区、市），与2021年相比变化较大，分别为内蒙古（净吸纳合同0.73万项）、山西（净吸纳合同0.47万项）、新疆（净吸纳合同0.41万项）、河北（净吸纳合同0.25万项）、吉林（净吸纳合同0.21万项）。内蒙古升至第一名，吉林升至第五名，河南则由2021年的第一名变为退出前五名，技术交易合同数净输出下降了1.62万项。

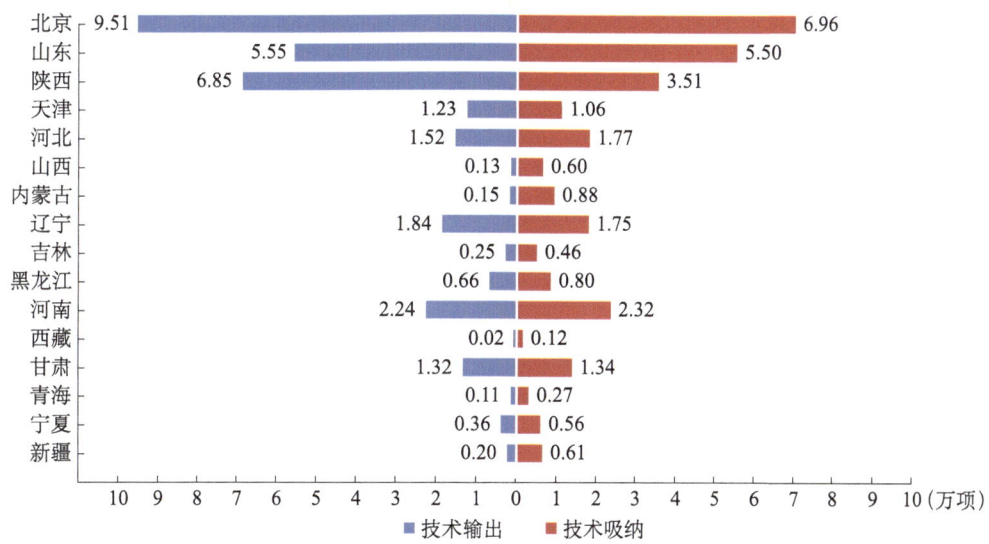

图3-9 2022年旱区各省（区、市）吸纳和输出技术的市场交易合同数

Figure 3-9 Ontracts comparison of the technology transaction market in provinces of the arid areas in 2022

资料来源：《中国科技统计年鉴2023》。

从旱区各省（区、市）的技术交易金额来看，技术交易总金额排名前五位的省（区、市）分别为北京（12 061亿元）、山东（6 604亿元）、陕西（4 640亿元）、河北（2 337亿元）、河南（2 087亿元）（见图3-10）。与2021年相比，河南取代天津成为全国技术交易总金额的第五名。技术交易金额表现为净输出的前五个省（区、市）

分别为北京（净输出3 835亿元）、陕西（净输出1 458亿元）、天津（净输出868亿元）、辽宁（净输出224亿元）、黑龙江（净输出114亿元），排名前五位的省（区、市）与2021年一致，表明这五个省（区、市）在旱区农业技术领域仍处于领先地位。技术交易金额表现为净吸纳的前五个省（区、市）分别为新疆（净吸纳677亿元）、内蒙古（净吸纳631亿元）、山西（净吸纳375亿元）、河北（净吸纳329亿元）、甘肃（净吸纳213亿元）。新疆的净吸纳金额同比增长最快，增长率达到176%，且由2021年的第四名上升为2022年的第一名，河北的净吸纳金额相较2021年下降78亿元，甘肃的净吸纳金额增速为132%，超过西藏成为2022年净吸纳金额排名的第五名。

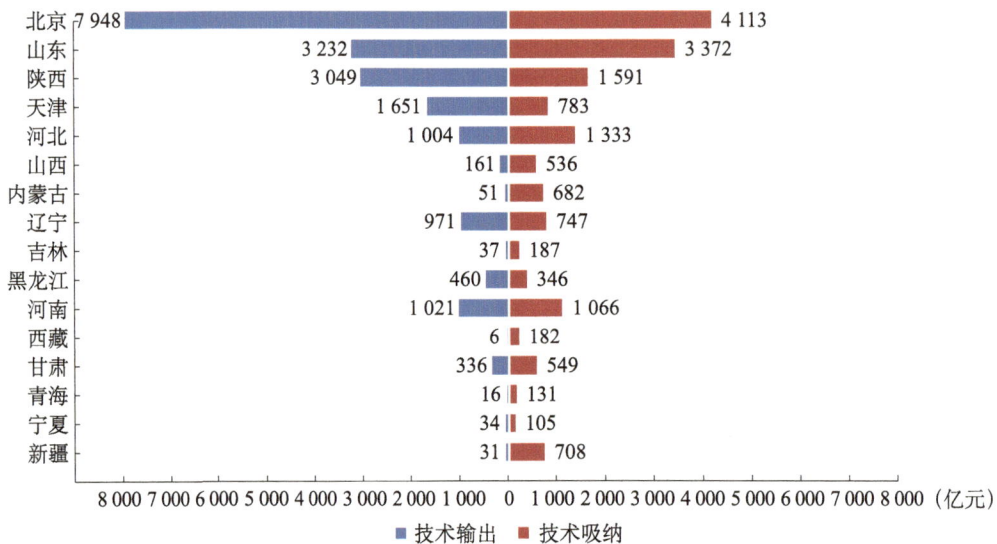

图3-10　2022年旱区各省（区、市）吸纳和输出技术的市场交易成交金额

Figure 3-10　Funds comparison of the technology transaction market in provinces of the arid areas in 2022

资料来源：《中国科技统计年鉴2023》。

旱区农业技术进展 4

为深入贯彻落实党的二十大及中央农村工作会议精神，充分发挥科技创新在引领农业高质量发展中的重要作用，加快高产优质品种和先进适用技术推广应用，保障粮食和重要农产品稳定安全供给，2024年农业农村部推介发布了10项农业重大引领性技术、150个农业主导品种、150项农业主推技术。其中，旱区入选农业重大引领性技术6项、农业主导品种90个、农业主推技术70项，充分展示了2024年旱区农业技术的创新成果和广阔应用前景。

旱区入选的6项农业重大引领技术，广泛涵盖了作物种植、病虫防控、资源高效利用等多个关键领域，为旱区农业的可持续发展提供了强有力的技术支撑。在农业主导品种方面，其数量较2023年增加了23%。其中，大豆、玉米和小麦品种的占比超过40%，充分彰显了主要粮食作物在旱区农业生产中的重要地位。在70项农业主推技术中，粮油类和资源环境类农业主推技术的占比超过54%，进一步凸显了粮油生产及农业可持续发展的重要性。此外，农业主推技术中新增蔬菜类、水产类、贮运加工类、智慧农业类四大领域技术，为旱区农业的多元化发展注入了新的活力。

研究性论文对旱区农业科技的发掘、验证、改进和推广也发挥着至关重要的作用。2023年，我国旱区高校及科研院所作为第一完成单位在三大顶级期刊——《自然》(*Nature*)、《科学》(*Science*)和《细胞》(*Cell*)上共发表农业技术领域研究性论文20篇，产出数量呈上升趋势。论文主题涵盖技术应用、品种改良、生态环境、生物医学、分子基因这五大科研领域。其中，技术应用和品种改良类论文的占比超50%，不仅反映了科研工作者们致力于解决旱区农业面临的现实问题，更是为旱区农业的可持续发展提供了强大的理论支持和技术保障，推动我国农业迈向现代化、智能化、绿色化的新篇章。

4.1 旱区农业重大引领性技术

为充分发挥科技对粮油等主要作物大面积单产提升的支撑作用，全面支持创新驱动发展战略，加快实现从农业大国向农业强国的跨越，2024年农业农村部发布了10项农业重大引领性技术。其中，旱区共有6项农业技术入选重大引领性技术（见表4-1）。

表4-1 2024年旱区农业重大引领性技术

Table 4-1 Major leading agricultural technologies in arid regions in 2024

技术名称	技术依托单位（第一单位）
玉米（大豆）电驱智能高速精量播种技术	中国农业大学工学院
小麦条锈病分区域综合防治技术	中国农业科学院植物保护研究所
"土壤—作物系统综合管理"绿色增产增效技术	中国农业大学资源与环境学院
旱地绿色智慧集雨补灌技术	西北农林科技大学
秸秆"破壁—菌酶"联合处理饲料化利用技术	内蒙古农牧业科学院畜牧研究所
功能性氨基酸提高猪饲料蛋白质利用关键技术	中国农业大学动物科技学院

注：旱区农业重大引领性技术的确定标准是第一技术支撑单位是否属于旱区。
资料来源：中华人民共和国农业农村部网站。

（1）玉米（大豆）电驱智能高速精量播种技术。该技术通过电驱式精量排种技术、播种质量参数在线精准监测技术、播种机智能控制系统、电驱智能精量播种装备等，实现播种质量和作业效率的协同提升，电驱播种作业速度可达12km/h以上，与常规播种机相比作业效率提升50%，播种粒距合格率提高7～10个百分点，可显著提升玉米、大豆出苗整齐度和群体分布均匀性，实现亩增产10%以上。同时，播种效果全程可视、可控、可调，为玉米、大豆大面积单产提升提供了先进实用技术和高端智能装备支撑。

（2）小麦条锈病分区域综合防治技术。该技术采取以综合治理西部高寒越夏易变区为关键、持续控制中西部低山盆地冬季繁殖区为重点、全面预防黄淮海平原春季流行区为保证的小麦条锈病区域治理策略，创建的小麦条锈病菌源基地综合治理技术体系已在我国西北、西南菌源基地大规模推广应用10余年，防病保产效果十分显著,在引领我国小麦产业高质量发展中发挥了不可替代的作用。

(3)"土壤—作物系统综合管理"绿色增产增效技术。该技术采用土壤—作物系统综合管理(ISSM)方法,最大程度地利用地上资源(光温资源)和地下资源(根层养分),实现土壤、肥料和环境的氮素供应与作物生长的动态需求同步,提高粮食产量和养分利用效率,减少环境污染。ISSM方法已在我国用于田间试验,并应用在成千上万的农田中,可以大幅提高玉米、水稻和小麦的产量,同时提高氮的利用效率并减少环境足迹,实现农业绿色发展。

(4)旱地绿色智慧集雨补灌技术。该技术针对旱地水资源短缺、供水保障不足等问题,依托陕西省农业节水技术体系,采用物联网、大数据、深度学习、模型模拟、智能决策等手段,集成光伏发电提水、高效灌溉补水等技术,根据作物需水、耗水规律进行实时补灌,实现了降水资源就地拦蓄和错季利用,充分挖掘了雨水资源潜力,增加了旱地农田粮食产能。

(5)秸秆"破壁—菌酶"联合处理饲料化利用技术。该技术主要围绕秸秆收获季节短、纤维结构紧密、结晶度高、消化率低等问题,研制出秸秆专用发酵菌制剂,研发秸秆纤维饲料、秸秆膨化饲料、秸秆膨化发酵饲料、秸秆型全混合发酵饲料及牛羊低蛋白全混合日粮等产品,不仅提高畜牧业养殖效率,降低养殖成本,还将有力地推动畜牧业产业升级,对环境的保护与可持续发展具有重要意义。同时,该技术实现秸秆资源就地加工利用,延长农业生产链条,提高附加值,实现秸秆过腹还田、种养结合闭环。

(6)功能性氨基酸提高猪饲料蛋白质利用关键技术。该技术利用晶体氨基酸开发节粮增效型猪低蛋白日粮,补充非必需氨基酸,改善蛋白质的利用效率,提高猪的生产性能。其机制涉及缓解肠道氧化应激,维持肠上皮细胞的更新和肠道的微生态的平衡,不仅为畜牧业提供了科学的指导,也为学术界和工业界之间的交流架设了桥梁,推动了畜牧科学研究和生产实践的深入发展。

4.2 旱区农业主导品种

种业强则农业强,在农业领域,种业被称为农业的"芯片",决定着整个粮食产业链的质量和效益。农业的进步在很大程度上也是优质种子发育和传播的历史,只有在种子上具有核心竞争力，才能把控农业生产的后续环节。农业主导品种是农业农村部为加快优质品种推广应用而遴选推荐的，经国家或省级品种审定机构审定、增产效应明显、近三年累计种植或养殖推广规模在省内甚至全国处于领先位置的农作物和畜禽水产品种。2024 年农业农村部共推介发布 150 个农业主导品种，旱区单位作为第一完成单位培育的品种共 90 个，其中大豆 11 个、玉米 16 个、小麦 15 个、油料 8 个、水稻 3 个、杂粮 6 个、棉花 5 个、蔬菜 9 个、水果园艺 6 个、畜牧 8 个、水产 3 个。

4.2.1 粮食作物类主导品种

4.2.1.1 大豆主导品种

2024 年旱区农业大豆主导品种，如表 4-2 所示。

表 4-2　2024 年旱区农业大豆主导品种

Table 4-2　Agricultural leading varieties of soybean in arid regions in 2024

品种名称	技术依托单位（第一单位）
黑河 43	黑龙江省农业科学院
黑农 84	黑龙江省农业科学院
黑农 531	黑龙江省农业科学院
绥农 52	黑龙江省农业科学院
冀豆 17	河北省农林科学院
蒙豆 1137	呼伦贝尔市农业科学研究所
齐黄 34	山东省农科院
铁豆 67	铁岭市农业科学院
油 6019	郓城县粮源种业有限公司
郓豆 1 号	山东华亚农业科技有限公司
中黄 901	中国农业科学院作物科学研究所

资料来源：各省（区、市）农业农村厅网站及科研院校官网。

"黑河 43" 由黑龙江省农业科学院黑河分院选育，2007 年审定推广。该品种株高 75 厘米左右，紫花尖叶，灰茸毛，亚有限结荚习性，无分枝，荚成熟时呈灰褐色。籽粒圆黄，种脐浅黄色，有光泽，百粒重 20 克左右。蛋白质含量 41.84%，脂肪含量 18.98%，中抗灰斑病。2006 年生产试验平均亩产量 190.7 千克，比对照品种"黑河 18 号"增产 10.5%。该品种的适应区域为黑龙江省第四积温带。目前，"黑河 43"已连续 8 年成为全国推广面积最大的大豆品种，连续多年被遴选为农业农村部主导品种，累计推广面积突破一亿亩。

"黑农 84"系黑龙江省农业科学院大豆研究所选育。2017 年通过黑龙江省审定，2021 年通过国家审定；适宜在黑龙江省第二积温带、吉林东部山区、内蒙古兴安盟东南部、新疆昌吉地区春播种植。这一品种抗花叶病毒病，中抗灰斑病，耐胞囊线虫病。国家生产试验平均亩产达 215.6 千克，比对照品种"合丰 55"增产 9.8%；6 年平均蛋白质含量为 42.77%，达到国家大豆一级蛋白标准。"黑农 84"连续 6 年大面积实收平均产量超过 250 千克，最高亩产达 316.8 千克（2023 年，内蒙古扎赉特旗），已成为黑龙江省第二积温带种植面积最大的品种，并居全国大豆年种植面积前五位，累计推广面积 2 600 余万亩。

"黑农 531"系黑龙江省农业科学院大豆研究所选育。2021 年通过黑龙江省审定，适宜在黑龙江省第二积温带种植。该品种抗倒伏，抗大豆胞囊线虫病，中抗大豆灰斑病，耐根腐病，耐盐碱。"黑农 531"目前正在参加东北松嫩平原耐盐碱组试验和东北中早熟组国家审定试验，在抗线虫组审定时脂肪含量是 22.34%，连续 3 年监测脂肪含量在 22.05%～24.30%。在 2023 年首届大豆产业发展大会上，"黑农 531"以脂肪含量 23.96% 位列全国十大高油品种之首。2023 年，在北大荒集团黑龙江八五五农场和富锦市剑峰农作物种植合作社两个千亩片，实收亩产分别是 284.17 千克和 275.6 千克；在通河县火炬村 120 亩的百亩高产创建方，实收测产 328.4 千克。该品种具有良好的适应性，可以实现中低产田大幅度提单产和好地块创高产目标。

"绥农 52"是黑龙江省农业科学院绥化分院以"绥农 26"母本、"绥无腥豆 2 号"为父本杂交系选而成。该品种在适应区出苗至成熟的生育日数为 120 天，需≥10℃活动积温 2 450℃。其百粒重 29 克，蛋白含量 42.09%，脂肪含量 19.72%；中抗灰斑病；缺失脂肪氧化酶 L2。2016 年，"绥农 52"生产试验产量 3 282.9 千克 / 公顷，较对照品种增产 10.7%。至 2021 年，黑龙江省推广种植面积 660.49 万亩，增产大豆 1.4 亿千克，创社会效益 5.58 亿元。2016 年，经吉林农业大学食品学院检测该品种大豆的豆腐产出率为 423 克 /100 克，居首位。

"冀豆 17"是河北省农林科学院培育的突破性大豆品种，该品种具有三大突出特点：一是高产稳产。"冀豆 17"是我国第一个连续 3 年次国家区域试验亩产均突破 250 千克，连续 3 年黄淮海地区优秀品种联合鉴评产量居第一位，6 年 10 次大面积实收测产亩产超过 300 千克（夏播最高 355 千克，春播测产 373 千克）的大豆品种，创我国大豆主产区产量最高纪录。二是多抗广适。"冀豆 17"抗病毒病、线虫病和根腐病三大主要病害，兼抗炭疽病与灰斑病，根系发达、抗旱耐涝、高抗倒伏，先后 3 次通过国家审定和省级审定，种植范围覆盖了整个黄淮海平原及西北黄土高原 11 省（区、市）春、夏播大豆产区。三是优质。经测定，"冀豆 17"的含油量高达 23.42%，超过国家攻关指标（21.5%）和进口大豆指标（21%~22%）。"冀豆 17"已经连续多年在实打实收测产中亩产突破 300 千克。目前这一高产大豆品种正在黄淮海区域 11 个省（区、市）进行示范推广种植。到 2027 年，示范带动全省大豆平均亩产提升至 200 千克，种植面积恢复性增长至 200 万亩。

"蒙豆 1137"是呼伦贝尔市农业科学研究所以"蒙豆 28"为母本、"引北安"为父本选育的大豆品种，于 2018 年通过审定，2020 年 9 月获植物新品种权证书。该品种适于≥10℃活动积温 2 230℃以上地区种植，百粒重 17 克，粗蛋白含量 40.77%，粗脂肪含量 19.53%，抗灰斑病，生产试验产量为 2 751 千克/公顷，较对照品种增产 9.6%。前期，"蒙豆 1137"已入选 2023 年农业主导品种、国家主导粮油品种和国家农作物优良品种推广目录。2022 年，"蒙豆 1137"种植面积达 381.8 万亩，排名全国第三。2023 年、2024 年入选农业主导品种，2022 年、2023 年的种植面积分别为 381.8 万亩和 400 万亩，平均亩产达 175 千克。"蒙豆 1137"以优良的农艺性状和显著的产量优势获得了广泛的认可和好评，为保障国家粮食安全和促进农民增收提供了科技支撑。

"齐黄 34"由山东省农科院作物所育成，目前已通过国家黄淮中片、北片、热带亚热带区和山东、江苏（淮北、淮南）、贵州、四川审定，甘肃、山西、河南、安徽、重庆、云南引种认定。该品种具有高产、稳产、高蛋白、高油、抗病、耐旱、耐涝、耐盐碱、耐阴、广适、适合机械化收获的特点；蛋白质含量为 45.13%，脂肪含量为 22.48%，较一般品种的大豆每斤多出 3 两豆腐；分别以亩产 367.4 千克、353.45 千克、302.6 千克和 165.1 千克创造了甘肃、全国夏大豆、盐碱地和大豆玉米带状间作大豆单产纪录。该品种在单作、间作、盐碱地等不同栽培模式下均创造了高产，目前成为黄淮海、江淮、西北、西南、华南地区扩种大豆的主导品种，多年入选农业农村部主导品种，年推广面积超过 400 万亩。

铁岭市农业科学院培育的高油大豆品种"铁豆 67 号"，具有超高产、高油、抗旱、抗病、抗倒伏的优点，是北方春大豆晚熟高油型品种，春播生育期平均 131 天，比对照品种"铁丰 31"晚熟 2 天。"铁豆 67 号"的株型收敛，亚有限结荚习性；株高 85.8 厘米，主茎 18 节，有效分枝 2.4 个，底荚高度 10.8 厘米，单株有效荚数 58.4 个，单株粒数 118.3 粒，单株粒重 23 克，百粒重 19.9 克。椭圆叶，白花，淡棕毛；籽粒椭圆形，种皮黄色、有光，种脐蓝色。接种鉴定，抗花叶病毒病 1 号株系，抗花叶病毒病 3 号株系，感胞囊线虫病 3 号生理小种，秆强抗倒伏。籽粒粗蛋白含量 38.29%，粗脂肪含量 22.06%。2016—2017 年参加北方春大豆晚熟组品种区域试验，两年平均亩产 235.5 千克，比对照品种"铁丰 31"增产 7.7%。2017 年生产试验，平均亩产 230.1 千克，比对照品种"铁丰 31"增产 11.8%。

"油 6019"是中国农业科学院油料作物研究所、河南省许科种业有限公司和武汉中油科技新产业有限公司用"中豆 32"作母本、"郑 8516"作父本杂交，经系谱法选择育成的大豆品种，百粒重 24 克，中早熟品种，底荚高度 15 厘米，利于机械收获。成熟落叶性好，不裂荚，抗倒、抗病，结荚性好，丰产潜力大，耐高温、耐涝，适应性广，籽粒商品性良好，有光泽，卖相好。2013—2014 年参加湖北省夏大豆品种区域试验，品质经农业部油料及制品质量监督检验测试中心测定，含油量 22.55%，粗蛋白含量 42.22%。两年区域试验平均亩产 181.31 千克，比对照品种"中豆 33"增产 21.88%。"油 6019"适宜在河南省、山东省及长江流域夏播种植。

"郓豆 1 号"由郓城县粮源种业有限公司、山东华亚农业科技有限公司培育，属常规品种，系"中黄 13/0916"杂交选育，生育期 106 天，株高 74.9 厘米，粗蛋白质含量 44.77%，粗脂肪含量 19.76%，感花叶病毒 3 号和 7 号株系。适宜播期为 6 月中上旬，密度为每亩 10 000～13 000 株。2017 年经农业农村部谷物品质监督检验测试中心品质分析（干基），粗蛋白质含量 44.77%，粗脂肪含量 19.76%。2017—2018 年全省夏大豆品种区域试验中，两年平均亩产 239.4 千克，比对照品种"菏豆 12 号"增产 14.8%；2019 年生产试验平均亩产 229.0 千克，比对照品种"菏豆 12 号"增产 9.0%。

"中黄 901"选育单位为中国农业科学院作物科学研究所，以"建农 1 号"为母本、"东农 434-1"为父本采用系谱法选育而成。株高 92 厘米，无限结荚习性，紫花，披针叶，灰毛，主茎 21 节，分枝 0.9 个。微弯镰形，成熟时褐色。圆形，黄种皮、黄色脐，百粒重 19.5 克。2014 年吉林省农业科学院农业质量标准与检测技术研究所测定，粗蛋白质含量 41.52%，粗脂肪含量 21.31%。中抗花叶病毒病Ⅰ号株系（23.64%MR），感Ⅲ号株系（51.03%S），抗灰斑病（1.63%R）。适宜在≥10℃活动积温 2 100℃以上地区种植。

4.2.1.2 玉米主导品种

2024 年旱区农业玉米主导品种，如表 4-3 所示。

表 4-3　2024 年旱区农业玉米主导品种

Table 4-3　Agricultural leading varieties of maize in arid regions in 2024

品种名称	技术依托单位（第一单位）
登海 605	山东登海种业股份有限公司
东单 1331	辽宁东亚种业有限公司
联达 F085	辽宁联达种业有限责任公司
鲁单 510	山东省农科院
农科糯 336	北京农林科学院
秋乐 368	河南秋乐种业科技股份有限公司
瑞普 909	山西省农业科学院
沃玉 3 号	河北沃土种业有限公司
翔玉 998	吉林省鸿翔农业集团鸿翔种业有限公司
优迪 871	吉林省鸿翔农业集团鸿翔种业有限公司
优迪 919	吉林省鸿翔农业集团鸿翔种业有限公司
豫单 9953	河南农业大学
中农大 678	中国农业大学
中玉 303	中国农业科学院作物科学研究所
MC121	北京市农林科学院
MY73	河南豫玉种业有限公司

资料来源：各省（区、市）农业农村厅网站及科研院校官网。

"登海 605"是山东登海种业股份有限公司选育的杂交玉米新品种，以"DH351"为母本、"DH382"为父本选育而成；母本以"DH158/107"为基础材料连续自交多代选育而成，父本以国外杂交品种"X1132"为基础材料连续自交多代选育而成。经农业部谷物品质监督检验测试中心（北京）测定，籽粒容重766克/升，粗蛋白含量9.35%，粗脂肪含量3.76%，粗淀粉含量73.40%，赖氨酸含量0.31%。2012—2013年宁夏区域试验两年平均亩产1 105.9千克，较对照品种"先玉335"平均增产7.2%。2014年生产试验平均亩产1 076.5千克，较对照品种"先玉335"增产3.9%。

"东单1331"是辽宁东亚种业有限公司以"XC2327"为母本、"XB1621"为父本选育的玉米品种，适宜在辽宁境内≥10℃活动积温在2 800℃以上的中晚熟春玉米类型区种植。果穗筒型，穗长约22.1厘米，穗行数16～18行，穗轴红色，籽粒黄色，籽粒为马齿粒型，百粒重约39.5克，出籽率87.9%。2016年参加中晚熟组区域试验初试平均亩产717.8千克，比对照品种"郑单958"增产5.0%；2017年复试平均亩产760.8千克，比对照品种"郑单958"增产7.2%；2017年参加同组生产试验，平均亩产741.6千克，比对照品种"郑单958"增产6.1%。

"联达F085"是辽宁联达种业有限责任公司选育的玉米品种，适宜在辽宁地区≥10℃活动积温在2 800℃以上的地区种植。株型紧凑，株高273厘米左右，穗位109厘米左右，成株大约20片叶。具有较强抗性，米质优良，不秃尖，抗倒性好，产量高，适应性广。2015年参加高密组区域试验初试，平均亩产811.7千克，比对照品种"迪卡516"增产11.9%；2016年复试平均亩产777.1千克，比对照品种"迪卡516"增产11.0%；2016年参加同组生产试验，平均亩产762.5千克，比对照品种"迪卡516"增产11.1%。

"鲁单510"是山东省农业科学院玉米研究所选育的玉米新品种，该品种继承了以往鲁单系列玉米品种高产、抗倒的优点，中抗纹枯病、叶斑病、锈病、茎腐病四大病害，抗倒伏性强，性状优异，叶片紧凑上举，宜稀宜密，利于栽培。经山东农业大学接种鉴定，"鲁单510"中抗弯孢菌叶斑病、茎腐病、瘤黑粉病、粗缩病、锈病。在山东省多年区域试验和生产试验中，容重728.2～750克/升，达到国家一级标准。经农业农村部品质监督测试中心（泰安）检测，粗蛋白含量11.16%（超过"郑单958"等主推品种2个百分点）、粗脂肪含量4.04%、粗淀粉含量70.51%、赖氨酸含量0.26%，达到国家饲用玉米一级标准。

"农科糯336"是北京农林科学院玉米研究中心以"ZN3"为母本、"D6644-2"为父本组配选育而成的复合型（糯加甜）鲜食玉米品种，具有成熟期早、抗倒抗病性强、封尖性好、产量高、色泽鲜艳、口感极佳等特点。亩产效益在 3 000 元以上，远超一般粮油收益。其主要特点是早熟、优质、稳产、甜糯，在我国东北、华北、东南、西南都适宜种植。2017—2018 年参加北方（东华北）鲜食糯玉米组联合体区域试验，两年平均亩产 958.2 千克，比对照品种"京科糯 569"增产 0.2%。

"秋乐 368"是河南秋乐种业科技股份有限公司用"NK11×NK17-8"选育而成的玉米品种，株型半紧凑，株高 297 厘米，穗位高 115 厘米，成株叶片数 20 片。籽粒容重 767 克/升，粗蛋白含量 8.54%，粗脂肪含量 3.11%，粗淀粉含量 72.23%，赖氨酸含量 0.26%。2014 年参加晚熟组预备试验，平均亩产 936.5 千克，比对照品种增产 11.94%；2015 年参加晚熟组区域试验，平均亩产 934.1 千克，比对照组均值增产 1.73%；2016 年参加晚熟组生产试验，平均亩产 871.8 千克，比对照品种增产 13.67%

"瑞普 909"是山西省农业科学院玉米研究所以自选系"RP86"为母本、"RP06"为父本杂交育成的玉米品种。该品种适应性广，株型紧凑，茎秆弹性好，根系十分发达，高抗倒伏、超耐干旱，稳产高产，是我国东北、华北、黄淮海地区以及干旱半干旱地区适宜栽培的玉米品种。2015 年亩产 898.8 千克，比对照品种"先玉 335"增产 7.3%，两年平均亩产 929.7 千克，比对照品种增产 6.9%。2016 年生产试验，平均亩产 885.4 千克，比对照品种增产 8.9%。

"沃玉 3 号"是河北沃土种业有限公司选育的玉米品种，其广适、抗病、抗倒、耐旱、耐涝、抗蜗牛，穗大产量高，粮饲兼用。平均亩产 1 356.2 千克，比对照品种增产 7.9%，持绿性好。经鉴定，"沃玉 3 号"抗小斑病、弯孢叶斑病、瘤黑粉病、茎腐病类；经河北省农作物品质检测中心检测，"沃玉 3 号"粗蛋白质（干基）含量为 7.41%，粗淀粉（干基）含量为 34.68%，中性洗涤纤维为 35.5%，酸性洗涤纤维为 19.9%。自审定以来，累计推广面积达 6 100 万亩，创造了巨大的社会经济效益。2020—2022 年全国累计推广 3 000 多万亩，新增粮食产量 25 亿多千克，创造经济效益 30 多亿元。

"翔玉 998"是吉林省鸿翔农业集团鸿翔种业有限公司以自选系"Y822"为母本、"X923-1"为父本杂交选育而成的玉米品种。要求≥10℃活动积温在 2 700℃以上，株型紧凑，株高 280 厘米，穗位高 110 厘米，成株叶片数 18 片。果穗筒型，穗长 18.3 厘米，穗行数 14~16 行，穗轴红色，籽粒黄色、半马齿，百粒重 35.95 克。

2016—2017年参加黄淮海夏玉米组区域试验，两年平均亩产681.65千克，比对照品种"郑单958"增产4.1%。2017年生产试验，平均亩产639.43千克，比对照品种"郑单958"增产2.31%。2022年亩产704.8千克，2023年亩产714.6千克，2021—2023年亩均产743.6千克。

"优迪871"是吉林省鸿翔农业集团鸿翔种业有限公司培育的品种，适合在我国东华北中晚熟区种植，株型半紧凑，平均株高302厘米，穗位高120厘米，平均果穗长20.3厘米，中抗玉米大斑病、丝黑穗病、茎腐病等病害。在东华北中晚熟区种植，平均亩产792.1千克。"优迪871"的适应性好，抗性强，产量高。2019—2020年参加联合体试验，两年区域试验平均每公顷产量11 881.6千克，比对照品种"先玉335"增产5.6%；2020年生产试验，平均每公顷产量11 293.5千克，比对照品种"先玉335"增产4.1%。

"优迪919"是吉林省鸿翔农业集团鸿翔种业有限公司选育的玉米品种。幼苗叶鞘紫色，叶片绿色，叶缘紫色，花药紫色，颖壳绿色。株型半紧凑，株高289.5厘米，穗位高109.5厘米，成株叶片数19片。籽粒容重751克/升，粗蛋白含量10.60%，粗脂肪含量3.19%，粗淀粉含量75.02%，赖氨酸含量0.29%。2016—2017年参加黄淮海夏玉米组区域试验，两年平均亩产695.5千克，比对照品种"郑单958"增产3.5%。2017年生产试验，平均亩产691.3千克，比对照品种"郑单958"增产1.5%。

"豫单9953"是由河南农业大学选育而成的玉米品种。幼苗叶鞘紫色，叶片绿色，叶缘绿色，花药浅紫色，颖壳浅紫色。株型紧凑，株高254厘米，穗位高89厘米，成株叶片数19片。果穗筒型，穗长16.6厘米，穗行数16～18行，穗轴红，籽粒黄色、半马齿，百粒重31.55克。接种鉴定，中抗茎腐病，感穗腐病，中抗小斑病，感弯孢叶斑病，高感粗缩病，高感瘤黑粉病，感南方锈病。品质分析，籽粒容重763克/升，粗蛋白含量11.85%，粗脂肪含量4.57%，粗淀粉含量72.31%，赖氨酸含量0.29%。2016—2017年参加黄淮海夏玉米组区域试验，两年平均亩产682.9千克，比对照品种"郑单958"增产5.78%。2017年生产试验，平均亩产670.69千克，比对照品种"郑单958"增产6.60%。

"中农大678"是中国农业大学改良培育的玉米品种。接种鉴定，抗丝黑穗病，中抗大斑病、腐霉茎腐病，高感矮花叶病、禾谷镰孢穗腐病。籽粒（干基）含粗蛋白 10.21%、粗脂肪 3.71%、粗淀粉 74.96%、赖氨酸 0.29%。容重 771 克/升。该品种具有株型紧凑、耐密、抗病、耐逆等特点，于 2019 年通过黄淮海和东华北两大区域国家审定。多年的种植表明，在黄淮海极端气候频发的条件下，该品种表现出突出的耐高温和抗锈、耐涝能力，受到了广大农户的欢迎，已成为黄淮海夏播玉米区具有影响力的大面积推广品种。

"中玉 303"由中国农业科学院作物科学研究所培育，高抗玉米顽疾性病害茎腐病，而且抗旱、耐密，优质、高产、稳产；籽粒容重 767 克/升，粗淀粉含量高达 75.96%。2018 年参加河南省玉米高密组区试验（5 000 株/亩），增产点率 100%，平均亩产 682.7 千克，比对照品种"郑单 958"增产 13.6%；2019 年续试，增产点率 100%，平均亩产 802.6 千克，比对照品种"郑单 958"增产 11.5%，增产均极显著。

"MC121"是北京市农林科学院选育的籽粒果穗双机收玉米品种，免疫型高抗南方锈病，高抗茎腐病，中抗大斑病、灰斑病，抗穗腐病，综合抗病性好，容重高、品质好，耐密抗倒、寡照不秃尖、高温不花粒。籽粒容重 783 克/升，粗蛋白含量 9.73%，粗脂肪含量 4.23%，粗淀粉含量 73.37%，赖氨酸含量 0.26%。适宜籽粒果穗双机收玉米品种，亩产 850.2 千克。

"MY73"是河南豫玉种业有限公司育成的耐密型玉米品种。据分析，其母本为改良的国外母本类材料，且改良得比较彻底，品质变好，角质化程度高，具有抗倒、抗病、耐旱、耐涝、耐高温、耐密植等特点。在 2022 年高温热害和青枯大爆发、2023 年南方锈病大爆发中有着优异的表现，该品种平均亩产可达 727.3 千克，最高亩产能达到 1 144.6 千克，在近年来农业农村部组织的玉米（含复合种植）高产创建活动中创下多项高产纪录。

4.2.1.3 小麦主导品种

2024 年旱区农业小麦主导品种，如表 4-4 所示。

表 4-4　2024 年旱区农业小麦主导品种

Table 4-4　Agricultural leading varieties of wheat in arid regions in 2024

品种名称	技术依托单位（第一单位）
百农 4199	河南科技学院
长 6990	山西农业大学（山西省农业科学院）

续表

品种名称	技术依托单位（第一单位）
济麦 22	山东省农业科学院
济麦 44	山东省农业科学院
鲁原 502	中国农业科学院作物科学研究所
马兰 1 号	河北大地种业有限公司
伟隆 169	西北农林科技大学
西农 511	西北农林科技大学
烟农 1212	烟台市农业科学院
郑麦 379	河南省农业科学院
郑麦 1860	河南省农业科学院
中麦 36	中国农业科学院
中麦 578	中国农业科学院
众信麦 998	众人信公司
新冬 52 号	石河子农业科学研究院

资料来源：各省（区、市）农业农村厅网站及科研院校官网。

"百农 4199"由河南科技学院选育，具有矮秆、大穗、抗寒性良好等特点，同样以其高产性和稳产性而著称。该品种高产、早熟、适应性广泛、抗冻性好，灌浆速度快，籽粒商品性好，在河南南部的推广表现很突出。"百农 4199"适合玉米小麦双机收，属半冬性中早熟品种，全生育期 229.0～230.9 天。幼苗半匍匐，叶片短宽，叶色浓绿，冬季抗寒性好；分蘖力一般，成穗率高，春季起身拔节早，两极分化快，抽穗早。

"长 6990"是由山西农业大学（山西省农业科学院）选育的杂交品种，该品种于 2016 年通过国家审定，株型半紧凑，穗纺锤形，长芒、白壳。穗粒数 31 粒，千粒重 40 克，丰产性好，抗叶锈病，抗旱、抗寒、抗倒、抗病，高产潜力大，稳产广适，综合农艺性状好，年推广面积在 250 万亩以上。

"济麦 22"由山东省农业科学院选育，具有高产和面筋强度中等的特点，株型紧凑，平均亩穗数 40.4 万穗，穗粒数 36.6 粒，千粒重 40.4 克，穗纺锤形，长芒、白壳、白粒，籽粒饱满，半角质。一般亩产 627.4 千克，最高亩产 802.5 千克。抗寒、抗病性好，适种范围广。自 2006 年以来，先后通过山东、河北、天津、河南等多个省市审（认）定，是我国种植面积最大的小麦品种之一，尤其是在山东省，种植面积巨大，曾占山东小麦种植面积的 60%。

"济麦 44" 是山东省农业科学院作物研究所最新选育的一个超强筋小麦新品种，全生育期 223～233 天，平均株高 83～90 厘米，株型半紧凑，产量三要素协调，平均亩穗数 39.4 万～43.8 万穗，穗粒数 35.8～35.9 粒，千粒重 46.1～46.9 克。穗长方形，长芒、白壳、白粒，籽粒硬质，一般亩产 650 千克，最高亩产 808.6 千克。适合在山东、河南、安徽、山西等省种植，自 2018 年以来，累计推广面积达 1 225.92 万亩。

"鲁原 502" 是中国农业科学院作物科学研究所和山东省农业科学院原子能农业应用研究所合作选育的高产优质小麦品种，以 "9940168" 为母本、"济麦 19" 为父本进行杂交，并经系统选育而成。该品种偏冬性，幼苗半直立；株型稍松散，较抗倒伏，熟相较好。在 2009—2011 年山东省小麦品种高肥组区域试验中，两年平均亩产 575.34 千克，比对照品种 "济麦 22" 增产 4.99%；2011—2012 年高肥组生产试验，平均亩产 554.85 千克，比对照品种 "济麦 22" 增产 2.68%。

"马兰 1 号" 由河北大地种业有限公司选育。该品种属于中熟品种，生育期 239 天，幼苗半匍匐，叶色深绿，分蘖力中等偏上，生长健壮。秸秆坚硬，抗倒伏力强。穗长方形，长芒、白壳、白粒、硬质，籽粒较饱满，亩穗数 48.5 万穗，穗粒数 33.6 个，千粒重 43.0 克。熟相、抗寒性较好，对白粉病、感纹枯病、高感叶锈病、赤霉病、纹枯病等病症的抗病表现突出，2022 年最高亩产 863.76 千克。

"伟隆 169" 是西北农林科技大学和伟隆公司选育的高产、优质、广适小麦新品种。品种组合为 "陕麦 94" 和 "西农 822"，亩基本苗 16 万株，即亩播量 8～16 千克时，亩穗数、穗粒数、千粒质量较协调，亩产量达 644.8 千克以上。"伟隆 169" 是成穗率高、穗大、粒多、千粒质量高的丰产品种，自调力极强，具有高产、稳产特性，适宜在川道水浇地、塬区旱肥地种植，累计推广面积超过 3 000 万亩。

"西农 511" 是西北农林科技大学吉万全教授团队以 "西农 2000-7" 作母本、"99534"（小麦十倍体长穗偃麦草衍生系）作父本杂交而成，因其高产、抗病、优质、强筋、分蘖力强、抗倒、耐倒春寒、穗层整齐、熟相好、短芒、籽粒角质饱满等特点入选，年推广面积达 900 万亩，主要在黄淮冬麦区南片平原灌区、陕西关中灌区、江苏和安徽淮河以北地区种植。

"烟农 1212"由烟台市农业科学院选育，株型较紧凑，抗倒性、抗寒性较好。该品种整齐度好，穗层整齐，熟相一般。穗形棍棒形，长芒、白粒，籽粒偏粉质，饱满度好，因其高产、耐盐碱、抗倒、抗旱、抗早衰、抗干热风、抗病等诸多优良特性，深受黄淮南片冬麦区、山西、河北、山东等地农户与经销商喜爱，推广面积迅速扩增，2022 年水地实打亩产 855.13 千克，刷新山西省冬小麦单产最高纪录。

"郑麦 379"由河南省农业科学院育成，是一个半冬性小麦品种，平均株高 79～81 厘米，幼苗冬季抗寒性较好，分蘖力较强，成株抗倒性较好，籽粒饱满度高，外观商品性好。一般亩产 250～300 千克，最高亩产 733.17 千克，年推广面积超 1 000 万亩，累计推广面积 6 000 万亩，是目前河南省种植面积最大的优质小麦品种。

"郑麦 1860"由河南省农业科学院育成，该品种于 2019 年通过国家小麦品种审定，产量水平达到亩产 800 千克以上，具有高产性突出、优质高效、生产高效、加工高效的"一突出、三高效"优良特性，实现了高产、优质、抗逆与节肥特性的良好结合。该品种累计应用面积达 2 500 万亩，2023 年应用面积超 1 000 万亩，居河南省第一位，2022—2024 年连续 3 年入选我国农业主导品种。

"中麦 36"由中国农业科学院研发选育，该品种半冬性、角质、分蘖能力强，株型紧凑，穗层整齐、熟相好；高抗条锈病、叶枯病，抗纹枯病赤霉，丰产、稳产，适应性广，水肥利用效率高，适宜山西省南部，甘肃省天水，陕西省宝鸡、咸阳和铜川，河南省及河北省沧州的旱薄地种植。

"中麦 578"是中国农业科学院作物科学研究所育成的高产、稳产、适应性广的优质强筋小麦品种。该品种在适宜种植地区可以实现亩产 600 千克以上的高产水平，且具有较为突出的抗病性和抗逆性，对白粉病、锈病等常见病害具有较强的抗性，可以有效地减少病害的发生，能够适应不同的气候和土壤条件，是适合不同生态区种植的优良小麦品种。

"众信麦 998"是众人信公司以"莱州 137"为母本、"众信 5072"为父本组配选育而成的一个低秆抗倒、穗大粒多、广适抗逆、超高产的最新类型的小麦新品种。该品种是半冬性中早熟小麦新品种，具有抗寒性好、分蘖成穗率高、抗倒抗病性强、稳产超高产等特点。2022年最高亩产达981.1千克，是我国第一个亩产超过900千克的小麦品种，适合在黄淮冬麦区的北片区、南片区两大片区种植。

"新冬52号"是石河子农业科学研究院选用高产大穗"新冬17号"为母本，自育高产、抗倒、抗病"新冬33号"为父本进行杂交，经过多年培育系统选育出的高产、大穗、抗逆性强的冬小麦新品种，高抗白粉病，中抗锈病，抗寒性好，抗倒性一般；稳产性和丰产性很好，适应性强。

4.2.1.4 水稻主导品种

2024年旱区农业水稻主导品种，如表4-5所示。

表4-5　2024年旱区农业水稻主导品种

Table 4-5　Agricultural leading varieties of rice in arid regions in 2024

品种名称	依托技术单位（第一单位）
金粳818	天津市水稻研究所
龙粳31	黑龙江省农科院
中科发5号	中国科学院

资料来源：各省（区、市）农业农村厅网站及科研院校官网。

"金粳818"是天津市水稻研究所，用"津稻9618"和"津稻1007"选育的粳型常规水稻品种。该品种在黄淮稻区种植，全生育期155.4天，比对照品种"徐稻3号"短1.5天。株高101.1厘米，穗长15.5厘米，亩有效穗数20.5万穗，穗粒数136.2粒，结实率87.4%，千粒重23.5克。"金粳818"具有高产、稳产、综合抗性好等优点，还抗稻瘟病、条纹叶枯病，米质达到国家《优质稻谷》标准2级，在山东、河南、江苏等黄淮海稻区广受欢迎，年推广面积达到800万亩以上。

"龙粳31"由黑龙江省农科院水稻研究所育成，以"龙粳31"为核心技术的"寒地早粳稻优质高产多抗龙粳新品种选育及应用"项目获2017年国家科技进步二等奖。"龙粳31"具有高产、优质、多抗、广适等优良特性，为黑龙江省第三积温带主栽品种、农业部北方稻区主导品种、农业部确认的超级稻品种。该品种累计推广面积1.57亿亩，年最大推广面积1 692.3万亩。

"中科发5号"由中国科学院遗传与发育生物学研究所选育而成，属于粳型常规水稻，在东北、西北中晚熟稻区种植，全生育期150.1天，比对照品种"吉玉粳"晚熟4.8天。2017年生产试验，平均亩产653.68千克，比对照品种增产14.86%。

该品种穗大、粒多、高产、优质、粒型长（长宽比3.0）、抗稻瘟病、抗倒伏。2019年，"中科发5号"在黑龙江、吉林、辽宁、宁夏、内蒙古共布置了40多个百亩以上示范片，示范总面积超过2万亩。

4.2.1.5 杂粮主导品种

2024年旱区农业杂粮主导品种，如表4-6所示。

表4-6 2024年旱区农业杂粮主导品种
Table 4-6 Agricultural leading varieties of coarse cereals in arid regions in 2024

品种名称	技术依托单位（第一单位）
谷子"晋谷21号"	山西农业大学（山西省农业科学院）
谷子"张杂谷13号"	河北省张家口市农科院
青稞"昆仑15号"	青海省农林科学院
燕麦"坝莜14号"	张家口市农业科学院
高粱"晋糯3号"	山西农业大学
绿豆"中绿5号"	中国农业科学院

资料来源：各省（区、市）农业农村厅网站及科研院校官网。

谷子"晋谷21号"由山西农业大学（山西省农业科学院）经济作物研究所育成。该品种抗旱性强、抗谷瘟病、高抗谷锈病，适宜在山西、陕西等无霜期150天以上的西北春谷中晚熟期种植。该品种已生产应用30年，累计推广1亿亩以上，目前全国年播种面积在200万亩以上，是山西小米的技术支撑品种。

谷子"张杂谷13号"由河北省张家口市农业科学院培育而成，是粮用杂交谷子的佼佼者，属中晚熟杂交品种，生育期125天。穗棍棒型，穗长32厘米，单株穗粒重29.1克，千粒重3.1克，出谷率74.8%，白谷黄米。抗逆性表现较强，高抗白发病、线虫病，抗旱、抗倒、适应性强，高产稳产，米质特优，适口性好，适合在北方干旱半干旱地区推广。

青稞"昆仑15号"由青海省农林科学院培育而成，中抗条纹病、云纹病；抗倒伏性强，耐旱性、耐寒性中等；田间长相整齐，长势强，在高水肥条件下平均亩产350~400千克，一般水肥条件下在300~350千克。适宜区域为青海省各青稞区，尤其是高位水地青稞区。

"坝莜 14 号"是张家口市农业科学院培育的抗旱、高产、广适裸燕麦品种，其抗旱性强、适应性广。2021—2023 年，"坝莜 14 号"累计推广面积达 275 万亩，且推广面积呈快速上升态势。大田平均亩产籽粒 200 千克以上，亩产黄秸秆 260 千克以上，较国内推广面积最大的品种"坝莜 1 号"分别增产 25%、40% 以上，亩增纯收益 100 元以上，累计助农增收 2 亿元以上。

高粱"晋糯 3 号"由山西农业大学高粱研究所选育而成，其大田平均单产比对照品种"两糯 1 号"高 16.1%，具有抗高粱丝黑穗病、耐蚜虫、抗旱性强等特点，适宜在山西、四川、重庆、贵州、湖南、湖北等高粱种植区推广种植，年推广面积在 130 万亩以上。

"中绿 5 号"是中国农业科学院作物科学研究所选育的高产、优质、多抗、广适、宜全程机械化生产的绿豆优良品种。该品种早熟，植株直立抗倒伏，成熟荚黑色，籽粒呈长圆柱形，种皮碧绿有光泽，百粒重 6.8 克左右。干籽粒蛋白质含量约 25.0%，淀粉含量在 51.0% 左右。"中绿 5 号"的株型紧凑，结荚集中，成熟一致不炸荚，适于机械收获，且抗叶斑病、白粉病，抗旱、耐寒性好。

4.2.2 经济作物类主导品种

4.2.2.1 油料主导品种

2024 年旱区农业油料主导品种，如表 4-7 所示（油菜"邡油 777"、油菜"秦优 1618"、油菜"青杂 12 号"在 5.4.1 中进行介绍，此处不再赘述）。

表 4-7　2024 年旱区农业油料主导品种

Table 4-7　Agricultural leading varieties of oil plants in arid regions in 2024

品种名称	技术依托单位（第一单位）
油菜"邡油 777"	汉中市农业技术推广与培训中心（汉中市农业科学研究所）
油菜"秦优 1 618"	陕西省杂交油菜研究中心
油菜"青杂 12 号"	青海省农林科学院
花生"花育 33 号"	山东省花生研究所
花生"山花 9 号"	山东农业大学
花生"豫花 37 号"	河南省农业科学院

续表

品种名称	技术依托单位（第一单位）
芝麻"豫芝 ND837"	河南省农业科学院
芝麻"豫芝 NS610"	河南省农业科学院

资料来源：各省（区、市）农业农村厅网站及科研院校官网。

花生"花育 33 号"由山东省花生研究所培育，具有耐冻、耐寒的特性，成为第一个适于我国北纬 40°以北地区规模化种植的大花生新品种，将大花生种植区域向北推进了 5 个纬度、440 公里，结束了辽宁大连北部、吉林等地不能种植大花生的历史。当前累计推广 3 068.66 万亩，新增产量 11.18 亿千克，新增经济效益 44.12 亿元。

"山花 9 号"是山东农业大学农学院培育的优良花生品种，属于高产油食兼用型大花生，适合榨油、食品加工等用途，具有抗旱、耐瘠、耐肥、抗倒、抗叶斑病、产量潜力高、适应性广、种子休眠期长、适宜机械化等特点。已累计推广 5 000 万亩，连续多年种植面积居全国花生品种第一位。

"豫花 37 号"是河南省农业科学院经济作物研究所选育的优质高油酸珍珠豆型花生新品种。籽仁含油量 55.96%，油酸含量 77.0%，抗病性强，早熟性、丰产性好。"豫花 37 号"荚果比对照品种"远杂 9102"增产 2.63%；在生产试验中，荚果比对照品种"远杂 9102"增产 10.84%；2017 年千亩示范方平均亩产 452.1 千克。

"豫芝 ND837"是河南省农业科学院选育的全国首个抗裂蒴芝麻品种。该品种抗裂蒴、抗落粒、株型紧凑、耐密植、产量潜力大，具有高产、早熟的特点，适于联合机收；适应性广，适于华北、西北、黄淮、江淮等主产区种植。2023 年，"豫芝 ND837"在全国 10 余省示范，单产 130~160 千克/亩，较当地常规品种增产 25%~60%，机收损失率低于 5%，亩生产成本降低 400 元以上。

"豫芝 NS610"是河南省农业科学院选育的世界上首个抗落粒、宜机收芝麻品种。该品种高产、丰产性好，喜肥水；抗落粒，适于联合机收；平均单产达 130~150 千克/亩，较普通品种增产 20% 以上；适于黄淮、江淮、华南、新疆及周边产区种植。2022 年，"豫芝 NS610"在河南商水高标准农田示范区大面积示范，实收亩产达 174.16 千克，较普通品种增产 60% 以上；机收损失率低于 5%，机收效率较人工提高 50 倍，亩节省生产成本 200~400 元。

4.2.2.2 棉花主导品种

2024 年旱区农业棉花主导品种，如表 4-8 所示。

表 4-8　2024 年旱区农业棉花主导品种
Table 4-8　Agricultural leading varieties of cotton in arid regions in 2024

品种名称	技术依托单位（第一单位）
鲁棉研 37 号	山东省农业科学院
塔河 2 号	新疆塔里木河种业股份有限公司
新陆早 84 号	新疆合信科技发展有限公司
源棉 8 号	新疆农业科学院
中棉 113	中国农业科学院

资料来源：各省（区、市）农业农村厅网站及科研院校官网。

"鲁棉研 37 号"由山东省农业科学院经济作物研究所选育，该品种具有结铃性强、衣分高、高产、稳产、耐盐碱、耐瘠薄、抗病、抗旱、抗倒伏、株型紧凑、耐密植、田间易管理等特点，是目前黄河流域旱碱地棉区最适宜轻简化、机械化种植的棉花品种，也是机采棉示范的首选品种。该品种已在山东、河北、山西、陕西、天津等黄河流域棉区累计推广 1 000 万亩以上，是当前我国黄河流域棉区推广面积最大的棉花品种。

"塔河 2 号"是新疆塔里木河种业股份有限公司科研育种中心选育的优质、高产、耐病、手采机采两用的棉花新品种，该品种生育期在 132 天左右，叶片深绿色、中等大小，叶裂较深，毛杆毛叶，抗蚜性好，棉铃为圆形、铃大，中部铃重 6.8~7.5 克，五瓣花率高达 85% 以上，衣分 42.7% 左右；丰产性突出，适应性强，产量高，抗病强，吐絮畅而集中，棉花抱团不散絮，采净率高。

"新陆早 84 号"是新疆合信科技发展有限公司选育的棉花新品种。在新疆早熟棉区，该品种从出苗到吐絮约 120 天，霜前花率 98.7%，早熟性突出，抗病性好，品质较高，近几年被新疆生产建设兵团第八师、新疆生产建设兵团第十师、沙湾市、昌吉市、玛纳斯县列为推荐种植品种，累计推广 1 000 余万亩，增产籽棉 20 000 吨，适宜北疆早熟棉区域种植。

"源棉 8 号"是新疆农业科学院经济作物研究所通过设计育种，创新棉花品种遗传改良关键技术，攻克早熟、高产、优质、抗逆、适采性状协同改良的难题，历时 10 余年选育出的突破性棉花新品种，属早中熟陆地棉品种，综合性能优良。该品种亩产籽棉 700 千克左右，比一般高产田产量高 200 千克左右。

"中棉 113"是中国农业科学院棉花研究所、甘肃农业科学院作物研究所联合选育的早熟优质高产棉花新品种。该品种特早熟、衣分高、品质好、丰产性好、多抗性强，在冷凉地区表现极为突出，能满足南疆冬小麦后复播及新疆棉区灾后复播要求。"中棉 113"成功突破了早熟、高产、优质、高衣分难以协同改良的技术瓶颈，早熟、高品质特性推动了风险棉区宜棉化、优棉化，扩大了北疆植棉边界。

4.2.2.3 蔬菜主导品种

2024 年旱区农业蔬菜主导品种，如表 4-9 所示。

表 4-9　2024 年旱区农业蔬菜主导品种

Table 4-9　Agricultural leading varieties of vegetables in arid regions in 2024

品种名称	技术依托单位（第一单位）
马铃薯"京张薯 3 号"	张家口市农业科学院
马铃薯"陇薯 7 号"	甘肃省农业科学院
马铃薯"青薯 9 号"	青海省农林科学院
结球甘蓝"中甘 56"	中国农业科学院蔬菜花卉研究所
大白菜"京研快菜 2 号"	北京市农林科学院
西葫芦"京葫 42"	北京市农林科学院
黄瓜"中农 62 号"	中国农业科学院
茄子"农大 604"	河北农业大学
甘薯"济薯 26"	山东省农业科学院

资料来源：各省（区、市）农业农村厅网站及科研院校官网。

"京张薯 3 号"是张家口市农业科学院选育的鲜食马铃薯品种。生育期 92 天，熟期中晚熟，用途鲜食。株型半直立，小叶边缘波状程度弱到中，茎色绿，叶色绿，茎翼形状直形，花冠颜色白色，花冠形状近五边形，大中薯率 81.2%，中抗晚疫病，抗普通花叶病毒（PVX）、卷叶病毒（PLRV）病，抗早疫病。第 1 生长周期亩产 2 346.9 千克，比对照品种"冀张薯 8 号"增产 20%；第 2 生长周期亩产 2 421.7 千克，比对照品种"冀张薯 8 号"增产 24.8%。"京张薯 3 号"适宜在河北北部春季种植。

"陇薯 7 号"的选育单位是甘肃省农业科学院马铃薯研究所,是用"庄薯 3 号"为母本、"菲多利"为父本选育而成的土豆品种,株高 57 厘米左右,株型直立,生长势强,分枝少,枝叶繁茂,茎叶绿色,花冠白色,天然结实性差;薯块椭圆形,黄皮黄肉,芽眼浅;区试平均单株结薯数为 5.8 个,平均商品薯率 80.7%。经人工接种鉴定,植株抗马铃薯 X 病毒(普通花叶病毒,PVX)病、中抗马铃薯 Y 病毒(重花叶病毒,PVY)病,轻感晚疫病,适宜在西北一季作区的青海东部、甘肃中东部、宁夏中南部种植。

"青薯 9 号"是青海省农林科学院生物技术研究所选育的薯类品种,薯块椭圆形,表皮红色、有网纹,薯肉黄色,芽眼较浅。该品种中晚熟,幼苗生长强,结薯集中、较整齐,表皮光滑,耐贮性中等,植株耐旱、耐寒,抗晚疫病、环腐病,适宜在青海省海拔 2 600 米以下的东部农业区、柴达木灌区以及甘肃西北部二阴地区种植。

结球甘蓝"中甘 56"由中国农业科学院蔬菜花卉研究所培育,耐抽薹、耐低温、弱光,熟性早,球色绿,产量高,品质好,商品性好。春季日光温室栽培从定植到收获约 46 天,株高约 24 厘米,开展度约 45 厘米,结球整齐、紧实,耐裂球性中等,应及时收获;叶球质地脆嫩,品质好,商品性好。该品种耐低温弱光,耐未熟抽薹性强,适宜在河北、陕西、山东、河南、江苏作早春保护地甘蓝种植。

"京研快菜 2 号"是北京市农林科学院蔬菜研究中心选育的夏、秋播苗用型大白菜。食用部分主要为幼苗或半成株,播种后 28~30 天开始收获幼苗上市。该品种植株直立,外叶深绿色,叶面少皱,叶背面有光泽、无毛,质地柔软,帮白色,抗芜菁花叶病毒病、霜霉病、黑腐病,耐热、耐湿能力强。第 1 生长周期亩产 5 142 千克,比对照品种"早熟 5 号"增产 13.3%;第 2 生长周期亩产 5 034 千克,比对照品种"早熟 5 号"增产 5.7%。

"京葫 42"是北京市农林科学院选育的中早熟耐寒西葫芦杂交品种。该品种植株长势壮,茎蔓粗,节间长,耐病毒和白粉病,抗病性强,耐寒性强,低温弱光下连续结瓜能力强,商品瓜光泽度好,中长棒形,瓜条颜色亮绿、顺直。"京葫 42"产量突出,亩产高达 20 000 千克,适合北方日光温室和春秋大棚种植。

"中农 62 号"是中国农业科学院蔬菜花卉研究所选育的黄瓜品种。该品种中熟,属杂交种，生长势强，普通型，雌花节率中，果实棒状，横径约3厘米，瓜把长约3.7厘米，瓜长约34.9厘米；抗白粉病、霜霉病和枯萎病，耐低温，弱光性强。第1生长周期亩产10 102.2千克，比对照品种"中农26号"增产6.10%；第2生长周期亩产9 600.3千克，比对照品种"中农26号"增产7.20%。"中农62号"适宜在北京、河北、山东、辽宁、河南、福建、云南和陕西地区春、秋保护地种植。

"农大604"是河北农业大学选育的晚熟茄子品种。该品种始花节位9～10节，茎秆粗壮，株型较紧凑，植株生长势强、整齐一致，田间表现耐寒性、抗病性强；连续坐果能力强，最大单果重900克左右；果实较硬，着色均匀，深紫黑，亮泽，果肉紧实、细嫩、口感佳、籽少，商品性状优良，丰产性好，亩产5 000千克左右，适宜华北地区秋延后设施栽培。

"济薯26"是山东省农业科学院作物研究所培育的一种优质、高产、食用型甘薯品种。其顶叶呈现黄绿色、带紫边，成年叶为心形、绿色，叶脉、脉基和柄基均为紫色；茎蔓中等长度，较细，绿色带紫斑。"济薯26"对土壤和气候的适应性较强，可以在多种类型的土壤中生长，并且能够在多种气候条件下保持稳定的产量和品质，对多种甘薯病害具有较强的抗性，以其高产、优质、适应性广、抗病性强、耐贮藏等种植优势，受到了广大种植户的青睐。

4.2.2.4 水果园艺主导品种

2024年旱区农业水果园艺主导品种，如表4-10所示。

表4-10 2024年旱区农业水果园艺主导品种

Table 4-10 Agricultural leading varieties of fruit and gardening in arid regions in 2024

品种名称	技术依托单位（第一单位）
西瓜"京嘉301"	北京市农林科学院
葡萄"黄金蜜"	河北省农林科学院
葡萄"蜜光"	河北省农林科学院
苹果"鲁丽"	山东省果树研究所
苹果"秦脆"	西北农林科技大学
紫花苜蓿"中苜4号"	中国农业科学院北京畜牧兽医研究所

资料来源：各省（区、市）农业农村厅网站及科研院校官网。

"京嘉301"是北京市农林科学院蔬菜研究所育成的早熟优质西瓜品种，其果实圆形，果皮绿色，覆盖有墨绿条纹，有蜡粉，单瓜重8千克左右；皮薄，瓤色红，肉质脆嫩，中心可溶性固形物含量在13%左右，商品率高、口感佳，抗病性强，是高品质的优良西瓜品种。"京嘉301"比传统品种"8424"耐裂、抗病性强、产量高；比对照品种"美都"提早成熟，低温下坐果整齐、不畸形。该品种的适宜区域为江苏、浙江、安徽、河南等。

葡萄"黄金蜜"由河北省农林科学院昌黎果树研究所选用"红地球"品种为母本、"香妃"品种为父本杂交培育而成，属早熟品种，果实黄金色，平均粒重11.5克，最大粒重18克，可以无核化处理，果实硬脆爽口，有浓郁的玫瑰香味，含糖量在20%左右，极丰产，不裂果，可溶性固形物含量达19.0%以上，最高达22.0%，可滴定酸含量0.58%，固酸比达32.8，是一个高档、珍贵、有香味的品种。

葡萄"蜜光"是河北省农林科学院昌黎果树研究所利用"巨峰"作母本、"早黑宝"作父本进行杂交培育出的新品种。该品种果穗大，圆锥形，平均穗重720.6克；果粒大，椭圆形，平均果粒重9.5克，最大果粒重18.7克，果粒重超过对照品种"粉红亚都蜜"2克。"蜜光"具有早结果、早丰产的突出优良特性，2年生平均亩产达1 650千克，果肉硬而脆，果汁中等；可溶性固形物含量达19.0%以上，最高达22.8%，果粒附着力较强，适宜在河北省昌黎县、滦南县、怀来县及生态条件类似地区栽培。

苹果"鲁丽"的研发单位为山东省果树研究所。其母本是"藤木一号"，父本是"皇家嘎啦"，具有易着色、免套袋、耐储性强、高抗炭疽病、早果丰产等优点，解决了传统早熟苹果品种着色难、不耐贮的难题。该品种成熟早，抗病、抗逆性强，几乎无病果、无虫果、无坏果、无落地，适合全国苹果种植区域栽植，高海拔光照充足的气候环境，果实表现更好。

"秦脆"苹果是国家苹果产业技术体系首席科学家、西北农林科技大学马锋旺教授团队，以"长富2号"和"蜜脆"作为亲本选育的苹果新品种，果实圆柱形，果型端正高桩、果个大，平均单果重270克；果皮鲜艳、着色均匀、果面光洁，果点小，萼洼深广。"秦脆"品种适应性强，抗旱性优于双亲，抗寒性介于双亲之间。

紫花苜蓿"中苜4号"是中国农业科学院北京畜牧兽医研究所育成的苜蓿新品种，该品种根系发达，株型直立，株高80~115厘米，叶片较大；具有再生快、草产量高、返青早等优点，草质鲜嫩，营养丰富，初花期干物质中含粗蛋白质19.68%。在黄淮海地区干草产量达1 000～1 200千克/亩，产草量比对照品种"中苜2号"提高10%以上，适宜在华北、西北、东北南部及黄淮海平原等中低产田种植，适宜建植优质、高产的刈割草地和用于生物改良盐碱地。

4.2.3 养殖类主导品种

4.2.3.1 畜牧主导品种

2024年旱区农业畜牧主导品种，如表4-11所示。

表4-11　2024年旱区农业畜禽主导品种

Table 4-11　Agricultural leading varieties of livestock and poultry in arid regions in 2024

品种名称	技术依托单位（第一单位）
华西牛	中国农科院北京畜牧兽医研究所
夏南牛	河南农业大学
辽宁绒山羊	辽宁省辽宁绒山羊原种场有限公司
大午金凤蛋鸡	河北大午农牧集团有限公司
"京粉6号"蛋鸡配套系	北京市华都峪口禽业有限责任公司
白羽肉鸡配套系"圣泽901"	东北农业大学
白羽肉鸡配套系"沃德188"	北京市华都峪口禽业有限责任公司
白羽肉鸡配套系"广明2号"	中国农业科学院北京畜牧兽医研究所

资料来源：各省（区、市）农业农村厅网站及科研院校官网。

"华西牛"由中国农科院北京畜牧兽医研究所主导培育，以肉用西门塔尔牛为父本，以蒙古牛、三河牛、西门塔尔牛、夏洛莱牛组合的杂种后代为母本，不仅适应性广泛，生产性能也十分突出。成年公牛体重达900千克以上，成年母牛体重在550千克以上，屠宰率更是高达62.39%，净肉率也达到了53.95%，主要生产性能已达到国际先进水平。据预测，到2027年，每年优秀种公牛提供量将达到500头以上，自主供种率将达到80%，实现核心种源自主可控。

"夏南牛"是河南省禽畜改良站与河南农业大学等单位以法国夏洛来牛为父本、南阳牛为母本，用开放式育种方法培育而成的肉用牛新品种。"夏南牛"产肉性能良好，容易育肥，肉质细嫩。"夏南牛"自10月龄育肥6个月，日增重为1.11千克，胴体重265.8千克，屠宰率达到60.13%，净肉率48.84%，优质肉切块率38.37%，高档牛肉率14.35%。"夏南牛"是中国第一个具有自主知识产权的肉用牛品种。

辽宁省辽宁绒山羊原种场有限公司专业从事"辽宁绒山羊"的品种资源保护和选育工作，是国家级品种资源场、重点种畜场。"辽宁绒山羊"主要分布于辽宁省东部山区及辽东半岛地区，属绒肉兼用型品种，是世界上产绒量最高的白绒山羊品种。该品种具有绒纤维长，净绒率高，绒细度适中，绒毛洁白，体型壮大，适应性强，遗传性能稳定，改良中低产绒山羊效果好等特点，被誉为"中华国宝"。

"大午金凤蛋鸡"是河北大午农牧集团种禽有限公司在中国农业大学宁中华教授指导下，利用白来航、洛岛红品种作为育种素材，经过专门化品系培育、配合力测定，培育成功的羽色自别雌雄粉壳蛋鸡配套系。"大午金凤蛋鸡"红羽产粉壳蛋，蛋壳颜色鲜亮，蛋品品质优良，地域适应性强，脱啄死淘率低，生产性能稳定，淘汰鸡价值高，能够实现羽色雌雄自别（红羽为母鸡，白羽为公鸡），率先突破了红羽鸡不能产粉壳蛋的技术瓶颈，革新了粉壳蛋鸡的雌雄鉴别方式，代表了我国在粉壳蛋鸡育种上的领先水平，满足了市场对红羽产粉蛋鸡的迫切需求，目前年推广达1亿只以上，占我国蛋鸡养殖的1/10左右。

"京粉6号"蛋鸡配套系是针对我国市场需求首创的蛋鸡新品种，由北京市华都峪口禽业有限责任公司联合中国农业大学共同培育的高产红羽粉壳蛋鸡配套系。该鸡种具有抗病强、产蛋多、吃得少、蛋品优等特点，高峰产蛋率达98%以上，90%以上的产蛋率维持10个月以上。该品种充分发挥了蛋鸡产蛋多、蛋重适中、耗料低、存活率高、蛋壳质量好、蛋色光亮等特点，更好地满足了我国多元化的市场需求。2021年，据中国农业大学测定，"京粉6号"94周龄只鸡产蛋464枚；据测算，100周龄可实现产蛋500枚。"京粉6号"是蛋鸡行业的中国首创，率先自主创新破解了红羽鸡产中粉蛋的世界级难题，满足了我国特色的市场需求，将是首个实现100周龄产500枚蛋的蛋鸡品种。

白羽肉鸡配套系"圣泽901"是福建圣泽生物科技发展有限公司、东北农业大学和福建圣农发展股份有限公司联合培育的肉鸡品种，其主要经济性状遗传稳定，生产性能均匀稳定，成活率在95%～97%，出栏体重2.8千克，料肉比（1.59～1.67）∶1。截至2023年底，圣农集团自主培育的"圣泽901"已累计推广父母代种

旱区农业技术进展

鸡雏超过 2 500 万套，国内市场占有率达到 20%。

白羽肉鸡配套系"沃德188"是北京市华都峪口禽业有限责任公司、中国农业大学和思玛特（北京）食品有限公司联合培育的肉鸡品种。"沃德188"填补了我国快大型白羽肉鸡自主品种的空白，结束了白羽肉鸡种源"卡脖子"的时代，我国肉鸡市场将拥有自主培育的白羽肉鸡品种。该配套系商品代42日龄平均体重3千克以上，料肉比1.55∶1以下，全程成活率在97%以上，满足了国内分割鸡的市场需求。

白羽肉鸡配套系"广明2号"由佛山市高明区新广农牧有限公司（以下简称"新广农牧"）和中国农业科学院北京畜牧兽医研究所共同培育而成。该品种经过科学系统选育和杂交配套试验，采用了基因组选择等新技术，提高了选种准确性和遗传进展，在山东、广东等地完成商品代肉鸡234万只中试。该配套系肉鸡42日龄出栏体重达2.8千克，料重比1.65以下，胸肌率达24%，具有生长速度快、料重比低，主要生产性能与国际品种持平，同时料重比和肉品质方面较国际品种具有优势。

4.2.3.2 水产主导品种

2024年旱区农业水产主导品种，如表4-12所示。

表4-12　2024年旱区农业水产主导品种

Table 4-12　Agricultural leading varieties of aquatic products in arid regions in 2024

品种名称	技术依托单位（第一单位）
黄金鲫	国家级天津市换新水产良种场
津新鲤2号	国家级天津市换新水产良种场
中华绒螯蟹"光合1号"	盘锦光合蟹业有限公司

资料来源：各省（区、市）农业农村厅网站及科研院校官网。

"黄金鲫"是国家级天津市换新水产良种场采用常规育种和生物技术育种相结合的技术路线最终育成的优良淡水鱼类养殖新品种。"黄金鲫"属鲤亚科，是鲤属和鲫属的杂交品种，由散鳞镜鲤和红鲫杂交而成。该品种外形如鲫鱼，体高，头小，头后背部隆起，体厚实丰满，有一对较短的吻须，无颌须，全身披鳞晶莹，排列整齐，侧线鳞31～34枚，体色金黄色；适温范围广（0～38℃），抗寒性强，池水水位保持在1.5米以上，凡达标的水体或水域均能安全越冬；性情温和，具有天然集群摄食习性，不用驯化就会上台吃食，且吃食老实、不炸台，减少了饲料的浪费；抗逆性好、抗病力强，车轮虫、三代虫、指环虫、锚头鳋等寄生虫疾病也比其他养殖鱼类少。

"津新鲤 2 号"是国家级天津市换新水产良种场在多种优质鲤鱼品种的基础上选育而成的新品种。相同饲养条件下，二龄鱼生长得比普通鲤鱼快 3.59%~6.96%，平均快 4.49%。"津新鲤 2 号"成鱼能在 -30℃的气温中存活很长时间，抗寒、体格更大、抗病更强、生长速度更快的特性使业内人士给"津新鲤 2 号"起了个响当当的绰号——超级鲤。依靠抗病性强、当年可养成尾重 1 千克以上商品鱼的优势，"津新鲤 2 号"被推广到 23 个省（区、市），适宜在全国各地人工可控的淡水水体中养殖。

中华绒螯蟹"光合 1 号"是盘锦光合蟹业有限公司利用高级群体选育技术，以体重、规格为主要选育指标，以外观形态为辅助选育指标，经 6 代连续群体选育而得。该品种规格大，成活率高，选育群体的成蟹规格逐代提高，同辽河野生中华绒螯蟹相比，成蟹平均体重提高 25.98%，成活率提高 48.59%。"光合 1 号"适应人工养殖条件，在稻田人工养殖环境下成活率大幅高于野生苗种；适应多种水域环境，在稻田、苇塘、水库环境下均表现出优良的生长性能；适合在北方温带地区养殖，生长速度快，在黑龙江、吉林、辽宁、内蒙古地区养殖，均能够正常生长、越冬，在九月中旬前，95% 以上个体能达到性成熟，可以及时供应市场。

4.3 旱区农业主推技术

为深入贯彻落实党的二十大和中央农村工作会议精神，发挥科技对提升全国粮油等主要作物大面积单产的支撑作用，加快优质品种和先进适用技术推广应用，满足当前生产急需和未来产业发展需要，经过应用评价，专家论证，农业农村部推介发布了农业主推技术。2024 年农业农村部共组织遴选了 150 项农业主推技术进行推介发布，其中，旱区农业主推技术共计 70 项（确定标准是第一技术完成单位是否属于旱区），分布于粮油类、蔬菜类、水果园艺类、畜牧类、兽医类、水产类、资源环境类、贮运加工类、农业机械装备类、智慧农业类十大领域。

4.3.1 种植类主推技术

4.3.1.1 粮油类主推技术

粮食安全是"国之大者",是国家安全的重要基础。党的二十大报告提出,"全方位夯实粮食安全根基","确保中国人的饭碗牢牢端在自己手中"。这为我们做好粮食安全工作、切实保障国家粮食安全提供了根本遵循和行动指南。因此,优化农业产业布局,稳口粮、稳玉米、扩大豆、扩油料是我国"三农"工作的首要任务。

旱区共 27 项粮油类技术入选主推技术,包括大豆种植技术 3 项,玉米种植技术 6 项,小麦种植技术 9 项,油料类品种种植技术 4 项,水稻种植技术 1 项,棉花种植技术 3 项,其他粮食作物种植技术 1 项。

(1)大豆。大豆种植技术共 3 项入选,分别是黄淮海夏大豆免耕覆秸机械化生产技术、大豆宽台大垄匀密高产栽培技术、"一包四喷"大豆主要病虫草害全程绿色防控技术(见表 4-13)。

表 4-13　2024 年旱区粮油类大豆主推技术
Table 4-13　Main technologies of soybean in grain and oil in arid regions in 2024

技术名称	技术依托单位(第一单位)
黄淮海夏大豆免耕覆秸机械化生产技术	中国农业科学院作物科学所
大豆宽台大垄匀密高产栽培技术	黑龙江八一农垦大学
"一包四喷"大豆主要病虫草害全程绿色防控技术	中国农业科学院植物保护研究所

资料来源:各省(区、市)农业农村厅网站及科研院校官网。

"黄淮海夏大豆免耕覆秸机械化生产技术"能够一次性完成种床清理、侧深施肥、精量播种、封闭除草、秸秆覆盖五项核心作业,实现了秸秆全田均匀覆盖还田,提高了大豆播种质量和出苗率,解决了秸秆焚烧等生产难题,具有增产节本增效等多重优势。

"大豆宽台大垄匀密高产栽培技术"基于降本增效土壤耕作模式研究,以"宽台大垄"为载体,选用耐密、抗倒、高产大豆品种,采取抗旱保墒土壤耕作技术、群体调控技术和安全高效集约施肥技术,建立抗旱保墒土壤中耕技术和大豆玉米卡种少耕技术模式,能够极大降低生产成本,提高肥料利用率,改善农业生产环境,大幅度提高大豆自给率，促进大豆稳定增产。

"'一包四喷'大豆主要病虫草害全程绿色防控技术"根据不同大豆主产区病虫草害发生特点，主抓大豆种子包衣、无人机低容量喷雾、"大豆—玉米"带状复合种植隔离喷雾等技术落实。该技术通过整合多种防治手段，实现对大豆病虫害的有效控制，减少化学农药使用，提高作物产量和品质，保护农业生态环境。

（2）玉米。玉米种植技术共6项入选，分别为玉米密植精准调控高产技术、玉米条带耕作密植增产增效技术、夏玉米精准滴灌水肥一体化栽培技术、夏玉米全生育期逆境防御高产栽培技术、东北半干旱区玉米水肥一体化技术、秋粮一喷多促增产稳产技术（见表4-14）。

表4-14 2024年旱区粮油类玉米主推技术

Table 4-14 Main technologies of corn in grain and oil in arid regions in 2024

技术名称	技术依托单位（第一单位）
玉米密植精准调控高产技术	中国农业科学院作物科学研究所
玉米条带耕作密植增产增效技术	中国农业科学院作物科学研究所
夏玉米精准滴灌水肥一体化栽培技术	青岛农业大学
夏玉米全生育期逆境防御高产栽培技术	中国农业科学院
东北半干旱区玉米水肥一体化技术	吉林省农业科学院
秋粮一喷多促增产稳产技术	全国农业技术推广服务中心

资料来源：各省（区、市）农业农村厅网站及科研院校官网。

"玉米密植精准调控高产技术"是玉米单产提升工程的核心技术，以密植为技术核心，水肥精准调控为植株全生育期营养和抗倒伏提供保障，系统集成土地精细耕整技术、种子精准包衣技术、导航单粒精播技术、水肥一体化技术、精准化控与病虫草害防控技术、机械精准收获技术。该技术解决了玉米密植出现的倒伏、空秆、早衰、抗性减弱等突出问题，对提高玉米单产以及粮食产能具有重大意义。

"玉米条带耕作密植增产增效技术"采取在玉米非播种带秸秆混拌、播种带推茬清垄的条带耕作方法，创造的"虚实相间"耕层构造兼具免耕与深耕的优点，有效解决秸秆还田条件下的播种质量问题。同时，该技术采用缩行密植栽培，有利于构建合理群体结构，优化冠层环境，是实现玉米绿色丰产高效的有效途径。

"夏玉米精准滴灌水肥一体化栽培技术"针对黄淮海玉米一年两熟区干旱频繁

发生，地下水超采严重，玉米生产上盲目施肥、过量施肥，养分供给与作物需求不同步，水肥利用率低等问题，通过滴灌水肥一体化相配套的夏玉米种植、田间管网布置模式、灌溉施肥精量调控技术以及农机农艺相结合全程机械化技术，实现了水肥按需滴灌变量精准供给，提高了玉米水肥利用效率以及全程滴灌轻简机械化作业。

"夏玉米全生育期逆境防御高产栽培技术"通过耐高温和高产品种搭配，高温干旱时采用微喷、滴灌、喷灌等方式降低田间温度，阴雨寡照后补充叶面肥、寡糖等生长调节剂，尽快恢复生长，提高光合效率。此外，配合无人机扰动等措施，辅助授粉，增加穗粒数，提高结实率，预防花粒，降低了花期高温、干旱和寡照可能造成的花期不遇的风险。

"东北半干旱区玉米水肥一体化技术"利用滴灌设施，根据玉米生长发育各个阶段对水分和养分的需要及土壤水分、养分供给状况，最经济有效地及时准确供给作物所需要的水分、养分，可随意控制水分、养分供应量，实现对玉米个体和群体的综合调控，满足玉米生长需要，达到高产高效的目的。

"秋粮一喷多促增产稳产技术"是应用在秋粮生产上的一项稳产增产关键措施，主要在农作物生长中后期，通过一次性混合喷施叶面肥、抗逆剂、生长调节剂、杀菌杀虫剂等，一次作业实现促进植株稳长、灌浆成熟和粒重增加，达到防病虫、抗倒伏、增产和提高玉米品质等多重作用。

（3）小麦。小麦种植技术共9项入选，分别为旱地小麦因水施肥探墒沟播抗旱栽培技术、小麦匀播节水减氮高产高效技术、冬小麦贮墒晚播节水高效栽培技术、小麦—玉米周年"双晚双减"丰产增效技术、黄淮海小麦玉米周年"吨半粮"高产稳产技术、小麦茎基腐病"种翻拌喷"四法结合防控技术、小麦条锈病"一抗一拌一喷"跨区域全周期绿色防控技术、冬小麦—夏玉米周年光温高效与减灾丰产技术、冬小麦播前播后双镇压精量匀播栽培技术（见表4-15）。

表4-15　2024年旱区粮油类小麦主推技术

Table 4-15　Main technologies of wheat in grain and oil in arid regions in 2024

技术名称	技术依托单位（第一单位）
旱地小麦因水施肥探墒沟播抗旱栽培技术	山西农业大学
小麦匀播节水减氮高产高效技术	中国农业科学院作物研究所

续表

技术名称	技术依托单位（第一单位）
冬小麦贮墒晚播节水高效栽培技术	中国农业大学
小麦—玉米周年"双晚双减"丰产增效技术	山东省农业科学院玉米研究所
黄淮海小麦玉米周年"吨半粮"高产稳产技术	山东省农业科学院作物研究所
小麦茎基腐病"种翻拌喷"四法结合防控技术	河南农业大学
小麦条锈病"一抗一拌一喷"跨区域全周期绿色防控技术	全国农业技术推广服务中心
冬小麦—夏玉米周年光温高效与减灾丰产技术	山东农业大学
冬小麦播前播后双镇压精量匀播栽培技术	山东省农业科学院作物研究所

注：全国农业技术推广服务中心是"麦条锈病'一抗一拌一喷'跨区域全周期绿色防控技术"的技术推荐单位。
资料来源：各省（区、市）农业农村厅网站及科研院校官网。

"旱地小麦因水施肥探墒沟播抗旱栽培技术"针对晋城市冬小麦生产上存在的干旱缺水、土壤瘠薄、产量低而不稳、水肥利用效率低等问题，采用抗旱高产品种，集成研发旱地小麦蓄水保墒技术、宽窄行探墒沟播技术、测墒施肥技术，有效增加了播前底墒，减少肥料过量施用问题，亩穗数提高1.5万~3万穗，穗粒数提高2~4粒，增产23%~30%，水分利用效率提高10%~15%，氮肥利用效率提高10%~15%，实现高产、优质、绿色生产。

"小麦匀播节水减氮高产高效技术"创新形成了"前水后旱、同一世代水旱复合选择"节水高产育种方法，在优质品种选育中总结形成了"各世代全程近红外品质性状追踪，高分子量麦谷蛋白亚基分子检测、分子标记选择"的小麦优质高产育种技术，破解了节水高产与优质抗逆协同提高的技术难题，构建了节水优质育种的技术平台，实现了节水高产优质性状协调提高的育种目标，成果达到了国内领先水平。

"冬小麦贮墒晚播节水高效栽培技术"针对华北冬小麦生产中水肥用量大和利用效率低的突出问题，在冬小麦浇足底墒水和夏玉米浇好出苗水的基础上，常年两作生育期内不再灌溉，依靠自然降水和土壤贮水来进行生产的栽培模式，省工、省时、节水、节支，既简化了生产管理环节，降低了生产成本，又能保持较高产量，对推动农业结构调整，保障粮食安全具有重要意义。

"小麦—玉米周年'双晚双减'丰产增效技术"选用单株生产力高和抗逆性强的优质高产中早熟品种,以周年控氮、小麦重磷、玉米重钾、平衡施肥为原则,实现小麦玉米周年养分协同;以"增碳调氮、两旋一松"为原则,双季秸秆还田且优化调节碳氮比至 25∶1,玉米季免耕、小麦季 2 年旋耕加 1 年深松 35 厘米打破犁底层,逐步加厚耕层土壤;种肥同播节本增效,小麦 3 叶期或返青后及时进行化学除草;小麦季苗期地下害虫可每亩用 5% 辛硫磷颗粒剂 2 千克,兑细土 30~40 千克,拌匀后顺垄撒施后接着划锄覆土。该技术适宜在黄淮海冬小麦—夏玉米一年两熟地区推广应用。

"黄淮海小麦玉米周年'吨半粮'高产稳产技术"在充分研究小麦玉米生育期水肥需求规律和生理生化特点的基础上,按照"氮肥总量适度控制、分期调控,磷、钾肥依据土壤丰缺适量补充"的原则合理配施肥料;推进玉米适当晚收,小麦适期晚播,提高周年光热资源利用效率,实现产量和品质提升;生长期使用杀虫剂、杀菌剂、植物生长调节剂、叶面肥、微肥等混配剂喷雾,达到优化群体结构、病虫防控、防干热风、增粒增重的多重效果,实现丰年单产提升和灾年防灾稳产。

"小麦茎基腐病'种翻拌喷'四法结合防控技术"选用抗(耐)病品种,如"开麦 18""周麦 24""丰德存麦 20 号"等小麦品种,对茎基腐病具有一定抗(耐)性,病害发生严重的麦区可根据品种区域适应性因地制宜推广种植;推行秸秆深翻灭茬,播前深翻整地(可每隔 2~3 年深翻一次),深度 25~30 厘米,尽可能减少表土及土壤表面秸秆量,压低菌源基数,降低病害苗期侵染几率,降低病菌冬前侵染,减轻病害发生程度。

"小麦条锈病'一抗一拌一喷'跨区域全周期绿色防控技术"利用遥感技术、孢子捕捉技术和大数据技术建立条锈病自动化监测体系,在条锈病发生流行区建立监测预警网络,对条锈菌菌源量和田间发病情况进行实时监测;通过在西北关键越夏区和越冬区遮盖小麦秸秆堆垛、春夏季铲除小麦田周边小檗或对染病小檗喷施农药等措施,阻断条锈菌的有性繁殖,降低条锈菌变异几率,减缓或阻止新的毒性小种产生,从而减轻对抗病品种的压力,延长抗病品种使用年限;通过加强早期诊断和监测,及时发现和控制传入菌源,开展秋冬季和早春"带药侦查",发现一点防治一片,并开展重点区域药剂防控,减少当地发病面积,降低外传菌源数量;在条锈病各流行区,根据不同生态区特点和条锈病流行传播路线,合理利用不同抗病基因品种，在不同区域进行布局，建立生物屏障，阻遏病菌跨区传播；在小麦穗期结合"一喷三防"措施应用，采用针对性的杀菌剂、杀虫剂、叶面肥等，对条锈病和其他病虫进行全面防控，提高防治效果，保障小麦生产安全。

"冬小麦—夏玉米周年光温高效与减灾丰产技术"以冬小麦—夏玉米周年生产中的气象灾害防御和粮食生产防灾减灾等关键问题为导向，突出关键技术集成示范，为粮食生产提供技术支撑；技术的核心是冬小麦—夏玉米全生育期内抗逆能力提升防灾技术、突发性特殊气象应答调控技术和积累性气象灾害动态减灾技术。该技术模式可以使小麦—玉米周年减损30%，周年产量增加9%。

"冬小麦播前播后双镇压精量匀播栽培技术"实行农田翻耕后直接播种，做到翻耕与播种的零衔接，锁住土壤水分，提高土壤水生产效率。一次性完成播前耙耢、播种和播后镇压，在确保小麦播种深度精准控制的同时实现了沉实土壤，增加了小麦冬季逆境抗性。该技术通过双镇压和精量匀播提高了小麦逆境抗性，培育了健壮群体，提高了土壤光温利用效率。

（4）油料。油料类种植技术共4项入选，分别是花生单粒精播节本增效高产栽培技术、酸化土壤花生"补钙降酸杀菌"施肥技术、花生主要土传病害"一选二拌三垄四防五干燥"全程绿色防控技术、花生病虫害"耕种管护"融合配套绿色防控技术（见表4-16）。

表4-16 2024年旱区粮油类油料主推技术

Table 4-16　Main technologies of oil seed in grain and oil in arid regions in 2024

技术名称	技术依托单位（第一单位）
花生单粒精播节本增效高产栽培技术	山东省农业科学院
酸化土壤花生"补钙降酸杀菌"施肥技术	山东省农业科学院
花生主要土传病害"一选二拌三垄四防五干燥"全程绿色防控技术	河南农业大学
花生病虫害"耕种管护"融合配套绿色防控技术	河南农业大学

资料来源：各省（区、市）农业农村厅网站及科研院校官网。

"花生单粒精播节本增效高产栽培技术"将花生每穴2粒或多粒播种改为每穴1粒，增加穴密度，降低植株密度，优化群体结构，是实现花生高产高效的新型播种方法。该技术可以缓解相邻植株间的竞争，使个体均匀一致、整齐健壮，充分发挥单株的生产潜力，同时，适当减少单位面积株数，植物群体结构更加合理，进而提高光合作用产物向荚果的分配率，增加经济效益。

"酸化土壤花生'补钙降酸杀菌'施肥技术"表明石灰、硅钙肥和生物有机肥能够提高酸化土壤钙含量，缓解钙胁迫，进而改善植株营养状况，增加花生整株钙含量和籽仁钙积累量，提高钙在荚果中的分配比例和钙利用效率。因此，上述3种土壤改良剂能降低针壳和营养体的干物质积累，控制花生冗余生长，提高籽仁干重和饱满度，降低空瘪率，增加出仁率，提高荚果产量。

在"花生主要土传病害'一选二拌三垄四防五干燥'全程绿色防控技术"中，"一选"是选择抗病且适宜当地花生生产的品种，并在播种前精选健康、饱满、无病虫斑的成熟花生为种子。"二拌"是在花生播种前，利用杀菌剂、杀虫剂或微肥对花生种子进行拌种，拌种通过人工或机械操作均可。"三垄"是推荐花生起垄种植，各地根据当地的情况和习惯，进行单垄和双垄的设置。"四防"是在花生生长期，根据往年发病情况和天气情况，施用杀菌剂来防控花生的白绢病、果腐病等。"五干燥"是花生成熟后及时收获和干燥，可采用田间晾晒后机械摘果，荚果晒场自然晾晒；如遇连续降雨天气，可采用通风塔、通风囤、干燥箱、干燥房等设施，及时干燥荚果，使荚果尽快降低到安全含水量以下。该技术使花生土传病害得到了有效控制，具有经济、实用、有效、环保等特点。

"花生病虫害'耕种管护'融合配套绿色防控技术"针对花生白绢病、根腐病、茎腐病、果腐病、青枯病等土传病危害问题进行研究，土壤深翻，播种期深翻土壤，一般深翻30～35厘米，降低田间病原菌基数；采用联合研制的新型种子包衣产品，对花生种子进行包衣；采用复合微生物菌剂，改善土壤微生物群落结构；采用精准高效减量施药技术，在减少施药次数的同时，提高防治效果和农药利用率。

（5）水稻。水稻种植技术共1项入选，即基于品种布局和赤眼蜂释放的水稻重大病虫害绿色防控技术（见表4-17）。

表4-17 2024年旱区粮油类水稻主推技术

Table 4-17 Main technologies of rice in grain and oil in arid regions in 2024

技术名称	技术依托单位（第一单位）
基于品种布局和赤眼蜂释放的水稻重大病虫害绿色防控技术	吉林农业大学

资料来源：各省（区、市）农业农村厅网站及科研院校官网。

"基于品种布局和赤眼蜂释放的水稻重大病虫害绿色防控技术"在建立赤眼蜂规模化繁育天敌工厂的基础上,以推广应用水稻重大害虫性信息素诱控技术和释放混合赤眼蜂防治水稻二化螟为主要技术手段,诱杀二化螟成虫,减少幼虫数量,降低虫口密度,形成全程绿色高效防控体系,实现有害生物的无害化治理,大幅减少了化学农药的使用,保护了农田生态环境。

(6)棉花。棉花种植技术共3项入选,分别是盐碱地棉花轻简抗逆高效栽培技术、"干播湿出"棉田配套栽培管理技术、新疆棉花全生育期主要病害绿色防控技术(见表4-18)。

表4-18 2024年旱区粮油类棉花主推技术

Table 4-18 Main technologies of cotton in grain and oil in arid regions in 2024

技术名称	技术依托单位(第一单位)
盐碱地棉花轻简抗逆高效栽培技术	山东省农业科学院经济作物研究所
"干播湿出"棉田配套栽培管理技术	新疆水利水电科学研究院
新疆棉花全生育期主要病害绿色防控技术	中国农业科学院植物保护研究所

资料来源:各省(区、市)农业农村厅网站及科研院校官网。

"盐碱地棉花轻简抗逆高效栽培技术"针对我国棉花生产主要依靠大量人工和肥水投入制约产业高质量发展的现实问题,以"集中成熟"为引领,系统研究了种、水、肥、密和化控等栽培手段促进棉花集中成熟和收获的机理与效果,创立了西北内陆机采棉集中成熟轻简栽培模式、黄河流域一熟春棉集中成熟轻简栽培模式、长江与黄河流域直播夏棉集中成熟轻简栽培模式,形成完整的棉花集中成熟轻简高效栽培技术体系。综合测产结果和各地反馈的示范情况,推广应用集中成熟轻简高效栽培技术体系,平均增产5%~10%、省工30%~50%、减少物化投入10%~15%。

"'干播湿出'棉田配套栽培管理技术"是指前茬作物收获后不对棉田进行冬灌、春灌,春播前直接进行耕翻整地,48小时内使用滴灌系统滴水补墒出苗的一项技术。"干播湿出"方式在轻度和中度盐渍化棉田应用可行,在播前、播后和棉花现蕾初期均具有提高土壤温度的作用,有利于棉花早播和促进棉种萌。

"新疆棉花全生育期主要病害绿色防控技术"的特点是综合抗性品种利用、生物防治、科学用药、治虫防病等技术,有效控制新疆棉花主要病害(苗病、枯黄萎病、铃病等）的发生，为持续并推动新疆棉花产业绿色高质量发展提供重要科技支撑。

（7）其他粮食作物。其他粮食作物种植技术共 1 项入选，即西北旱区马铃薯轻简高效节肥增效技术（见表 4-19）。

表 4-19　2024 年旱区粮油类其他粮食作物主推技术
Table 4-19　Main technologies of other crops and oil in arid regions in 2024

技术名称	技术依托单位（第一单位）
西北旱区马铃薯轻简高效节肥增效技术	中国农业科学院农业资源与农业区划研究所

资料来源：各省（区、市）农业农村厅网站及科研院校官网。

"西北旱区马铃薯轻简高效节肥增效技术"以西北地区肥料田间试验农学大数据为基础，通过模型模拟获得西北地区马铃薯最佳养分吸收量，揭示了土壤养分供应及肥料农学效率与产量反应的量化关系，构建了基于产量反应和农学效率的推荐施肥模型，并研发了科学轻简的养分专家系统（NE），能够实现科学施肥的"最后一公里"跨越。该技术自 2017 年以来在我国西北旱作马铃薯产区广泛应用，示范区应用该技术马铃薯产量、经济收益和氮素利用率分别平均提高了 7%～10%、7%～15% 和 10%～15%，减施氮磷化肥 20%～40%，减少氮素损失 10%～30%，减少温室气体排放 10%～15%。

4.3.1.2　蔬菜类主推技术

蔬菜是我国居民生活必不可少的重要农产品，不仅是保障人类健康和营养摄入的基础，也是提升农民收入和促进农村经济发展的关键。蔬菜业的发展进一步推动了农业生产方式的现代化，通过对蔬菜生产技术的研究，不仅能够满足日益增长的市场需求，还能有效应对全球食品安全和可持续发展的挑战。

旱区共 3 项蔬菜类技术入选主推技术，分别是设施主要果类蔬菜高畦宽行宜机化种植技术、弥粉法施药防治设施蔬菜病害技术、果木枝条替代传统木屑制作香菇和黑木耳菌棒关键技术（见表 4-20）。

表 4-20　2024 年旱区蔬菜类主推技术
Table 4-20　Main technologies of vegetables in arid regions in 2024

技术名称	技术依托单位（第一单位）
设施主要果类蔬菜高畦宽行宜机化种植技术	山东农业大学
弥粉法施药防治设施蔬菜病害技术	中国农业科学院蔬菜花卉研究所

续表

技术名称	技术依托单位（第一单位）
果木枝条替代传统木屑制作香菇和黑木耳菌棒关键技术	山东省农业科学院

资料来源：各省（区、市）农业农村厅网站及科研院校官网。

"设施主要果类蔬菜高畦宽行宜机化种植技术"针对番茄、黄瓜、甜椒等设施主要果菜种植模式多样、标准化水平低、不适合机械化作业问题，研发出高畦、宽行、宜机化种植模式。该技术模式明确了适宜番茄、黄瓜、甜椒生长的高畦规格，加厚了根区土层，改善了土壤透气性，提高了增温降湿效果；增加了行间距，改善了群体通风透光条件，提高了光能利用效率，方便了田间管理和机械作业。

"弥粉法施药防治设施蔬菜病害技术"通过精量电动弥粉机及配套研发的微粉剂，施药过程无需兑水，避免了喷雾施药增加棚室的湿度，解决了低温高湿、雨雪雾霾天气传统喷雾无法使用的问题。该技术主要用于防治灰霉病、霜霉病等设施高湿病害，防治效果能达到85%以上；采用弥粉法施药技术相同药剂用量条件下药剂作用效果提升20个百分点，减少化学农药使用量超过30%，有效降低设施蔬菜农药残留风险，显著提升蔬菜品质，为设施蔬菜高湿病害绿色轻简化防控提供了重要的技术支撑。

"果木枝条替代传统木屑制作香菇和黑木耳菌棒关键技术"利用果木枝条栽培香菇和黑木耳，原料成本降低20%以上，菌棒良品率提高10%以上，生产能耗降低15%以上，既可以充分利用丰富的废弃资源，使果农、菇农增收，又可以节约木材资源，降低食用菌生产成本，保护生态环境，具有显著的生态效益、经济效益和社会效益，是发展现代农业和循环经济的良好途径。

4.3.1.3 水果园艺类主推技术

水果园艺是农业种植生产中的一个重要组成部分，现代水果园艺也已成为综合应用各种科学技术成果来促进生产的重要领域；同时，对水果园艺生产技术的研究，也反过来对植物生理学、遗传学等的发展起着有力的促进作用。因此，水果园艺技术的发展对丰富人类营养和美化、改善人类生存环境有着重要的意义。

旱区共3项水果园艺类技术入选主推技术，分别是特色小型西瓜"两蔓一绳高密度"栽培技术、果园"三定一稳两调两保"节肥提质增效技术、基于"拟境栽培"中药材生态种植技术（见表4-21）。

旱区农业技术进展

表 4-21　2024 年旱区水果园艺类主推技术

Table 4-21　Main technologies of fruit horticulture in arid regions in 2024

技术名称	技术依托单位（第一单位）
特色小型西瓜"两蔓一绳高密度"栽培技术	北京市农业技术推广站
果园"三定一稳两调两保"节肥提质增效技术	山东农业大学
基于"拟境栽培"中药材生态种植技术	中国中医科学院中药研究所

资料来源：各省（区、市）农业农村厅网站及科研院校官网。

"特色小型西瓜'两蔓一绳高密度'栽培技术"围绕"炫彩""京彩"特色西瓜品种，开展关键配套技术试验研究，同时应用集约化育苗、蜜蜂授粉、"两蔓一绳"高密度栽培和连茬坐果五项技术，最终形成标准化种植体系。采用该技术后，小型西瓜商品果实收亩产均在 4 000 千克以上，亩产值 2.5 万元以上，亩效益在 1.25 万元以上；较常规生产亩产量增加 6.25%，亩效益增加 15% 以上。2019—2023 年，在北京地区示范推广面积达 2 000 余亩，在山东、河北、河南等省市的推广面积达 4 000 余亩，促进了整个小型西瓜产业升级发展。

"果园'三定一稳两调两保'节肥提质增效技术"针对果树生产中养分投入量大，化肥利用率低，土壤养分含量波动大、不均衡，土壤微生物群落结构不合理、果实优质果率低等问题研发提出，具体是指在果树树干两侧定时、定点、定量施用袋控缓释肥等稳态肥料，保持根区土壤养分低浓度稳定供应，进行土壤中微量元素和微生物调控，并保证生草和充足有机肥施用。运用该技术可有效地促进果树密集型根系形成，提高养分吸收利用效率，减少化肥投入量 60%～80% 以上，能够保证果园土壤养分稳定和均衡供应，改善土壤微生物群落结构，延缓叶片衰老，节约成本 31.2%，增产 8.1%，优质果率提高 20 个百分点，达到提质增效的目的，有力推动我国果树产业转型升级与提质增效，取得了显著的经济效益、社会效益和生态效益。

"基于'拟境栽培'中药材生态种植技术"针对中药材生产及质量安全相关的两大顽疾——土壤劣变造成的连作障碍及农药等外源污染物超标引起中药质量安全等，提出基于逆境效应的中药材"拟境栽培"生态种植理论，研制新技术，构建标准体系和推广应用体系，从根本上改变了中药材模仿化学农业的种植模式，对实现中药材优质和安全生产，解决或缓解中药材栽培土壤连作障碍和环境污染，确保中药材临床质量和疗效，保障中药产业可持续发展具有巨大意义。

4.3.2 养殖类主推技术

4.3.2.1 畜牧类主推技术

传统畜牧养殖中，会有大量的畜禽粪便、污水、二氧化碳等物体和气体出现，严重危害到生态环境。同时，兽药、激素等药物的滥用，导致畜产品中出现药物残留现象，威胁到人类健康。畜牧业主推技术使畜产品的质量安全得到保证，保障了食品安全，同时使畜牧养殖造成的环境污染问题得以缓解，加快推进畜牧业高质量发展。

旱区共 7 项畜牧类技术入选主推技术，分别是基因组选择提升瘦肉型猪育种效率关键技术、母猪深部输精批次化生产技术、规模化奶牛场核心群选育及扩群技术、犊牛早期粗饲料综合利用与配套技术、奶牛高湿玉米制作及利用技术、肉羊多元化非粮饲料利用和玉米豆粕减量替代技术、北方地区舍饲肉羊高效繁育技术（见表 4-22）。

中国农业大学刘剑锋教授团队系统开展了瘦肉型猪的性能测定工作、选育工作、基因组选择育种工作和育种科技项目的研发工作。通过对显性效应、加性效应和上位效应等遗传效应建模，实现原创性技术突破，构建新一代基因组选择高效评估模型，实现对杂种优势和不同品种配合力的精准预测，显著提高了瘦肉型猪的育种效率。

表 4-22　2024 年旱区畜牧类主推技术

Table 4-22　Main technologies of animal husbandry in arid regions in 2024

技术名称	技术依托单位（第一单位）
基因组选择提升瘦肉型猪育种效率关键技术	中国农业大学
母猪深部输精批次化生产技术	北京市农林科学院畜牧兽医研究所
规模化奶牛场核心群选育及扩群技术	山东省农科院畜牧兽医研究所
犊牛早期粗饲料综合利用与配套技术	中国农业大学
奶牛高湿玉米制作及利用技术	北京农学院
肉羊多元化非粮饲料利用和玉米豆粕减量替代技术	中国农业科学院饲料研究所
北方地区舍饲肉羊高效繁育技术	西北农林科技大学

资料来源：各省（区、市）农业农村厅网站及科研院校官网。

"母猪深部输精批次化生产技术"是一套完整、高效、可控的技术体系,涉及母猪发情周期同步化、同期发情、同步排卵、定时输精、同步分娩等繁殖调控技术,利用生物技术手段有计划地实施母猪批次化繁殖生产,从而实现猪场生长猪的"全进全出"批次化生产。

"规模化奶牛场核心群选育及扩群技术"对泌乳牛产奶量、乳成分、乳中体细胞等指标进行测定,针对奶牛体型外貌进行数量化处理,根据育种目标有目的、有计划地选择公母牛进行交配,以期产生更理想后代,在核心群内使用优质性控冻精,能增加优秀母犊的数量,保证牛群数量的稳定增长。

"犊牛早期粗饲料综合利用与配套技术"的核心要点包括犊牛早期粗饲料品种选择、饲喂方式、配套饲养方案三个方面,针对犊牛成活率低、发病率高,犊牛生理阶段养殖技术标准化程度低的产业问题,创新建立了犊牛早期粗饲料综合利用与配套技术,解决了困扰行业的百年争议。

"奶牛高湿玉米制作及利用技术"聚焦高湿玉米制作工艺、质量分级以及高湿玉米饲喂效果的理论研究和产业应用,对比传统干贮玉米和压片玉米,高湿玉米具有节省烘干和蒸汽压片费用、保存时间长、饲料利用率高、成本低、操作方便等特点,高湿玉米青贮被认为是保存饲料和防止霉变、营养流失的最优方法之一。

"肉羊多元化非粮饲料利用和玉米豆粕减量替代技术"以氨基酸平衡技术为核心,配套杂粕和非蛋白氮在精料配制中的应用、非常规饲料配方配制、秸秆高效综合利用等技术,有利于在现代养殖模式下充分发挥上述饲料资源的营养价值,通过精准营养供给,降低玉米在肉羊育肥期的使用比例,使用杂粕替代豆粕,同时保证育肥效率,实现节本增效。

"北方地区舍饲肉羊高效繁育技术"针对北方地区圈舍投入大、单胎产仔率低、集约化程度低、产业链不健全等问题,通过集成整合基因组早期选择技术、繁殖母羊常年均衡营养技术、哺乳期母子一体化营养管理技术、哺乳后期短期优饲、哺乳羔羊早期补饲等技术,形成了肉羊两年三胎、一胎多羔的高效繁殖技术体系,实现了绒山羊和滩羊"235"高效繁殖生产,使肉羊母羊繁殖效率显著提高。

4.3.2.2 兽医类主推技术

兽医公共卫生关系到人类健康、经济发展、环境保护和社会稳定。兽医科学在公共卫生、生物医学研究、生态系统管理、食品和农业系统以及伴侣动物、野生动物、外来动物和食用动物的健康保障方面负有重要和直接责任。因此，注重兽医科学的发展，对解决当前和未来世界性卫生与安全问题至关重要。

旱区共 2 项兽医类技术入选主推技术，分别是非洲猪瘟无疫小区生物安全防控关键技术、围产期奶牛代谢健康监测及群体保健技术（见表 4-23）。

表 4-23　2024 年旱区兽医类主推技术
Table 4-23　Main technologies of veterinary medicine in arid regions in 2024

技术名称	技术依托单位（第一单位）
非洲猪瘟无疫小区生物安全防控关键技术	山东曹县牧原农牧有限公司
围产期奶牛代谢健康监测及群体保健技术	中国农业大学

资料来源：各省（区、市）农业农村厅网站及科研院校官网。

"非洲猪瘟无疫小区生物安全防控关键技术"采用"大规模、一体化、全自养"模式，所有养殖场区及其附属设施全部配套齐全，无外部输入生猪、饲料等。该技术不仅有效阻止了非洲猪瘟传入，而且大大降低了生猪其他类疾病的发生与传播，提高了生猪养殖产业化水平，对我国其他地区非洲猪瘟无疫小区建设及生猪养殖管理具有一定参考意义。

"围产期奶牛代谢健康监测及群体保健技术"从体况、能量代谢稳态、离子代谢稳态、酸碱代谢稳态、炎症和氧化应激代谢稳态 5 个标准方面评估了围产期奶牛的健康，利用这些标准可有效预防围产奶牛常见的酮病、产乳热、瘤胃酸中毒等代谢病。围产期奶牛健康管理包括饲养管理、营养管理和兽医保健三个方面，围产期的保健方案包括产前 21 天补饲胆碱、糖钙等，产后补饲钙棒、氨基酸、保健液等，养殖者根据四维度稳态平衡做好检测、管理、营养和保健四大工作，将有效降低奶牛的死淘率和发病率。

4.3.2.3　水产类主推技术

随着全球人口的增长和消费者对健康食品需求的不断提升，水产养殖业面临着前所未有的发展机遇与挑战。水产养殖技术的创新和发展变得尤为重要，这些技术的推广和应用，不仅可以显著提高水产养殖的产量和质量，还能有效降低对环境的负面影响，实现经济效益与生态效益的双重提升。

旱区共 2 项水产类技术入选主推技术，分别是鱼菜共生生态种养循环技术、低能耗循环水养殖关键技术（见表 4-24）。

表 4-24 2024 年旱区水产类主推技术

Table 4-24 Main technologies of aquatic products in arid regions in 2024

技术名称	技术依托单位（第一单位）
鱼菜共生生态种养循环技术	农政齐民科技（天津）有限公司
低能耗循环水养殖关键技术	中国水产科学研究院黄海水产研究所

资料来源：各省（区、市）农业农村厅网站及科研院校官网。

"鱼菜共生生态种养循环技术"利用大数据控制的鱼菜共生技术进行养鱼种菜，是一套高产能、低成本、无污染、无农残的封闭式生态可循环的鱼菜共生智慧工厂生产体系，已成功种植蔬菜60余个品种，养殖食用鱼和观赏鱼30余个品种，是一种实现商业化鱼菜共生的养殖技术。

"低能耗循环水养殖关键技术"针对陆基工厂化水处理设施设备成本高、耦合性差和养殖系统运行能耗高、稳定性差等技术瓶颈，采用自主研发设施设备构建了低能耗工厂化循环水养殖系统，具有造价低、运行能耗低、运行平稳等显著特点，可实现95%的养殖用水循环利用，经济效益提高30%以上，充分发挥了循环水养殖系统在高效、节水、节能方面的技术优势。

4.3.3 资源环境类主推技术

资源与环境是人类赖以生存与发展的物质基础，近年来，面对资源枯竭、环境恶化等问题，国家大力支持资源与环境类技术的创新应用，各类创新技术在环境保护、资源利用、污染治理等领域发挥了重要的作用，为资源环境可持续性发展提供了有力的支撑。

旱区共11项资源环境类技术入选主推技术，分别是东北黑土区耕地增碳培肥技术、瘠薄黑土地心土改良培肥地力提升技术、东北黑土区有机物料深混还田构建肥沃耕层技术、东北半干旱风沙区生物耕作防蚀增碳培肥技术、农业有机固废酶解高效腐熟关键技术、盐碱地水田"三良一体化"丰产改良技术、盐碱耕地耕层控水培肥适种综合治理技术、旱作农田拦提蓄补"四位一体"集雨补灌技术、设施蔬菜残体原位还田＋高温闷棚土壤处理技术、"控—减—用"设施菜地面源污染防控技术、寒旱区农村改厕及粪污资源化利用技术（见表4-25）。

表 4-25　2024 年旱区资源环境类主推技术

Table 4-25　Main technologies of resources and environment in arid regions in 2024

技术名称	技术依托单位（第一单位）
东北黑土区耕地增碳培肥技术	沈阳农业大学
瘠薄黑土地心土改良培肥地力提升技术	黑龙江省农业科学院
东北黑土区有机物料深混还田构建肥沃耕层技术	中国科学院东北地理与农业生态研究所
东北半干旱风沙区生物耕作防蚀增碳培肥技术	内蒙古大学
农业有机固废酶解高效腐熟关键技术	农业农村部环境保护科研监测所
盐碱地水田"三良一体化"丰产改良技术	中国科学院大安碱地生态试验站
盐碱耕地耕层控水培肥适种综合治理技术	内蒙古自治区农牧厅
旱作农田拦提蓄补"四位一体"集雨补灌技术	西北农林科技大学
设施蔬菜残体原位还田＋高温闷棚土壤处理技术	河南科技学院
"控—减—用"设施菜地面源污染防控技术	农业农村部环境保护科研监测所
寒旱区农村改厕及粪污资源化利用技术	农业农村部规划设计研究院

注：内蒙古自治区农牧厅是"盐碱耕地耕层控水培肥适种综合治理技术"的技术推荐单位。
资料来源：各省（区、市）农业农村厅网站及科研院校官网。

"东北黑土区耕地增碳培肥技术"针对东北地区旱田耕地变薄、变硬、变瘦三大问题，研究出了东北地区玉米秸秆集中深还田快速改土培肥技术，该技术以提升地力水平为核心，通过秸秆隔年错位交替翻埋还田，打破犁底层改善耕层土壤结构，秸秆集中腐解快速提高土壤有机质含量，促进肥沃耕层构建，解决了当前常规秸秆翻埋还田动土面积大、耕层土壤易失墒影响春播、秸秆还田难等农业生产实际问题，以调控"土壤有机质和耕层厚度"为双靶标的土壤培肥机理，创建了耕地质量提升"四位一体"技术模式。

"瘠薄黑土地心土改良培肥地力提升技术"揭示了瘠薄黑土耕地产能限制因子及改土机制，突破单项技术，研发了物理、化学和生物措施一体化的改土培肥技术模式，创制了瘠薄黑土专用改土培肥系列机械，对我国粮食产能跃升具有十分重要的支撑作用。

"东北黑土区有机物料深混还田构建肥沃耕层技术"通过机械的方法将秸秆和有机肥深混到 0~35 厘米的土层中，形成一个深厚肥沃的耕作层。据《东北黑土地白皮书》，经过肥沃耕层构建技术的农田，玉米和大豆能分别增产10.5%和11.3%甚至更多。

"东北半干旱风沙区生物耕作防蚀增碳培肥技术"针对半干旱风沙区水资源短缺、风蚀严重、作物产量低而不稳、用养不协调等突出问题，探明固土培肥与抗旱丰产协同机制及路径，突破农田防风固土、土壤增碳培肥、作物抗旱丰产栽培等关键技术，创制新型微生物菌肥和功能性土壤调理剂等系列产品，集成固土培肥与抗旱丰产协同技术模式，为区域黑土地保护与利用提供科技支撑。

"农业有机固废酶解高效腐熟关键技术"是一种基于生物酶促降解快速发酵的新技术方法，将农业有机固废进行高温（80℃）酶解，产品达到《有机肥料》（NY/T 525—2021）标准要求，可将传统的条垛式或槽式发酵20天缩短至3小时，减少物料氮损失30%以上，杀灭病原微生物99%以上，提升肥料有机质含量10%～30%，减少发酵工程占地80%～90%。该技术有效解决了传统好氧发酵工艺存在的降解效率低、发酵周期长、设施设备占地面积大、温室气体和恶臭产排量大、氮素损失严重、工艺适应性差等行业瓶颈问题，适合畜禽粪污、秸秆、菌渣菌棒、尾菜等单一或混合农业有机固废的高效转化。

"盐碱地水田'三良一体化'丰产改良技术"针对东北重度苏打盐碱地（碱地）治理，创建了"大安模式"，即"良田＋良种＋良法"三良一体化盐碱地高效治理与综合利用技术模式。其中，良田是基础、良种是关键、良法是手段，良法包括农机、农艺、农技等生产工具与种植技术。以低成本酸性磷石膏高效土壤改良剂、耐盐碱作物品种和密植高产栽培技术为核心的"良田＋良种＋良法"三良一体化系统施策、标本兼治，三者缺一不可。该技术能够推动实现盐碱地由低产变中产、中产变高产、高产再高产的转变，开发利用潜力巨大。

"盐碱耕地耕层控水培肥适种综合治理技术"团队基于沿黄灌区不同区域盐碱类型多样、程度复杂、土壤盐分含量高、质地黏重、耕层土壤脱盐困难、地下水位高、土壤结构差、有机质及养分含量低、土壤次生盐渍化严重等问题，研发出针对不同程度盐碱地综合治理技术，即以地力培育全耕层熟化与节水控肥增效为核心的轻度盐碱化耕地治理技术；以灌排工程优化与水肥盐调控为核心，辅以改土培肥亚耕层熟化的中度盐碱化耕地治理技术；以灌排配套与耐盐适盐作物鉴选为核心，配套农艺、化学、生物等措施的重度盐碱化耕地治理技术。这些技术构建并熟化了以盐碱化耕地改土培肥与产能提升为核心的分级分类治理集成技术模式，取得了重大创新和突破。

"旱作农田拦提蓄补'四位一体'集雨补灌技术"针对旱区降雨时空分配不均、农田水分供应不足和降水利用效率不高等问题，开发出"沟道坝拦水（拦）+光伏发电提水（提）+水窖高位蓄水（蓄）+节水灌溉补水（补）"的"四位一体"集雨补灌技术，显著提升粮食作物和经济林果产量与水分利用效率，有效缓解了干旱缺水这一制约旱作农田产能提升的难题。

"设施蔬菜残体原位还田+高温闷棚土壤处理技术"首先是将设施内废弃蔬菜秸秆原地进行粉碎，然后添加适量的秸秆腐熟菌剂并实施土壤翻耕，在灌水后实施高温闷棚15～20天，致使这些蔬菜秸秆彻底腐熟和无害化。该项技术解决了废弃蔬菜秸秆堆放或焚烧造成的环境污染问题和设施蔬菜秸秆处理难的问题，能增加土壤有机质含量和培肥地力，通过高温闷棚有效杀灭设施土壤中的有害生物，克服设施蔬菜连作障碍，并在原阳县、获嘉县、滑县、新乡县等多地示范应用，得到了较好的生态效益、社会效益和经济效益，具有广阔的推广应用前景。

"'控—减—用'设施菜地面源污染防控技术"针对设施菜地氮磷淋失严重、废弃物资源化利用率低、生态防控技术集成度低等问题，在国家重点研发计划项目"农田氮素地下淋溶自动监测技术装备研发及产业化""黄淮海北部集约化农区面源污染发生过程与调控机制"等的支持下，以控制施肥量、节水、转化利用废弃物为核心，集成养分投入总量控制技术、灌水定额减量技术、炭基缓释肥料、微灌节水装置、蔬菜生产废弃物肥料化、基质化等技术产品，构建了多层级氮淋溶防控技术模式，形成点面结合的精准立体化防控体系。集成的"控—减—用"菜地面源污染防控技术模式，在蔬菜主产区建立示范区5 600亩，经示范验证，技术覆盖区氮、磷养分投入量分别减少37.5%、49.6%，季末土壤氮、磷残留量分别降低36.7%、38.4%，氮、磷淋溶损失量削减42.9%、37.5%，废弃物消纳利用率均达95%以上，生态效益、经济效益和社会效益显著提升。该技术打通了污染发生源头、扩散过程、归趋末端等环节，有效削减氮磷养分投入，控制氮磷水体流失，实现蔬菜清洁生产。

"寒旱区农村改厕及粪污资源化利用技术"围绕寒旱区卫生厕所节水防冻能力差、臭味控制难、粪污资源化利用水平低等难题，研发了雨水回用、太阳能耦合厕屋（粪池）供暖等节水防冻技术，高效生物、物理除臭防臭技术，研制了双坑交替和粪尿分集 2 种改造升级厕所，免水冲堆肥式卫生旱厕和循环水冲 2 种新型厕所。技术成果在青海、甘肃等多地示范应用，提升了农村人居环境和农民幸福感。

4.3.4 贮运加工类主推技术

农业领域中的贮运加工对整个农产品的生产、供应链管理以及最终的消费具有极其关键的作用。贮运加工技术能够有效延长农产品的保质期，减少运输和储存过程中的损失，提高产品的市场竞争力，同时增加农民的经济收益，确保消费者可获得安全、新鲜的食品，对促进农业产业的可持续发展具有关键作用。

旱区共 3 项贮运加工类技术入选主推技术，分别是玉米和杂粮健康食品加工与品质提升关键技术、玉米花生烘储真菌毒素防控与分级利用关键技术、果品商品化高效处理与贮藏物流精准管控技术（见表 4-26）。

表 4-26　2024 年旱区贮运加工类主推技术

Table 4-26　Main technologies of storage, transportation and processing in arid regions in 2024

技术名称	技术依托单位（第一单位）
玉米和杂粮健康食品加工与品质提升关键技术	吉林农业大学
玉米花生烘储真菌毒素防控与分级利用关键技术	中国农业科学院农产品加工研究所
果品商品化高效处理与贮藏物流精准管控技术	济南果品研究所贮藏保鲜技术研究中心

资料来源：各省（区、市）农业农村厅网站及科研院校官网。

"玉米和杂粮健康食品加工与品质提升关键技术"通过多级变温挤出质构重组、匀化脱水、微波热风耦合干燥与场辅助复合抗老化等技术，有效提高玉米和杂粮食品品质，实用性强，技术成果在全国玉米杂粮主产区多家企业转化应用，累计为企业创造新增销售收入 17.42 亿元。

"玉米花生烘储真菌毒素防控与分级利用关键技术"团队发明了玉米自适应换向通风干燥技术，创制了玉米专用系列自适应换向通风干燥装备，解决了玉米收获真菌毒素防控难题；发明了玉米储藏真菌毒素绿色防控技术和真菌污染快速可视化检测技术，解决了玉米储藏真菌毒素防控难题；发明了玉米无损检测和智能分选技术和装备，创新了玉米及其制品真菌毒素臭氧和生物降解安全脱毒技术，实现了毒素污染玉米的高效分级利用。

"果品商品化高效处理与贮藏物流精准管控技术"构建了"适时采收＋产地处理＋绿色保鲜＋功能包装＋精准贮藏＋冷链流通"的一体化产业模式并应用,解决了果实采后品质劣变及其调控机制不明、品质劣变无法精准控制、绿色防病保鲜技术产品缺乏、预冷处理能耗高效率低、供应链信息不透明智能化程度弱、果品供给半径小损耗高成本高等一系列技术和产业难题,实现了果品采后保质、减损、增效。

4.3.5 现代农业类主推技术

4.3.5.1 农业机械装备类主推技术

发展农业机械装备类技术,积极推进良种、良法、良机集成配套,促进农机农艺深度融合创新发展,能够显著提高土地产出率、劳动生产率和资源利用率,加快农业机械化全程、全面、高质量发展,是提升我国农业国际竞争力的现实选择,为农民增产增收打下坚实基础。

旱区共 8 项农业机械装备类技术入选主推技术,分别是玉米膜侧播种艺机一体化技术、小麦无人机追施肥减量增效技术、辣椒机械化移栽和采收关键技术、苹果生产宜机化建园与机械化配套关键技术、冬小麦机械化镇压抗逆防灾技术、黑土地保护性耕作机械化技术、玉米局部定向调控机械化施肥技术、玉米机械籽粒收获高效生产技术(见表 4-27)。

表 4-27 2024 年旱区农业机械装备类主推技术

Table 4-27 Main technologies of agricultural machinery and equipment in arid regions in 2024

技术名称	技术依托单位(第一单位)
玉米膜侧播种艺机一体化技术	山西农业大学
小麦无人机追施肥减量增效技术	山东科大集团
辣椒机械化移栽和采收关键技术	包头市农牧科学技术研究所
苹果生产宜机化建园与机械化配套关键技术	河北农业大学
冬小麦机械化镇压抗逆防灾技术	河北农业大学
黑土地保护性耕作机械化技术	黑龙江省农业机械化技术推广总站
玉米局部定向调控机械化施肥技术	中国农业大学
玉米机械籽粒收获高效生产技术	中国农业科学院作物科学研究所

注:"玉米局部定向调控机械化施肥技术"暂未从官方网站或网络中获得相关介绍。
资料来源:各省(区、市)农业农村厅网站及科研院校官网。

"玉米膜侧播种艺机一体化技术"将农机农艺有机结合，采用地膜不开沟微拱形铺设、膜侧精量播种的方式，一次性完成土壤整形、施肥、地膜和滴灌带铺设、播种、镇压等工序，有效规避了传统覆膜种植方式造成的出苗易板结、缺苗多、不整齐、抠苗放苗投工大、作业速率低、地膜回收难等问题，较常规覆膜种植方式出苗率提高15%以上，作业速度提高2~3倍，节约地膜25%，平均亩增产10%以上，残膜回收率达到95%，亩节本增效200元以上。

"小麦无人机追施肥减量增效技术"以先进的无人机遥感技术和精准施肥策略为基础，通过无人机搭载的先进传感器和高精度定位系统，对春季小麦的生长发育状况进行全面监测和分析，获取准确的农田信息。技术应用过程中，通过对数据的处理和模型的建立，能够精准确定农田的肥料追加量和施肥时间，为农民提供科学的种植建议和决策支持；根据数据分析结果形成施肥处方图，智能化系统能够精准地控制无人机的施肥装置，实现不同区域和地块的变量施肥，根据实际需求进行精细化调控。

"辣椒机械化移栽和采收关键技术"针对辣椒产业发展面临的人工成本高昂、劳动力短缺及效率低下等问题，集成了早熟宜机品种、标准化育苗、全过程机械化为基础的新型辣椒生产技术体系。与传统栽培相比，减少化肥农药使用量10%左右，亩均节约成本100~200元，解决了西北地区移栽窗口期短、制约产业发展的难题，在西北及内蒙古地区3年累计推广60余万亩，新增社会经济效益达1.2亿元以上，有效缩短了移栽和收获的时间，提高了作业效率，为内蒙古西部地区加工辣椒产业提供了新的种植模式。

"苹果生产宜机化建园与机械化配套关键技术"通过分析苹果全程机械化发展的制约因素，提出了基于滩涂、丘陵、山地等不同立地条件的苹果种植宜机化建园和全程机械化配套技术要点，在全国苹果主产区建立了12处机械化示范园，机械应用率超过85%。该技术的实施减少了果园用工，减轻了劳动强度，提高了苹果生产效率、品质和效益，同时有利于改善果园生态和保护环境，促进了我国苹果产业绿色、高效、高质量发展。

"冬小麦机械化镇压抗逆防灾技术"强化"七分种、三分管"的思想，通过播期匹配、精准科学施肥、精量精细播种、适期高质量镇压，依据生态条件、地力、生产水平和生产表现，选择高产、稳产、节水、抗逆性强的品种，有效控制土传、种传病害，增施有机肥替代部分化肥，提高耕层有机质含量，合理镇压保墒抗逆，达到良种良法配套、农机农艺融合。

"黑土地保护性耕作机械化技术"基于黑龙江省土壤保护利用及农业特点，围绕"一翻两免"轮耕技术模式，因地制宜提出了适于黑土秸秆全量原位覆盖、秸秆全量条带少耕覆盖、秸秆全量条带归行覆盖、秸秆少量覆盖等保护性耕作技术集成模式，突破了黑龙江省秸秆覆盖量大、干旱少雨、低温冷凉等制约因素，解决了不同区域实施秸秆覆盖免耕播种的技术难题，为保护性耕作提供了科学的技术支撑和装备支持。

"玉米机械籽粒收获高效生产技术"针对收获时籽粒含水率高、收获质量差以及"一机多用"的技术难题，集成创新了宜粒收品种选择与布局、合理密植、保健栽培、适期收获、烘干存储等关键技术，实现玉米田间机械籽粒直收，推动了玉米收获向高效率、高质量发展，是当前玉米生产转方式、增效益和提升竞争力的重要途径与技术。

4.3.5.2 智慧农业类主推技术

智慧农业技术代表了现代农业发展的新方向，它融合了物联网、大数据、云计算、人工智能等前沿科技，旨在提高农业生产的智能化水平，优化资源配置，提升生产效率和质量。通过智慧农业技术的应用，可以实现作物生长的实时监控、智能诊断与决策支持，降低环境污染，保障农产品质量和安全。

旱区共4项智慧农业类技术入选主推技术，分别是温室精准水肥一体化技术、肉鸡数智化环控立体高效养殖技术、农业AI大模型人机融合问答机器人服务技术、蛋鸡叠层养殖数字化巡检与绿色低碳环控技术（见表4-28）。

表4-28 2024年旱区智慧农业类主推技术

Table 4-28 Main technologies of smart agriculture in arid regions in 2024

技术名称	技术依托单位（第一单位）
温室精准水肥一体化技术	农业农村部规划设计研究院
肉鸡数智化环控立体高效养殖技术	天津农学院
农业AI大模型人机融合问答机器人服务技术	北京市农林科学院
蛋鸡叠层养殖数字化巡检与绿色低碳环控技术	郑州远卓农牧设备有限公司

资料来源：各省（区、市）农业农村厅网站及科研院校官网。

"温室精准水肥一体化技术"的研究自 2015 年启动,现已形成了系列化温室水肥一体化配施肥装备,采用电导率(EC)、酸碱度(pH)在线检测、闭环控制方法,创新研发记忆整定 PID 控制算法,实现在线精准配肥,EC 调整误差 < 0.1mS/cm,pH 调整误差 < 0.05。该技术成果经评价达国际先进水平,先后在贵州、河北、山东、新疆、山西等 10 个省(区、市)推广应用,为设施水肥高效利用提供了重要技术与装备支撑。

"肉鸡数智化环控立体高效养殖技术"运用物联网技术实现对肉鸡生产环境现场与远程自动监控,基于大数据技术强化对肉鸡疫情与质量安全预警,集成的云平台可以实现对肉鸡养殖、屠宰加工和销售全过程追溯,研发的肉鸡智能巡检机器人实现了对养殖环境的立体监测和调控,在巡检过程中能智能识别非正常状态肉鸡并预警。该技术将新一代信息技术综合运用于肉鸡生产监测识别、环境控制与质量溯源,拓展了计算机科学技术学科应用领域,推动了交叉学科发展,从根本上解决了笼养模式肉鸡养殖数据精准监测与控制、疫病防控以及精准化管理等问题,促进了肉鸡养殖业产业向数字化、网络化、智能化的发展,为无人化肉鸡养殖提供了技术支撑。

"农业 AI 大模型人机融合问答机器人服务技术",以"农科小智"为品牌,通过电脑端、手机端软件系统面向农技员、农户等群体,开展日常生产问题全天候智能自动应答。将智能问答服务和专家指导送到田间地头,使农业用户能够直接获取农业生产问题的专业咨询解答。该技术在促进农业科技成果转化的同时,有效提升了蔬菜、果树、生态养殖等地方特色产业的产出效益,为乡村产业振兴提供了及时有效的科技支撑。

"蛋鸡叠层养殖数字化巡检与绿色低碳环控技术"采用智能环控系统、叠层蛋鸡自动化设备等数字化智能控制,实现自动化温控、上料、喂料、饮水、清粪、捡蛋、清洗、标签、鸡蛋分级、包装等功能自动化控制,为鸡提供了一个舒适的环境,使鸡的产蛋率在饲养过程中得到提升,促进蛋鸡养殖产业发展向现代化、标准化、智能化和经营管理的市场化、集约化过渡。

4.4 旱区农业重点技术进展

为深入学习贯彻党的二十大精神,深入领会习近平新时代中国特色社会主义思想，全面实施科教兴国战略、人才强国战略、创新驱动发展战略，充分发挥科技创新引领示范和战略支撑作用，各省（区、市）人民政府或科技厅设立了省级科学技术奖励，以表彰为本省科学技术进步、经济社会发展作出杰出贡献的个人和组织。为加快农业先进适用技术推广应用，提升科技对农业高质量发展的支撑引领作用，各省（区、市）人民政府或科技厅会评选、确定农业领域的奖励项目，以促进本省的农业技术进步。本节将介绍旱区各省（区、市）颁布的2023年度省级科学技术进步一等奖的农业领域各项获奖技术（内蒙古自治区、黑龙江省、西藏自治区的科学技术奖励相关文件暂未从其官方网站中获得）。

4.4.1 华北地区农业领域获奖技术

4.4.1.1 北京市农业领域获奖技术

根据《北京市科学技术奖励办法》，经北京市科学技术奖励评审委员会评审、科学技术奖励委员会审定，北京市人民政府发布《关于2023年度北京市科学技术奖励的决定》，共评选出2023年度北京市科学技术进步一等奖31项，其中农业领域的项目2项（见表4-29）。

表4-29 2023年度北京市科学技术进步一等奖农业领域技术
Table 4-29 Agricultural technology in the first Prize of Science and Technology Progress of Beijing in 2023

技术名称	技术依托单位（第一单位）
农产品危害因子靶向识别材料库构建和速测关键技术开发及应用	中国农业科学院
华西牛新品种培育与联合育种创新应用	中国农业科学院

注："农产品危害因子靶向识别材料库构建和速测关键技术开发及应用"暂未从官方网站或网络中获得相关技术介绍。
资料来源：北京市人民政府官网。

中国农业科学院北京畜牧兽医研究所牛遗传育种科技创新团队组织全国优势育种队伍，持续多年协同攻关，并在多个省（区、市）进行示范推广，育成了肉牛新品种"华西牛"。"华西牛"是大家畜育种的一个重大代表性成果。在种群性能上，该品种具有生长速度快、适应性强的优势；在核心技术上，实现了全基因组选择技术的突破；在组织机制上，成立了育种联合会并以实体形式运行，有机整合了育种企业、科研机构等优势单位力量。这项技术将有效提升肉牛种业竞争力，对推动产业发展、农牧民增收具有深远意义。

4.4.1.2 天津市农业领域获奖技术

根据《天津市科学技术奖励办法》《天津市科学技术奖励办法实施细则》《天津市深化科技奖励制度改革方案》有关规定，经市科学技术奖评审委员会评议、市科技局审核，市人民政府发布《天津市人民政府关于颁布2023年度天津市科学技术奖的决定》，共评选出2023年度天津市科学技术进步一等奖10项，其中农业领域的项目1项（见表4-30）。

表4-30 2023年度天津市科学技术进步一等奖农业领域技术
Table 4-30 Agricultural technology in the first Prize of Science and Technology Progress of Tianjin in 2023

技术名称	技术依托单位（第一单位）
特色浆果绿色精准保鲜关键技术创新及应用	天津市农业科学院

资料来源：天津市人民政府官网。

针对特色浆果流通中保鲜保质影响因素及品质劣变控制机理不清、流通专用保鲜装备及关键技术缺乏、保鲜流通技术标准和服务体系不完善等共性问题，以及浆果专用保鲜技术参差不齐的个性问题，天津市农业科学院及其团队通过对浆果品质劣变机制的机理解析，开发了多种绿色精准保鲜技术，研创了相关配套的保鲜装备及材料，构建了"微环境精准调控＋绿色精准保鲜＋多功能包装"的特色浆果流通保鲜技术体系，突破了绿色保鲜技术产业化应用的技术瓶颈，其成果在天津、浙江、广东、内蒙古、新疆等地进行规模化示范应用和推广，延长浆果保鲜期20%以上，总损耗降低18%。该技术促进了我国浆果绿色冷链流通保鲜技术的升级，实现了浆果冷链流通保鲜的绿色化和精准化，推动了特色浆果产业节本减损、提质增效，为乡村振兴注入新活力。

4.4.1.3 河北省农业领域获奖技术

根据《河北省科学技术奖励办法》和《河北省科学技术奖励办法实施细则》的规定，经省科学技术奖总评审，报请省政府批准，河北省科学技术厅发布《关于2023年度河北省科学技术奖总评审结果的公告》，共评选出2023年度河北省科学技术进步一等奖23项，其中农业领域的项目3项（见表4-31）。

表 4-31　2023 年度河北省科学技术进步一等奖农业领域技术

Table 4-31　Agricultural technology in the first Prize of Science and Technology Progress of Hebei Province in 2023

技术名称	技术依托单位（第一单位）
板栗优异资源挖掘、高效育种技术创新与新品种培育应用	河北省农林科学院昌黎果树研究所
统筹农业生产与地下水压采的综合节水技术体系创新与应用	中国科学院遗传与发育生物学研究所农业资源研究中心
京津冀蔬菜水肥高效生产及多模式精量管理技术	河北省农林科学院农业信息与经济研究所

注："统筹农业生产与地下水压采的综合节水技术体系创新与应用"暂未从官方网站或网络中获得相关技术介绍。

资料来源：河北省科学技术厅官网。

河北省农林科学院昌黎果树研究所板栗研究室经过 20 余年持续科技攻关，突破了优质种源短缺这一产业"卡脖子"问题，攻克了杂交组合选配盲目、实生苗结果晚、抗性苗期选择难等技术难题，构建起较为成熟的板栗高效育种技术体系，育成了"燕"字系列优质高产高抗良种，研发出早果、丰产、优质、轻简栽培技术体系。现在新品种的生产栽培面积已经突破 200 万亩，年产值达 30 亿元以上，河北省板栗产业良种率由之前的不足 30% 达到目前的 70% 以上。良种的大规模应用，为河北板栗产业良种化、高质高效化发展提供坚实的"种源+技术"支撑，在助力农民增收的同时，也为改善山区生态环境发挥了重要作用。

"京津冀蔬菜水肥高效生产及多模式精量管理技术"针对京津冀区域蔬菜生产用水多、水资源匮乏及技术模式不匹配等问题，历经 13 年研究，针对蔬菜浅根系特点，建立了 7 种不同类型蔬菜"同位同步"灌溉施肥指标体系，提出了水肥资源高效利用技术路径。研发出蔬菜覆盖减蒸加根水肥苗"同位同步"、设施黄瓜"缩株距增密度"、设施甜瓜"去叶调株"水肥高效利用 3 项关键技术，形成了 20 套水肥高效利用技术模式，社会效益、经济效益、生态效益显著。

4.4.1.4　山西省农业领域获奖技术

根据《山西省科学技术奖励办法》的规定，经省科学技术奖励评审委员会评审，省科学技术奖励委员会审定，省政府批准，山西省人民政府发布《山西省人民政府关于 2023 年度山西省科学技术奖励的决定》，共评选出 2023 年度山西省科学技术进步一等奖 18 项，其中农业领域的项目 4 项（见表 4-32）。

表 4-32 2023 年度山西省科学技术进步一等奖农业领域技术
Table 4-32 Agricultural technology in the first Prize of Science and Technology Progress of Shanxi Province in 2023

技术名称	技术依托单位（第一单位）
煤矸石充填造地及其沃土耕层构建技术与应用	山西农业大学
食用菌精深加工关键技术研发及应用	山西农业大学
高产多抗广适小麦新品种品育 8012 的选育及应用	山西农业大学
山西省第四次全国中药资源普查及普查成果数字化建设	山西中医药大学

注："煤矸石充填造地及其沃土耕层构建技术与应用"暂未从官方网站或网络中获得相关技术介绍。
资料来源：山西省人民政府官网。

"食用菌精深加工关键技术"通过质构控制技术、风味模拟技术、超声波辅助技术、高聚络合沉淀技术、超声辅助低共溶溶剂技术、精准量化技术、复配重组技术和稳态化加工技术等，实现食用菌产品高质化加工、功能成分高值化利用、功能原料向功能产品升级，解决了食用菌精深加工中存在原料加工特性不明、特征风味物质解析不足、功能因子提取效率低、功能作用机制不清、加工技术精准度不够、低质化同质化严重等关键技术问题，在推动食用菌产业提质增效方面具有重要作用。

山西农业大学小麦研究所选育的优质水地小麦品种"品育 8012"，作为省农业农村厅连续 3 年的主推品种，具有抗旱节水、耐热、耐低温、近免疫白粉病、发育稳健、高产稳产等特点，对气候变化的适应较好，受到专家、企业和农民的一致好评，是小麦育种研发技术上的突破。"品育 8012"能够经受住多种自然灾害的考验，是能扛起粮食安全重任的小麦新品种，助力种植户丰产、增收。

山西中医药大学对山西省第四次全国中药资源普查数据进行了系统梳理和分析，建设了"山西省中药资源品种分布信息库""山西省中药资源中药标本信息库""山西省中药资源电子影像数据库""山西省中药资源相关传统知识数据库"和"山西省中药材栽培数据库"这 5 个数字化信息库，制定了 40 个县域中药材产业发展规划。该项成果对中药资源开发利用专业人才队伍建设、推动山西省中药材产业高质量发展具有重要的学术参考价值和指导意义。

4.4.2 东北地区农业领域获奖技术

4.4.2.1 辽宁省农业领域获奖技术

根据《辽宁省科学技术奖励办法》有关规定，辽宁省科学技术厅发布《2023年度辽宁省科技奖受理项目公示》，共评选出2023年度辽宁省科学技术进步一等奖156项，其中农业领域的项目13项（见表4-33）。

表4-33 2023年度辽宁省科学技术进步一等奖农业领域技术
Table 4-33 Agricultural technology in the first Prize of Science and Technology Progress of Liaoning Province in 2023

技术名称	技术依托单位（第一单位）
高效甲氧基丙烯酸酯杀菌剂的创制与产业化	沈阳中化农药化工研发有限公司
"连烤薯1号"甘薯选育与应用	大连锦田特种粮有限公司
丘陵区高适高效玉米机械化收获关键装备创制与产业化应用	辽宁辽拓大益农业机械股份有限公司
李杏种质资源发掘、新品种培育与应用	辽宁省果树科学研究所
东北黑土地区耕地质量评价关键技术创新与应用	沈阳农业大学
高性能日光温室设计与番茄高效生产关键技术创新应用	沈阳农业大学
优质食味粳稻资源创新与新品种培育及应用	沈阳农业大学
东北城市森林功能提升关键技术与示范	中国科学院沈阳应用生态研究所
开放海域设施养殖工程关键技术创新与应用	大连理工大学
黄渤海近岸海洋环境安全保障与健康养殖技术	大连海洋大学
海胆新品种培育、养殖技术研究与应用	大连海洋大学
光对设施水产养殖生物生长发育调控的理论技术及应用	大连海洋大学
辽宁省土地地球化学质量评价支撑服务特色土地资源开发与粮食安全战略	沈阳市科学技术局

注："辽宁省土地地球化学质量评价支撑服务特色土地资源开发与粮食安全战略"暂未从官方网站或网络中获得相关技术介绍。
资料来源：辽宁省科学技术厅官网。

甲氧基丙烯酸酯类杀菌剂是全球杀菌剂的一大种类，而大多数甲氧基丙烯酸酯类杀菌剂，如嘧菌酯、醚菌酯、吡唑醚菌酯、肟菌酯等基本由国外研制。作为甲氧基丙烯酸酯类杀菌剂的一员，丁香菌酯是由我国沈阳中化农药化工研发有限公司基于"中间体衍生化"法创制并实现产业化的一款新型杀菌剂，其结构新颖，由香豆素和甲氧基丙烯酸酯两个天然基团组成，仅含碳、氢、氧3种元素，合成过程中不涉及有害原料或中间体，符合农药绿色发展的趋势。该技术不仅丰富了国内外杀菌剂市场的产品库，也为农业生产提供了更为安全、有效的病害管理方案。

"连烤薯1号"甘薯被称为"血管地瓜"，由大连锦田特种粮有限公司选育，于2015年通过省农作物品种审定委员会登记备案，开始在全省推广。此品种甘薯呈梭形，有一根根暴起的筋，行话称"暴筋地瓜"，适合烤着吃，口感好。"连烤薯1号"的产量比普通地瓜高，亩增收达1 100元，共为农业增效7亿余元，促进了农民增收。

辽宁辽拓大益农业机械股份有限公司技术组针对丘陵山区的特殊地貌，在玉米收获机的设计上进行创新，对底盘结构进行优化，使其底盘更低、稳定性更强；同时，对转向机构进行优化，采用液压后转向技术，使转向更灵活；研制了玉米秸秆双刀粉碎关键技术，将粉碎装置与割台进行一体化设计，研发了可集玉米收获和秸秆切碎为一体的玉米收获机板式割台装置。通过秸秆粉碎还田技术，有效地增加土壤有机质含量，提高土壤肥力，减少秸秆焚烧带来的环境污染和安全隐患。

辽宁省果树科学研究所首次系统揭示李杏种质资源多样性本底、起源演化关系与驯化历程，绘出李杏高效育种路径图，发明了"种子处理—实生苗培育—分子标记预选"三步高效育种技术体系，攻克了果树育种周期长、效率低的世界性难题，突破性地育成我国新一代"国"字头李杏系列新品种。李杏新品种的选育和推广不仅可以提升果农收益，还有一定的社会效益和生态效益。

沈阳农业大学汪景教授团队首次构建了东北黑土地区耕地质量等级评价关键技术与评价体系，摸清了耕地质量家底及演变特征，得出尽管东北黑土地区目前土壤有机质平均为每千克30.56克，与第二次土壤普查相比明显下降，但黑土区耕地质量平均等级由2012年的3.88等提升至2017年的3.59等。该技术为黑土地耕地质量快速评价和清单制作提供了理论和技术支撑，大幅提高了黑土监测水平与科技支撑能力。

"高性能日光温室设计与番茄高效生产关键技术"针对传统日光温室番茄南北垄栽培难以实现机械化作业问题，基于"设施—农机—农艺"融合，创新了东西垄宜机化生产关键技术，包括宜机化日光温室结构，配套环境调控与生产装备，定植前机械化作业，幼苗机械化移栽，定植后的环境、水肥、植株、植保、采收等轻简化管理，促进了我国日光温室蔬菜产业轻简化、机械化和绿色化发展。

"优质食味粳稻资源创新与新品种培育及应用"成果建立了以外观加工品质和理化指标为基础、以精米碳氮高通量检测和食味标准化评价为依据的食味品质高效评价体系。首次提出了"优优配组、回复聚合、定向改良"的优质食味育种理论，创建了"复合选择压下多性状精准聚合"的育种技术，有效解决了北方粳稻优质食味育种缺乏理论和技术支撑等瓶颈问题。培育出适应不同稻区的"沈农508"等具有自主知识产权的优质食味新品种5个，攻克了产业发展中优质食味品种匮乏的问题。创建了"稳前、固中、优后"的优质丰产高效栽培技术模式，创新集成了高食味粳稻全环节优质丰产高效生产技术体系。通过成果的实施，辽宁优质食味稻面积增长3.8倍，品质提升促进产业升级。新品种在辽宁累计推广316万亩，占优质食味面积的84.5%，经济效益和社会效益显著。

"东北城市森林功能提升关键技术与示范"项目针对东北森林系统完整性、稳定性不足，生态屏障功能偏低，保护和发展的矛盾仍然激烈等关键问题，以服务性生态产品（植被—土壤固碳、水源涵养、生物多样性保育等生态服务功能）和物质性生态产品（森林食品、药材等）协同提升为重要突破口，以"两山论"和森林"四库"科学理念为指引，阐明东北森林生态产品的形成和维持机制，评估恢复潜力，突破服务性和物质性生态产品供给能力及二者协同提升关键技术，加速退化森林正向演替与功能提升，形成生态修复与生态培育融合、屏障功能增值增效与生态产品供给融合的可持续发展范式，提升了东北森林生态系统功能。

"开放海域设施养殖工程关键技术"针对开放海域养殖面临的风大、浪高、流急等重大环境挑战，以智能化潜降式网箱系统开发为目标，开发出具备潜降避浪、分流减流、网衣防污功能的远程可视化遥控潜降式养殖成套装备，从而解决开放海域养殖面临的关键科学和技术问题，为我国高海况开放海域养殖提供关键装备和技术支撑。

"黄渤海近岸海洋环境安全保障与健康养殖技术"取得多项重要成果，包括海湾扇贝肽聚糖识别蛋白的重组蛋白制备及应用、高效去除水体中有机质的菌株及其应用以及促进贝类幼虫附着变态的菌株及其应用。此外，技术团队还研发了长牡蛎特定结构域蛋白CgDM9CP-2和CgCAICP1的重组蛋白制备方法及其应用。这些创新有助于提升养殖产能和品质，有效保护海洋生态环境。

"海胆新品种培育、养殖技术研究与应用"项目通过分子标记辅助育种、留种相分离的育种方法，成功培育出耐高温和生长性状优良的中间球海胆新品种，并研发出耐高温特性海胆的培育方法和幼胆培育技术，有助于提升海胆养殖的效率和品质，推动了海胆养殖业的科技进步和可持续发展。

"光对设施水产养殖生物生长发育调控的理论技术及应用"项目涵盖了多种光照调控技术及其应用，包括红鳍东方鲀亲鱼促熟和反季节繁育的温光方法、大西洋鲑性腺成熟和生长速率提升的光照调控方法以及大菱鲆受精卵孵化率和幼鱼生长优化方法，有效提升了水产养殖生物的产量和品质。

4.4.2.2 吉林省农业领域获奖技术

根据《吉林省科学技术奖励办法》的规定，经省科学技术奖励评审委员会评审，省科学技术奖励委员会审定，省科技厅审核，省政府批准发布《吉林省人民政府关于2023年度吉林省科学技术奖励的决定》，共评选出2023年度吉林省科学技术进步一等奖26项，其中农业领域的项目6项（见表4-34，"高产优质广适玉米新品种'优迪919'的选育与推广"在4.2.2中已作介绍，此处不再赘述）。

表4-34　2023年度吉林省科学技术进步一等奖农业领域技术

Table 4-34　Agricultural technology in the first Prize of Science and Technology Progress of Jilin Province in 2023

技术名称	技术依托单位（第一单位）
退化天然次生林植被恢复及功能提升技术研究与应用	吉林省林业科学研究院（吉林省林业生物防治中心站）
食用农产品质量安全快速检测关键技术与装备及其应用	吉林大学
高产优质广适玉米新品种"优迪919"的选育与推广	吉林省鸿翔农业集团鸿翔种业有限公司
黑土地侵蚀沟生态修复关键技术研发与集成应用	中国科学院东北地理与农业生态研究所
大豆优异基因资源挖掘、新品种选育与推广应用	吉林省农业科学院
东北粳稻抗低温减灾增产技术体系创建与应用	吉林省农业科学院

资料来源：吉林省人民政府官网。

吉林省林业科学研究院立足前期研究基础，针对东北天然林生态系统生物多样性锐减和功能衰退的现状，开展退化天然林植被恢复机制与演变规律研究，从生物多样性与生态系统功能关系、植被与大型真菌和生态环境关系入手，结合退化天然林生物量时空演变规律，解析东北天然次生林植被退化机制；科学阐释关键种的功能效应形式及其对系统功能的影响机制，进而揭示生态系统结构与功能的内在关联机制，科学筛选物种或功能群实现生态系统自我维持的目标；重点研究关键种的生态功能及其在生态系统恢复进程中的作用，探索通过关键种群结构定向调整实现生态功能恢复的途径；研发基于生态系统管理平衡协调地上、地下生态过程，实现生态系统功能提升的技术途径。

宋大千教授团队建立了磁性液分散微萃取、纳米材料辅助固相吸附萃取、泡腾辅助微萃取等系列适用于不同样品的快速检测的样品前处理方法，如利用金属有机骨架材料修饰三聚氰胺海绵作为提取材料，建立了专用快速前处理技术，替代了离心、超声等传统复杂的样品前处理技术手段，可显著降低有机溶剂用量，大大简化操作步骤，节省了样品前处理时间，尤其是对于高油脂类样品，可以很好地改善粘稠样品的前处理效果，检测回收率可以控制在75%～110%。针对待测目标物的高灵敏特异性识别试剂的研发，宋大千教授团队提出了一种通过测试反应前后识别探针光学信号变化值间接反馈蛋白质含量的光度猝灭新型分析方法，合成了蛋白质特异性识别试剂，建立了谷物、牛奶等样品中蛋白质快速、高灵敏、特异性识别检测技术，实现了包括样品前处理在内5～25分钟即可完成蛋白质含量的快速准确定量检测。该项目针对我国食用农产品快速检测设备和试剂盒技术标准缺失的难点问题，开展一系列关键核心技术攻关，创新研发仪器检定专用光纤光谱仪及适配装置，有效解决仪器难以进行性能评价的"卡脖子"难题，确保测量结果准确可靠和量值统一，具有重要的应用价值和推广意义，已取得良好的经济效益和社会效益。

"黑土地侵蚀沟生态修复关键技术研发与集成应用"针对东北黑土区沟道侵蚀严重损毁耕地和生态环境急需整治的问题，以修复沟毁耕地和侵蚀沟生态修复为总目标，建立以侵蚀沟动态监测网、三维数字化信息平台和预警预报系统为核心的信息支撑系统；在丰富完善黑土沟道侵蚀机理的基础上，研究提出侵蚀沟治理措施选择与布设的科学依据；创新突破建立沟蚀受损耕地的侵蚀沟填埋复垦再造关键技术，阻止侵蚀沟沟头延伸和沟底下切的植物与工程措施相结合的侵蚀沟生态修复关键技术，构建独具东北特色侵蚀沟复垦和生态修复以及与高效产业开发兼顾的生态治理技术体系，与国家正在实施的东北黑土区保护和侵蚀沟治理专项两大工程紧密合作，实现规模化示范与应用，为东北黑土侵蚀区水土保持生态建设和粮食产能提升以及农民脱贫提供科学依据与关键技术和信息支撑。

民盟省委会农业与农村经济委副主任、吉林省农科院大豆所研究员王跃强等完成项目"大豆优异基因资源挖掘、新品种选育与推广应用"。研究人员致力于大豆种质资源的收集保存、鉴定评价、分发利用、种质改良等应用研究工作，现保存东北栽培大豆种质资源 10 000 余份，承担国家和省部级多项科研课题，在项目支持下对 10 000 余份次大豆资源进行表型性状精准鉴定，筛选出具有重要应用价值的大豆种质 570 份，挖掘优异新基因 7 个，创制优良新种质 234 份。通过常规和分子育种相结合，构建完善的现代大豆育种技术体系，育成高产优质大豆新品种 32 个，获得植物新品种权 18 个。

低温冷害是东北地区最严重的气象灾害之一。在气候变化背景下，东北地区冷害目前转入了一个新的多发阶段，表现出发生更加频繁、涉及区域更广、危害更重的特点。"水稻抗低温减灾生产技术"通过选用耐冷品种、适期播种、培育壮秧、优化养分调控方式、以水控温和应急补救综合生产技术，可有效减轻低温对吉林省水稻生产带来的损失，保障粮食高产稳产。

4.4.3 华东地区农业领域获奖技术

旱区各省（区、市）中，仅山东省属华东地区，根据《山东省科学技术奖励办法》的规定，经省科学技术奖励评审委员会评审、省科学技术奖励委员会审定和省科技厅审核，省政府批准发布《山东省人民政府关于 2023 年度山东省科学技术奖励的决定》，共评选出 2023 年度山东省科学技术进步一等奖 40 项，其中农业领域的项目 7 项（见表 4-35）。

表 4-35　2023 年度山东省科学技术进步一等奖农业领域技术

Table 4-35　Agricultural technology in the first Prize of Science and Technology Progress of Shandong Province in 2023

技术名称	技术依托单位（第一单位）
海洋大数据与智能计算平台技术研发及应用	中国海洋大学
基于造纸平台的农林纤维资源绿色高效利用关键技术创新与应用	齐鲁工业大学

续表

技术名称	技术依托单位（第一单位）
牡蛎现代种业关键技术研发与规范养殖模式构建	中国科学院海洋研究所
替代进口番茄新品种选育及生态高效栽培技术创新与应用	山东省寿光市三木种苗有限公司
基于产业转型再造的高油酸花生高质化加工技术创新与应用	山东金胜粮油食品有限公司
超强筋高产广适小麦新品种"济麦44"的选育与应用	山东省农业科学院作物研究所
大马力智能拖拉机关键技术及产业化	潍柴雷沃智慧农业科技股份有限公司

资料来源：山东省人民政府官网。

中国海洋大学以解决海洋数据碎片化、信息孤岛化等海洋大数据挑战性问题为向导，面向国内外开放共享，打造出集海洋大数据处理，海洋科技数据的高性能处理仿真，超大规模海洋信息的存储、共享与应用于一体的平台，使用 Para Cloud 作业调度和监控平台对计算资源统一管理和调度，科学分配高性能计算和深度学习等计算资源。该平台集群高效稳定的大数据服务能力，能满足物理海洋、大气科学、海洋环境、海洋地质、海洋生物等科学计算领域相关研究的计算需求，助力于海洋科学研究和国家海洋事业发展，为学校建设世界一流大学和一流学科作贡献。

齐鲁工业大学研究团队通过与山东太阳纸业股份有限公司、山东世纪阳光纸业集团有限公司、潍坊潍森纤维新材料有限公司3家单位开展产、学、研、用合作，开展了基于造纸过程的纤维原料各组分清洁分离利用、微纳米纤维素制备技术、木质素高值化利用、半纤维素提取利用、秸秆生物化机浆等关键技术研发，形成了具有自主知识产权的关键技术体系，拓展了产业链，为造纸工业的发展提供新的机遇和方向。该项目核心技术处于国际领先水平，已获授权国家发明专利21项，发表论文58篇。相关技术在太阳纸业等多家企业推广应用，在2021—2022年，仅项目完成单位累计实现新增产值114亿元，新增利润15亿元，新增税收5亿元，产生了重大经济效益和社会效益。

"牡蛎现代种业关键技术研发与规范养殖模式构建"项目围绕我国牡蛎产业高质量发展的迫切需求，在国际上率先解码牡蛎基因组结构和功能，构建了首张贝类基因组精细图谱，引领我国水产研究进入基因组时代；建立了牡蛎四倍体种质创制技术、全三倍体制备技术、分子模块育种技术，培育了"前沿1号"和"海蛎1

号"2个全国牡蛎重点养殖品种，推动牡蛎产业育种技术创新和产业的良种化；创建了以良种、良技、良境高质量绿色健康养殖理念为指导，基于容量、良种和标准的现代规范养殖新模式，打造了我国生鲜牡蛎第一品牌"乳山牡蛎"，推动我国牡蛎产业由产量效益型向产量和质量效益兼顾型的时代跨越。

"替代进口番茄新品种选育及生态高效栽培技术创新与应用"项目育成的番茄品种克服了国产传统番茄品种耐冷抗病不强、生长势弱、果软耐贮性差，特别是不抗镰刀菌造成的"死棵"等缺点，改良了国外进口品种果小而硬、风味品质不良的缺陷，替代了国（境）外相同类型进口品种。研究创新了番茄"双根双穗"嫁接技术，探明了番茄嫁接栽培砧穗互作调控耐冷性的机理；研究证实番茄增施硅素，有利于番茄植株形态建成，维持细胞器完整性，促进根系中柱发育及木质素积累，增强植株抗逆性及果实耐贮性；创建了基于砧穗协同选配和增施硅肥相结合的番茄耐冷、耐贮栽培技术。

山东金胜粮油食品有限公司研究人员瞄准传统花生加工瓶颈问题，按照"油脂适度加工—安全链条化控制—产品链延伸"的整体思路，构建了花生油适度加工和全链条危害因子防控技术体系，攻克了以高油酸花生适度加工为代表的10余项核心加工技术，开发出具有自主知识产权的关键装备并转化应用，创造出花生系列高值化新产品，改变了传统浓香花生油过度加工模式，保留了花生油的原汁、原味、原香，打造出以营养健康为产品导向和以适度加工为核心技术的花生产业转型再造系统，整体技术水平达到国际领先水平，社会经济效益显著，为我国传统花生油加工行业产品升级换代、产业转型再造提供了技术保障，推动相关产业向高质化、高值化、低碳化为标志的高质量发展阶段迈进。

山东省农业科学院作物研究所针对我国优质强筋小麦品种产量与品质不协调、抗病抗逆性不强、适应性差等限制产业发展的卡点问题，以"理论支撑—种质创制—育种技术革新—品种培育—标准化生产与示范"全产业链关键技术创新为主线，育成绿色、强筋、高产、广适小麦新品种"济麦44"，并发展成为我国小麦生产的主导品种。研究团队提出"优优组合、劣汰选优"为核心的亲本组配及选育方法，建立"标记辅助多基因聚合＋多生态区鉴定"相结合的精准育种技术，育成集多个优良性状于一体的小麦新品种"济麦44"。品种特性：一是优质高产。聚合了Rht-D1b、TaGS-D1a、1/7+8/5+10等13个产量品质相关基因，被评为"超强筋小麦品种"，三次创全国超强筋小麦单产纪录，最高亩产达 808.6 千克，引领我国强筋小麦品种产量水平迈上亩产 800 千克台阶。二是绿色多抗。聚合了 Lr46 等 4 个抗病基因，并定位到一个新的抗条锈病基因 YrJM44-6AL。经专业机构鉴定，成株期高抗条锈病和秆锈病，中抗白粉病和土传小麦黄花叶病毒病，低感麦蚜。三是适应性广。聚合了 Ppd-A1a、Vrn-B1a 等 4 个适应性相关基因，先后通过国家黄淮北片、黄淮南片、山东和安徽省审定，山西和河北省引种备案，实现了强筋小麦跨区审定、7 省大面积推广应用。

"潍柴雷沃 P7000"大马力智能拖拉机与高性能液压翻转犁、播种机形成多种代表性组合，通过整机与机具的双向赋能，深耕深翻，精量播种，可实现 0～40 千米无级变速，一键前进、后退、调头，还可以实现完全无人驾驶。与传统拖拉机相比，作业效率提高 30%，同时燃油消耗率降低 10%，达到了国际先进水平。全方位提高当地玉米等粮油作物机播、机耕质量，助力粮油作物大面积单产提升。大马力"CVT 智能拖拉机"已在东北、西北、中原、西南实现批量销售，真正把国产高端技术应用于生产实际，成为建设农业强国路上的新质生产力，挑起了我国农机高端转型的"特殊使命"。

4.4.4 华中地区农业领域获奖技术

旱区各省（区、市）中，仅河南省属华中地区，根据《河南省科学技术奖励办法》的规定，经省科学技术奖励评审委员会评审、省科学技术奖励委员会审定和省科技厅审核，省政府批准发布《河南省人民政府关于 2023 年度河南省科学技术奖励的决定》，共评选出 2023 年度河南省科学技术进步一等奖 30 项，其中农业领域的项目 5 项（见表 4-36）。

表 4-36　2023 年度河南省科学技术进步一等奖农业领域技术

Table 4-36　Agricultural technology in the first Prize of Science and Technology Progress of Henan Province in 2023

技术名称	技术依托单位（第一单位）
大中型农机动力与配套旱作装备关键技术及产业化	河南科技大学
小麦粉适度加工及大宗面制品产业化升级关键技术装备与应用	河南工业大学
优质强筋、中强筋小麦量质协同机制与调控关键技术创新应用	河南农业大学

续表

技术名称	技术依托单位（第一单位）
苹果主要病虫害绿色防控技术创新与应用	河南农业大学
牡丹特色新品种选育及其综合利用技术	河南科技大学

资料来源：河南省人民政府官网。

河南科技大学与中国农业机械化科学研究院（以下简称"中国农机院"）机电技术应用研究所等单位团队针对旱田粮食作物耕作过程成套装备基础、关键和共性问题，创新了低阻犁体结构设计，突破了种肥施用同步控制、精量播栽等关键技术，实现了大中型拖拉机及配套作业环节动力高效匹配、耕作减阻降耗与种植高质提升。围绕旱田粮蔬作物规模化生产对耕作装备高性能作业的迫切需求，联合第一拖拉机股份有限公司、中国农机院等多家企业与科研院所，组建了产学研团队，历时13年突破了动力高效传动、高效能耕整与精准播栽、机组优化匹配等关键技术，开发了大中马力系列拖拉机及配套耕整、播施、移栽3大类12种系列作业装备并完成了产业化推广，累计生产销售大中马力系列拖拉机及配套机具数万余台（套），实现了大中马力农机动力与配套装备技术体系的突破性发展，引领了我国旱田耕作装备的产业升级，为加快农业强国建设提供了强有力的科技装备支撑。

河南工业大学赵仁勇教授及其团队研发了柔性脱皮机，可以精准控制小麦脱皮，把有毒有害的最外层去掉，避免有害物质进入面粉。他们还创新提出了小麦粉适度加工的"度"，将食用小麦粉的出粉率提高至75%～78%，累积灰分（面粉高温灼烧后剩下的灰烬质量与燃烧前的质量之比）控制在0.7%以下，既避免了小麦中营养成分过度流失，又将小麦资源的食品利用率提高了3%～10%。该项目将可供居民食用消费的面粉出粉率至少提高了3%，由此额外增加的面粉，按年人均面粉消耗量折算，够3 900万人吃一年，对于保障国家粮食安全具有重要意义。同时，在保证小麦粉食用安全的基础上，保留了更多的富集于皮层的维生素和矿物质等营养物质，让人们吃得更营养、更健康。

河南农业大学国家小麦工程技术研究中心执行主任王晨阳及其团队针对优质小麦快速发展中存在的量质协同机理不清、品种与资源匹配度低、调控技术适用性不强、品质稳定性差等瓶颈问题，开展了10多年协同攻关研究，创新提出了量质协同提升的"个体、器官、物质"三级协同调控理论，丰富了优质小麦栽培理论；构建了优质小麦量质协同提升的品种鉴选指标体系，优化了专用小麦品种区域布局；创建了优质小麦产业全链条发展模式和全环节技术服务机制，有力推动了黄淮麦区乃至全国优质小麦产量、品质和效益的协同提升。王晨阳及其团队集成的优质小麦全环节高质高效技术体系，已连续3年被评为全国和河南省农业主推技术，在示范区实现了籽粒蛋白质含量>13.5%，品质达标率98%以上，产量提高6.2%～18.0%。

"苹果主要病虫害绿色防控技术创新与应用"项目是对苹果主要病虫害绿色防控的创新与应用，重点是对苹果的主要病虫害发生、成灾机理和规律进行研究，然后在研究的基础上寻找防控的办法，利用绿色环保的办法来控制有害生物，保证作物产量和品质，重点聚焦解决苹果生产过程中抗性品种匮乏、病虫害发生严重、防控药剂品种单一及防控技术体系不完善等问题，并且对品种种植结构、减施农药保障产量、提高品质增加效益等进行联合攻关，历经10余年研究与应用，最终集成这一项目成果。针对不同苹果产区病虫害发生规律，研究团队集成了区域防控技术体系，制定了8个苹果相关病虫害防治技术规程，创建了"四步法"和"三位一体"的防控与推广服务体系，防治效果显著优于传统防治方法。

河南科技大学农学院（牡丹学院）侯小改教授在多项国家及省市科技计划的支持下，联合三门峡牡仙生物科技有限公司，洛阳国家牡丹园等多家单位，解析了牡丹重要观赏性状遗传和分子调控机制，为优异牡丹种质资源的改良利用、牡丹新品种选育及分子标记辅助育种提供基因和标记信息元件。培育了6个盆栽、切花等特色牡丹新品种，丰富了牡丹品种资源，提高了牡丹的经济价值和应用范围。创新了盆栽牡丹轻简节本及品质提升技术，为提升牡丹盆栽产业化水平提供技术支撑。建立了油用牡丹籽油加工及利用技术，开展了牡丹籽油和籽粕活性成分功能评价及应用研究，解析了丹皮药用成分积累成因及品质提升技术，提高了牡丹综合开发利用效益。

4.4.5 西北地区农业领域获奖技术

4.4.5.1 陕西省农业领域获奖技术

根据《陕西省科学技术奖励办法》规定，经省科学技术奖各专业评审组评审、省科学技术奖励委员会审定和省政府常务会议审议，省政府发布《陕西省人民政府关于2023年度陕西省科学技术奖励的决定》，共评选出2023年度陕西省科学技术进步一等奖37项，其中农业领域的项目3项（见表4-37）。

表4-37　2023年度陕西省科学技术进步一等奖农业领域技术

Table 4-37　Agricultural technology in the first Prize of Science and Technology Progress of Shaanxi Province in 2023

技术名称	技术依托单位（第一单位）
油菜高含油量种质资源与育种技术创新及应用	陕西省杂交油菜研究中心
陕北农牧交错带生态系统提质增效关键技术与应用	陕西师范大学
小麦黄化矮缩类病害的致病机理及综合防控技术研究与应用	西北农林科技大学

资料来源：陕西省人民政府官网。

"油菜高含油量种质资源与育种技术创新及应用"主要包含甘蓝型油菜特高含油量种质资源的创制、育种技术及机理研究，绿色高效油菜化学杂交剂SX-1的发明及其推广应用，配套杂交制种机械装备及集成技术的研发和应用这3项内容。该项目成果提高了杂交油菜制种的质量和效率，促使杂交油菜制种向着高产、高效、低成本的方向发展，保障了种子供应，促进了高油品种的大面积推广。

"陕北农牧交错带生态系统提质增效关键技术与应用"阐明了陕北农牧交错带生态系统演变过程与机理，研发了脆弱生态系统多功能提升关键技术，构建了生态系统提质增效发展模式。相关成果先后在退化生态系统恢复、水土流失精准治理、农牧业可持续发展等方面得到应用，实现了农牧交错带生态系统功能提升和生态衍生产业的协同发展，有力支撑黄河流域生态保护和高质量发展国家战略。

"小麦黄化矮缩类病害的致病机理及综合防控技术研究与应用"鉴定了我国小麦黄化矮缩类病害的病原种类，研究了其遗传变异规律，发明了病原快速检测方法，建立了预测模型和预报方法，解析了病原致病机理和昆虫传播机理，筛选获得了高抗黄矮病新种质并以此作亲本培育了小麦抗病省审新品种，研制登记了防控新农药并进行了大面积应用，有效控制了该类病害在我国大范围的爆发流行并取得了巨大的经济效益和社会效益。

4.4.5.2　甘肃省农业领域获奖技术

根据《甘肃省科学技术奖励办法》，经评审审核，甘肃省科学技术厅发布《2023年度甘肃省科学技术奖建议授奖项目公示》，共评选出2023年度甘肃省科学技术进步一等奖22项，其中农业领域的项目9项（见表4-38）。

表4-38 2023年度甘肃省科学技术进步一等奖农业领域技术
Table 4-38 Agricultural technology in the first Prize of Science and Technology Progress of Gansu Province in 2023

技术名称	技术依托单位（第一单位）
优质抗逆饲草品种选育与推广应用	中国农业科学院兰州畜牧与兽药研究所
玉米抗逆基因资源挖掘与种质创新及新品种选育推广	甘肃农业大学
西北气候暖湿化的增强东扩特征及其影响与应对技术策略	中国气象局兰州干旱气象研究所
国家西部生态安全屏障区生态环境遥感监测及典型示范应用	中国科学院西北生态环境资源研究院
优质节水广适春小麦新品种"陇春41号"选育与应用	甘肃省农业科学院小麦研究所
黄河上游复杂环境下路隧工程全生命期服役性能调控关键技术	中国科学院西北生态环境资源研究院
副猪嗜血杆菌病防控关键产品的创制及应用	中国农业科学院兰州兽医研究所
高寒牧区草原生态修复与健康管理技术模式研究及示范推广	兰州大学
枸杞资源高值化利用关键技术开发及应用	中国科学院兰州化学物理研究所

注："黄河上游复杂环境下路隧工程全生命期服役性能调控关键技术"暂未从网站中获得相关技术介绍。
资料来源：甘肃省科学技术厅官网。

"优质抗逆饲草品种选育与推广应用"围绕国家种业战略需求，面向草产业科技主战场，立足西部脆弱生态区，紧密围绕饲草生产和生态修复"种"的需求，重点开展草种质创新与品种选育、重要性状功能基因鉴定、草产品加工利用等方面的研究，近10年来成功选育优质、高产、抗逆草品种13个，省级品种8个，是国家"藏粮于地、藏粮于技"战略的落实落地，也是打好草种业"翻身仗"的有力回应。

"玉米抗逆基因资源挖掘与种质创新及新品种选育推广"将热带玉米种质抗病性、耐热性导入北方温带种质中，给温带玉米"植入"热带"芯"，有助于弥补北方玉米种质抗病性差的致命缺点，选育一批高产、稳产、绿色、突破性玉米品种。

"西北气候暖湿化的增强东扩特征及其影响与应对技术策略"利用多源融合数据，从多尺度、多维度对我国西北暖湿化问题开展全面深入研究，发现了西北湿化趋势具有显著的非线性增强特征，且湿化正在向东扩展，21世纪内西北仍维持暖湿趋势，明确了西北陆面蒸散对气候变暖具有特殊的负反馈机制，揭示了西北湿化趋势受多因子综合驱动机制；评估了西北暖湿化对区域生态环境、水资源、农业生产和粮食安全的重要影响及其互馈效应；提出了应对西北暖湿化的技术对策，形成了"西北地区气候暖湿化增强东扩特征及其形成机制与重要环境影响"系列研究成果。

"国家西部生态安全屏障区生态环境遥感监测及典型示范应用"项目，在高分影像数据成熟应用的基础上，进一步发展了无人机遥感技术，航拍数据的空间分辨率达到了厘米级，成为高分卫星数据有效的辅助数据，能够机动补充高分卫星影像数据的空白区，实现对重点地区厘米级高时相成像和高精细建模，支撑农业监测调度、污染防治等技术服务。

"优质节水广适春小麦新品种'陇春41号'选育与应用"推广优质节水抗旱春小麦新品种，提高小麦品种水分利用率，对突破区域水资源制约、实现小麦生产的可持续发展和水资源可持续利用意义重大。河西灌区节水抗旱高产品种的选育目标是每公顷灌水减少1 050立方米左右、产量稳定达到每公顷7 500千克以上，水分利用效率比常规品种提高15%～20%。"陇春41号"为甘肃省农业科学院小麦研究所和中国科学院西北高原生物研究所经多年选育而成的高产、节水春小麦新品种。

"副猪嗜血杆菌病防控关键产品的创制及应用"研发的"副猪嗜血杆菌病三价灭活疫苗"（4型H25株+5型H45株+12型H31株）匹配主要流行血清型，安全性高、免疫保护效果好，一针可以同时防3种血清型（4型、5型和12型），有助于提高生猪成活率，提升生猪养殖效率，为养猪业带来高收益回报。

"高寒牧区草原生态修复与健康管理技术模式研究及示范推广"针对青藏高原高寒牧区草原生态和生产功能下降的问题，在高寒牧区系统开展各项试验并建立了试验示范区，构建了高寒牧区目标放牧技术体系，提出了高寒牧区退化草原生态修复综合技术体系，研制了高寒牧区鼠害生态防控技术体系，建立了高寒牧区草畜耦合优化调控模式与技术体系。该技术模式在甘肃、四川、青海等高寒牧区大面积示范推广，累计治理退化草原6 000余万亩，产草量和植被盖度分别增加14%和12%以上，毒害草比例下降12%～28%，物种丰富度上升8%～13%，培训科技人员和农牧民4 820人次，示范户人均增收600元/年，极大地推动了区域经济发展，为高寒牧区生态文明建设提供了样板和技术支撑，助力了黄河上游高寒牧区高质量发展。

"枸杞资源高值化利用关键技术开发及应用"连续 2 年在我国 5 个省区、23 个枸杞种植基地采集了 212 批样品，通过对样品的研究和分析，首次提出了多维品质评价新模式，为枸杞品质评价和产区甄别提供了科学依据，为开发机理明确、功能定向的大健康产品提供了理论支撑；构建了枸杞质量评价模式识别技术体系，为枸杞质量评价、道地性识别和质量溯源提供了可靠方法。

4.4.5.3 青海省农业领域获奖技术

根据《青海省科学技术奖励办法》规定，青海省人民政府发布《青海省人民政府关于 2023 年度青海省科学技术奖励的决定》，共评选出 2023 年度青海省科学技术进步一等奖 5 项，其中农业领域的项目 1 项（见表 4-39）。

表 4-39　2023 年度青海省科学技术进步一等奖农业领域技术

Table 4-39　Agricultural technology in the first Prize of Science and Technology Progress of Qinghai Province in 2023

技术名称	技术依托单位（第一单位）
柴达木盆地水资源演变与可持续利用关键技术及创新实践	青海大学

资料来源：青海省人民政府官网。

"柴达木盆地水资源演变与可持续利用关键技术及创新实践"针对干旱内陆盆地水资源开发利用与生态保护、社会经济协调发展保障等世界性难题，开展了理论创建、技术创新和应用集成。项目系统研究了柴达木盆地水循环及水平衡机制，创建了遥感反演与水资源精准评价技术，揭示了盆地水资源量、时空分布及未来变化趋势，研发了生态保护水资源智能衔接利用技术、绿色发展水资源高效适度利用技术、盐湖开发水资源迭代循环利用技术，在青海和全国推广应用形成了分散式水资源评价和衔接利用新范式。项目支撑了海西州（柴达木盆地）水资源高效利用和产业发展，青海省节水型社会建设总体规划与实践，以及长江、黄河流域的综合规划修编，补充了青藏高原延伸带人迹罕见区水资源评价方法。同时，支撑盐湖工业生产累计新增产值 60 亿元，对高寒干旱缺水地区水资源科学合理利用与生态保护具有重要理论和实践价值。

4.4.5.4 宁夏回族自治区农业领域获奖技术

按照《宁夏回族自治区科学技术奖励办法》和《宁夏回族自治区科学技术奖励实施细则》的规定，宁夏回族自治区科技厅共评选出 2023 年度宁夏回族自治区科学

旱区农业技术进展

技术进步一等奖 24 项，其中农业领域的项目 11 项（见表 4-40）。

表 4-40 2023 年度宁夏回族自治区科学技术进步一等奖农业领域技术
Table 4-40 Agricultural technology in the first Prize of Science and Technology Progress of Ningxia Hui Autonomous Region in 2023

技术名称	技术依托单位（第一单位）
宁夏贺兰山采煤迹地生态修复技术及模式研究与示范	北方民族大学
黄河"几字弯"（宁夏）生态脆弱区林草植被多功能协同提升技术与应用	宁夏农林科学院林业与草地生态研究所
中阿旱区绿色智能高效节水关键技术与装备规模化应用	宁夏大学
"互联网+农村供水"关键技术研究与创新实践	宁夏水利信息中心
贺兰山东麓冲积扇荒漠地区酿酒葡萄优质高效关键技术创新与示范	宁夏大学
枸杞生产机械研制及农机农艺融合技术研究与示范	宁夏农林科学院枸杞科学研究所
优质饲草料生产及高值生物化利用关键技术研究与集成示范	宁夏大学
牛羊非常规饲料资源开发利用关键技术及应用	宁夏大学
瓜菜抑病壮苗高效功能微生物菌肥的研发与应用示范	北方民族大学
枸杞重大害虫监测预报及绿色防控关键技术研究与应用	宁夏农林科学院植物保护研究所
宁夏耕地质量与产能提升关键技术创新及推广应用	宁夏回族自治区农业技术推广总站

资料来源：宁夏回族自治区科技厅官网。

"宁夏贺兰山采煤迹地生态修复技术及模式研究与示范"研发出了基于原生地形地貌、气象、水文、地质等要素的近自然地形重塑的方法和技术 1 项，对普通人工驾驶的挖掘机进行智能化改造技术 1 项，实现了挖掘机按照图纸构建排土场的近距离精准无人驾驶以及远程控制；通过贺兰山露天煤矿排土场渣土问题诊断、渣土改良及改良效果评价，提出不同技术方案的土壤培肥技术 4 项；筛选了适合贺兰山采煤迹地的优势乡土灌木植物蒙古扁桃、沙冬青、柽柳、灰榆、罗布麻，优势乡土草本植物盐生草、沙蒿、冰草、沙打旺，研发贺兰山矿区适生植物蒙古扁桃、沙冬青快繁与抗旱建植技术 2 项；贺兰山采煤迹地不同生境条件的植被恢复技术模式 7 套，采煤迹地生态系统稳定性和可持续性得到显著增强，植被盖度达到 25%～30%，局部达到 70%，为典型案例提供了翔实的技术支持。

"黄河'几字弯'（宁夏）生态脆弱区林草植被多功能协同提升技术与应用"在退化生态系统恢复方面，集成退化荒山植被恢复、退耕地人工林草建设、退化耕地"减—增—提"地力恢复、侵蚀沟立体综合治理、小流域防护林体系空间配置5种模式，建成2.2万亩的试验示范区，使彭阳县林草植被覆盖度由17%提高到60%以上，农民人均纯收入翻了一番。

"中阿旱区绿色智能高效节水关键技术与装备规模化应用"针对阿拉伯国家旱区节水技术不佳、智能装备缺乏的迫切需求，联合多家单位推广了10多项旱作节水技术成果，完成了智能风光互补节水灌溉系统设备和相关技术的研发，并将其在中国西北部地区及阿拉伯国家推广应用，改变了我国干旱贫困地区节水设备研发长期处于"跟跑"和依赖进口的被动局面。

"'互联网＋农村供水'关键技术研究与创新实践"创建了农村供水工程的水联网理论和方法，研发了"互联网＋农村供水"关键技术和成套设备，包括农村供水工程末端入户伺服控制技术与成套设备、山区远距离高变差输水管网自适应优化控制技术、农村多水源集群分散水厂智能调度方法和农村供水云服务平台，以技术和机制创新确保偏远山区农村实时、稳定、保质供水。该项目运用互联网思维改革和创新了政府首责、部门担责、多元投入、责权统一的农村供水体制机制，探索出了建管服一体、政产用协同的云服务管理新模式，创立了西北偏远山区农村水费收得回、服务跟得上、供水有保障的"互联网＋农村供水"解决方案，开创了我国农村贫困山区"互联网＋农村供水"的"宁夏模式"。

"贺兰山东麓冲积扇荒漠地区酿酒葡萄优质高效关键技术创新与示范"针对贺兰山东麓冲积扇土地资源浪费、葡萄冬季冻害严重、园貌不整、果实品质良莠不齐、水资源严重短缺浪费、所酿葡萄酒与当地优质风土条件极不匹配等一系列问题开展系统研究，彻底解决酿酒葡萄在冬季的根系冻害问题，并构建了"贺兰山东麓葡萄种在哪里—如何整形修剪—如何精准水肥管理—如何利用水分胁迫和外源刺激实现节约用水和提高葡萄果实品质"的栽培技术创新体系，明确了贺兰山东麓冲积扇沉睡千年的荒漠为宁夏最佳酿酒葡萄种植地，为宁夏酿酒葡萄种植空间发展指明方向，对推进贺兰山东麓葡萄产业技术升级和提质增效起到了重要作用。

针对枸杞专用机械缺乏、农机农艺融合度低、种植成本高等难题，宁夏农林科学院枸杞工程技术研究所开展了"枸杞生产机械研制及农机农艺融合技术研究与示范"项目,通过产学研用协同创新,历时6年,围绕建园、施肥、打药、除草、采摘等生产环节,自主研制枸杞系列专用机械并取得原创性突破,创建枸杞农机农艺融合栽培新模式,在全区大面积推广应用。

"优质饲草料生产及高值生物化利用关键技术研究与集成示范"利用研究团队筛选的菌剂,将柠条做成裹包青贮饲料,实验组的牛羊吃了这种饲料后每天能增重1两多。研究团队还结合宁夏丰富的酿酒葡萄渣资源和苜蓿青贮过程中蛋白质降解问题,通过科学合理的加工调制,让葡萄酒渣、枸杞碎叶、玉米秸秆、瓜秧瓜皮、蔬菜尾菜等被随意扔在农田的废弃物都能转化成牛羊喜食的饲草料,让宁夏滩羊不仅好吃还健康。

"牛羊非常规饲料资源开发利用关键技术及应用"开发利用了天然林草、糟渣、农副产物等代表性资源;集成推广了青混贮调制、肉羊全混合日粮颗粒饲料加工、发酵全混合日粮调制、生物饲料调制、发酵饲料质量评价等非常规饲料资源的开发利用技术5项;构建了宁夏非常规饲料资源数据库,制定地方标准5项,团体标准9项,企业标准10项,成果登记5项,新产品登记1项;建立了产学研用推联动、试验示范与集成结合、典型示范与整体推进结合、推广服务与机制创新结合等组织措施和技术推广模式;缓解草畜矛盾,减少了环境污染,构建了宁夏非常规饲料资源开发利用技术体系及节本提质增效产业发展新模式,推动了宁夏草畜产业转型升级和健康可持续发展。

"瓜菜抑病壮苗高效功能微生物菌肥的研发与应用示范"研制生产了生物防治菌剂产品,为宁夏硒砂瓜枯萎病的防治及设施蔬菜病害的绿色防控提供了可靠的技术和产品。

"枸杞重大害虫监测预报及绿色防控关键技术研究与应用"通过枸杞害虫防治新产品、新技术的创新,研发出5个新型生物源农药,建立了纳米农药对土壤中枸杞实蝇的靶向精准施药技术,进一步优化了枸杞病虫害"五步法"绿色防控技术体系,在6~7月采果期,即病虫害高发期,不使用化学农药,实施生物农药与天敌协调的生物控制技术,达到了减药增效的目标。

"宁夏耕地质量与产能提升关键技术创新及推广应用"建立盐碱地农艺改良培肥示范区25个,累计推广秸秆灭茬粉碎深翻还田、有机肥和土壤调理剂应用、绿肥种植等综合改良培肥技术166万亩,还田作物秸秆18.2万吨,在平罗县、惠农区、贺兰县、兴庆区、大武口区、农垦农场共设立盐碱地水盐动态监测调查样点300个，累计采集调查样品530个，分析检测项目11 660项次，建立了不同生态区域秸秆培肥改良集成技术模式和配套物资应用及量化参数，解决了水稻、玉米秸秆焚烧带来的环境问题，也提高了秸秆资源的循环利用效率，促进了盐碱地土壤结构优化，土壤通气透水和蓄水保墒能力明显增强，土壤生物群落发生明显变化，加速了土壤肥力的快速积累和提升。

4.4.5.5 新疆维吾尔自治区农业领域获奖技术

根据《新疆维吾尔自治区科学技术进步奖励办法》及其实施细则的规定，新疆维吾尔自治区科学技术厅发布《关于对2023年度自治区科学技术奖特等奖拟奖励人员和拟奖励成果进行公示的通知》，共评选出2023年度新疆维吾尔自治区科学技术进步一等奖33项，其中农业领域的项目6项（见表4-41）。

表4-41　2023年度新疆维吾尔自治区科学技术进步一等奖农业领域技术

Table 4-41　Agricultural technology in the first Prize of Science and Technology Progress of Xinjiang Uygur Autonomous Region in 2023

技术名称	技术依托单位（第一单位）
新疆中药资源系统调查、种质保护、生产区划与转化应用	新疆维吾尔自治区中药民族药研究所
新疆核桃产业高质量发展关键技术创新与集成	新疆林业科学院
干旱半干旱区棉花、小麦保苗壮苗抗逆增产关键技术创建及应用	新疆农业科学院核技术生物技术研究所
干旱区苜蓿高效持续生产关键技术及装备创新与应用	新疆农业大学
抗生素菌渣多路径无害化处置与资源化利用技术及应用示范	伊犁川宁生物技术股份有限公司
辣椒规模化综合加工及应用型产品制备关键技术与产业化项目	晨光生物科技集团焉耆有限公司

资料来源：新疆维吾尔自治区科学技术厅官网。

"新疆中药资源系统调查、种质保护、生产区划与转化应用"研究新疆拥有的丰富中药资源，包括野生和栽培品种，如新疆中药、民族药，包括红花、甘草、罗布麻、肉苁蓉、骆驼刺、天山雪莲等新疆特有药材资源，开展药材种植示范和规范化研究。特别是治疗白癜风的新药，成为国内中医治疗首选中成药制剂，提供了一种全面的、可持续的中药资源开发利用思路。

"新疆核桃产业高质量发展关键技术创新与集成"测序了核桃属物种的全基因组,开发应用遗传标记,将分子标记辅助育种技术、转基因技术与传统育种技术相结合。核桃等果树是多年生植物,有性繁殖周期长,建立杂交群体至开花结果得到想要研究的性状需要很长时间,通过核桃树基因测序获得了越来越多核桃树的全基因组序列,让育种过程具有更好的目标性,对开发利用核桃优质种质资源和培育、改良核桃品种具有重要意义。

"干旱半干旱区棉花、小麦保苗壮苗抗逆增产关键技术创建及应用"针对我国干旱半干旱区棉花、小麦受低温、干旱等自然条件和根部病害等逆境造成的田间出苗率低、保苗难、产量下降等"卡脖子"问题,明确了棉花、小麦"成苗难"的主要问题,研发了种衣剂、调节剂等防病耐逆系列产品,开发了种子包衣和作物化控等关键技术,创建了作物抗逆保苗增产技术体系,为应对病虫和自然逆境因子危害、保障粮棉安全作出了突出贡献。

"干旱区苜蓿高效持续生产关键技术及装备创新与应用"根据苜蓿不同阶段生长特点,研发出"不同秋眠级混播建植"等6项技术,集成2套风沙地苜蓿高效生产技术模式,创制了沙地保水促生土壤改良剂、沙地苜蓿种植专用肥料等多种新产品,采用微喷灌溉和地下滴灌或半固定式喷灌方式,帮助苜蓿抵御风沙和高温侵袭,建成了5 000亩技术示范区,攻克了沙地苜蓿建植难题。

"抗生素菌渣多路径无害化处置与资源化利用技术及应用示范"以我国抗生素菌渣污染控制、改善环境质量为目标,通过对新疆优质自然资源的创新性开发利用,深入开展抗生素菌渣无害化处理与资源化利用技术产品的环境风险评估,为我国抗生素菌渣有机肥的安全利用提供强有力的数据与理论支撑,进一步推动我国抗生素原料药生产行业的健康可持续发展。在重点技术和环节的关键性突破,成功破解研发上的"卡脖子"难题,打破国外技术壁垒,引领行业技术创新,解决行业难题,为国家环境管理决策提供技术支撑。

"辣椒规模化综合加工及应用型产品制备关键技术与产业化项目"在叶黄素、姜黄素、番茄红素、甜菊糖苷等六大系列、上百个品种上发力,经过自主研发取得混合溶剂提取工艺,改变植物提取物行业从原料中只提取单一成分的做法,从废料中提取出有用成分,攻克了辣椒带柄加工等工艺技术,实现了色素和辣素兼得,并建成了连续化、规模化辣椒加工生产线。

4.5 三大顶级期刊发表旱区农业领域技术成果

《自然》(Nature)、《科学》(Science) 和《细胞》(Cell) 作为目前国际上最顶尖的三大学术期刊，发表的论文大多代表了相关领域的顶尖研究成果。作为国际学术地位、影响因子"双高"的三大期刊 (NSC)，它们发表的每一篇文章都寓意着科研领域的重大成果问世，很多文章的成果在推动着世界科技的进步。旱区高校及科研院所在三大期刊上发表的科研成果，反映了其在农业科技领域的重要进展。2023年，我国旱区高校及科研院所作为第一完成单位在三大顶级期刊共发表农业技术领域的研究性论文 20 篇，其中，Nature 上发表 6 篇，Science 上发表 5 篇，Cell 上发表 9 篇（见表 4-42）。

表 4-42 2023 年 NSC 收录旱区农业技术领域论文统计
Table 4-42 Statistics of papers on agricultural technology in arid regions included by NSC in 2023

论文名称	中文名称	旱区完成单位	期刊
Stigma receptors control intraspecies and interspecies barriers in Brassicaceae	柱头受体调控十字花科种内和种间生殖隔离	山东农业大学	Nature
Crop switching can enhance environmental sustainability and farmer incomes in China	优化作物布局可以提高中国环境的可持续性和农民收入	北京大学	Nature
Reducing brassinosteroid signalling enhances grain yield in semi-dwarf wheat	BR 与 GA 激素平衡调控小麦株型和产量的分子机制	中国农业大学	Nature
Structural basis of amine odorant perception by a mammal olfactory receptor	哺乳动物嗅觉受体感知胺类气味的分子结构基础	山东大学	Nature
Microbial carbon use efficiency promotes global soil carbon storage	微生物碳利用效率促进全球土壤碳储存	清华大学	Nature
Molecular basis of methyl-salicylate-mediated plant airborne defence	水杨酸甲酯介导植物气传性免疫的分子基础	清华大学	Nature
A population of stem cells with strong regenerative potential discovered in deer antlers	在鹿角中发现了具有强大再生潜力的干细胞群	西北工业大学	Science
Global water use efficiency saturation due to increased vapor pressure deficit	大气水汽压差增加导致全球陆地生态系统水分利用效率饱和	中国农业科学院	Science

续表

论文名称	中文名称	旱区完成单位	期刊
Biofortification of iron content by regulating a NAC transcription factor in maize	通过调控 NAC 转录因子实现玉米铁含量的生物强化	中国农业科学院	*Science*
A Gγ protein regulates alkaline sensitivity in crops	一个调控作物碱敏感性的主效蛋白 Gγ	中国科学院遗传与发育生物学研究所	*Science*
Control of histone demethylation by nuclear-localized α-ketoglutarate dehydrogenase	细胞核定位的 α-酮戊二酸脱氢酶控制组蛋白去甲基化	北京大学	*Science*
Sensory circuitry controls cytosolic calcium-mediated phytochrome B phototransduction	感觉回路控制胞质钙介导的植物色素 B 光信号传导	北京大学	*Cell*
The enormous repetitive Antarctic krill genome reveals environmental adaptations and population insights	巨大高重复基因组图谱绘制揭示了南极磷虾环境适应机制及其群体演化历史	中国水产科学研究院	*Cell*
Neurulation of the cynomolgus monkey embryo achieved from 3D blastocyst culture	基于三维囊胚培养的食蟹猴神经胚发生	中国科学院动物研究所	*Cell*
Phylogenomic discovery of deleterious mutations facilitates hybrid potato breeding	利用进化基因组学鉴定有害突变、加速杂交马铃薯育种	中国农业科学院	*Cell*
WeiTsing, a pericycle-expressed ion channel, safeguards the stele to confer clubroot resistance	卫青，一种在中柱鞘表达的离子通道保护中柱来赋予根肿病抗性的基因	中国科学院遗传与发育生物学研究所	*Cell*
Adaptive evolution of the enigmatic Takakia now facing climate change in Tibet	正在面临西藏气候变化的神秘藻苔的适应性进化	首都师范大学	*Cell*
Airborne transmission of human-isolated avian H3N8 influenza virus between ferrets	H3N8 亚型禽流感病毒跨种传播机制	中国农业大学	*Cell*
Antagonistic RALF peptides control an intergeneric hybridization barrier on Brassicaceae stigmas	两组功能拮抗的 RALF 小肽控制十字花科植物属间柱头处的杂交屏障	北京大学	*Cell*
Amyloplast sedimentation repolarizes LAZYs to achieve gravity sensing in plants	植物中淀粉体沉降重新极性化 LAZYs 实现重力感受	清华大学	*Cell*

注：①表中仅列出第一完成单位属于旱区的成果。②发表的论文可能由多个单位共同完成，这里仅列出了全部单位中的旱区单位。

资料来源：Web of science 数据库。

4.5.1 Nature 发表旱区农业技术成果情况

2023 年，我国旱区高校及科研院所在 Nature 上发表的农业领域技术成果包括柱头受体调控十字花科种内和种间生殖隔离、优化作物布局可以提高中国环境的可持续性和农民收入、BR 与 GA 激素平衡调控小麦株型和产量的分子机制、哺乳动物嗅觉受体感知胺类气味的分子结构基础、微生物碳利用效率促进全球土壤碳储存、水杨酸甲酯介导植物气传性免疫的分子基础这 6 项。

4.5.1.1 柱头受体调控十字花科种内和种间生殖隔离

2023 年 1 月，山东农业大学段巧红等研究人员在 Nature 上发表了题为《柱头受体调控十字花科种内和种间生殖隔离》（Stigma receptors control intraspecies and interspecies barriers in Brassicaceae）的研究论文。研究人员证明了 SI 花粉决定因素 S-locus 半胱氨酸富集蛋白 /S-locus 蛋白 11（SCR/SP11）或来自 UI 花粉的信号与 SI 雌性决定因子 S-locus 受体激酶（SRK）结合，从而招募 FERONIA（FER）并激活 FER 介导的 SI 柱头中的活性氧产生，以排斥不亲和的花粉。在亲和反应中，SC 和 UC 花粉中分离的花粉包衣蛋白 B-class 不同程度地触发了一氧化氮、硝酯肪酸 FER 来抑制 SC 柱头中的活性氧，促进花粉以种内优先的方式生长，并保持了种内完整性。研究结果表明，SRK 和 FER 整合了种内和种间屏障的机制，为实现十字花科作物的远源育种提供了途径。该研究揭示了大白菜等十字花科蔬菜通过调控柱头活性氧水平以维持种间生殖隔离的分子机理，并研发了打破远缘杂交生殖隔离的育种技术，成功获得了大白菜的种间、属间远缘杂交胚，开辟了远缘杂交育种的新思路和新途径（Huang 等，2023）。

4.5.1.2 优化作物布局可以提高中国环境的可持续性和农民收入

2023 年 3 月，北京大学现代农学院、北京大学中国农业政策研究中心解伟研究员以第一作者兼通讯作者与合作者在 Nature 上发表了题为《优化作物布局可以提高中国环境的可持续性和农民收入》（Crop switching can enhance environmental sustainability and farmer incomes in China）的研究论文。研究聚焦冬小麦、春小麦、早稻、中稻等 13 种作物，这些作物总共占到中国主要作物产量的 94% 以及收获面积的 90%。研究团队用模型模拟了农业生产布局优化在不同方面和不同地区对农业可持续发展的贡献。研究结果表明，当分管不同农业可持续发展维度的部门"各自为政"时，虽然可以通过优化农业生产布局最大化自身利益，但是新的布局可能导致其他资源环境在全国和部分生态脆弱区恶化；当各管理部门实现"跨部门协同"时，农业生产布局优化有助于减少环境影响，包括农业灌溉用水减少 6.5%，温室气体排放降低 6.5%，化肥和农药使用量分别减少 8.5% 和 6.7%，同时农民收入增加 4.5%。该研究揭示了农业生产优化布局有潜力规避农业可持续发展管理中顾此失彼的问题，促进农业可持续发展（Xie 等，2023）。

4.5.1.3 BR 与 GA 激素平衡调控小麦株型和产量的分子机制

2023 年 4 月，中国农业大学农学院小麦研究中心在 Nature 上发表了题为《BR 与 GA 激素平衡调控小麦株型和产量的分子机制》（Reducing brassinosteroid signaling enhances grain yield in semi-dwarf wheat）的研究论文。研究团队通过多年大规模田间表型调查和遗传学研究，鉴定到一个稀有单倍型"r-e-z"，含有一个协同控制株型、产量和氮素利用效率的遗传模块（Rht-B1/ZnF-B）。其中，ZnF 是 BR 信号的正调控因子，Rht-B1 是 GA 信号的负调控因子，利用 r-e-z 单倍型介导的 BR 和 GA 激素再平衡，可以培育出矮秆抗倒、高产和氮素高效利用的小麦品种。该研究为培育出矮秆抗倒、高产和氮高效小麦品种提供了新途径，在突破现有绿色革命品种产量瓶颈方面有潜在的重要育种利用价值（Song 等，2023）。

4.5.1.4 哺乳动物嗅觉受体感知胺类气味的分子结构基础

2023 年 5 月，山东大学孙金鹏教授团队和上海交通大学医学院李乾研究员团队合作在 Nature 上发表了题为《哺乳动物嗅觉受体感知胺类气味的分子结构基础》（Structural basis of amine odorant perception by a mammal olfactory receptor）的研究论文。研究团队揭示了Ⅱ类嗅觉受体 mTAAR9 识别 4 种内源性胺类配体（苯乙胺、二甲基环己胺、尸胺、亚精胺）并与下游 Gas 及 Gaolf 蛋白偶联的分子机制和结构基础，揭示了嗅觉受体组合编码识别配体的分子机制，阐明了Ⅱ类嗅觉受体独特的激活方式。该研究系统地揭示了嗅觉感知的分子机制，是人类认识哺乳动物嗅觉识别文章的第一篇，为靶向嗅觉受体的药物开发提供了理论和结构基础（Guo 等，2023）。

4.5.1.5 微生物碳利用效率促进全球土壤碳储存

2023 年 5 月，清华大学在 Nature 上发表了题为《微生物碳利用效率促进全球土壤碳储存》（Microbial carbon use efficiency promotes global soil carbon storage）的研究论文。研究人员通过微生物的碳利用效率（CUE）衡量碳平衡过程，明确碳利用效率与土壤有机碳的储量存在的相互关系。此外，明确了微生物的碳利用效率和其他指标控制有机碳储量途径，利用全球尺度的数据库，评估了微生物碳利用效率与有机碳储存之间的关系。研究表明，在决定全球碳储量及其空间变化方面，CUE 的重要性至少是其他评估因素（如碳输入、分解或垂直运输）的 4 倍，CUE 与土壤有机碳含量呈显著正相关。该研究有助于揭示 CUE 背后的微生物过程及其对环境的依赖性，有利于预测土壤有机碳对气候变化的反馈（Tao 等，2023）。

4.5.1.6 水杨酸甲酯介导植物气传性免疫的分子基础

2023 年 9 月，清华大学刘玉乐团队在 Nature 上发表了题为《水杨酸甲酯介导植物气传性免疫的分子基础》（Molecular basis of methyl salicylate-mediated plant airborne defense）的研究论文。研究团队利用由蚜虫、病毒、植物组成的病理系统来剖析气传性免疫 AD 的分子机制。在分子生物学和遗传学基础上建立了 MeSA 介导 AD 抑制昆虫侵染和病毒传播的分子框架，并鉴定了植物中的受体，用于感知和获取空气中的 MeSA。研究团队还发现了一种抑制植物 AD 的病毒反防御策略，揭示了蚜虫和蚜虫传播病毒之间存在的共同进化的生存方式。该研究揭示了 MeSA 介导的植物气传性免疫的分子机制及其植物病毒的反防御机制，为防治病虫害提供了突破点和研究方向（Gong 等，2023）。

4.5.2 Science 发表旱区农业技术成果情况

2023 年，我国旱区高校及科研院所在 Science 上发表的农业领域技术成果包括在鹿角中发现了具有强大再生潜力的干细胞群、大气水汽压差增加导致全球陆地生态系统水分利用效率饱和、通过调控 NAC 转录因子实现玉米铁含量的生物强化、一个调控作物碱敏感性的主效蛋白-Gγ、细胞核定位的 α- 酮戊二酸脱氢酶控制组蛋白去甲基化这 5 项。

4.5.2.1 在鹿角中发现了具有强大再生潜力的干细胞群

2023 年 2 月 24 日，西北工业大学生态环境学院邱强教授和王文教授团队、空军军医大学西京医院黄景辉教授团队、长春科技学院李春义教授团队与吉林农业大学李志鹏教授团队等，在 Science 上发表了题为《在鹿角中发现了具有强大再生潜力的干细胞群》（A population of stem cells with strong regenerative potential discovered in deer antlers）的研究论文。该研究发现鹿角芽基祖细胞（Deer Antler Blastema

Progenitor Cell）是高等脊椎动物中保守的再生性细胞的可能来源。该论文建立了鹿角再生发育的细胞图谱，系统描述了鹿角再生和快速生长的细胞分子机制，从而发现了鹿角再生过程中特有的干细胞群，这一干细胞群是鹿角再生能力的核心细胞群，是鹿角再生能力的必要条件。通过进一步的实验验证表明，该细胞群展现出了极强的自我更新、成骨和软骨分化以及骨骼修复的能力。该研究为哺乳动物再生能力的研究提供了全新的认知，同时为哺乳动物骨骼修复和人类骨骼的再生医学提供了新的研究方向（Qin等，2023）。

4.5.2.2 大气水汽压差增加导致全球陆地生态系统水分利用效率饱和

2023年8月10日，*Science*杂志在线发表了来自中国农业科学院草原研究所（第一单位）李飞团队及新罕布什尔大学肖劲锋共同通讯，题为《大气水汽压差增加导致全球陆地生态系统水分利用效率饱和》（*Global water use efficiency saturation due to increased vapor pressure deficit*）的研究论文，该研究揭示了大气水汽压差增加导致了全球陆地生态系统水分利用效率饱和的现象，为指导全球及我国生态安全建设提供了新的思路。该研究挑战了目前的观点，即水分利用效率（WUE）的增加是由生态系统光合作用的增强和气孔导度的降低导致的。该研究为正确认识陆地碳库与碳中和提供了新视角，即人类依赖自然生态系统来实现碳中和可能会受到气候变暖的不利影响，这对指导全球及我国生态系统安全建设具有重要的意义（Li等，2023）。

4.5.2.3 通过调控NAC转录因子实现玉米铁含量的生物强化

2023年12月8日，*Science*杂志在线发表了来自中国农业科学院作物科学研究所李文学研究员团队与河南农业大学汤继华教授团队合作的，题为《通过调控NAC转录因子实现玉米铁含量的生物强化》（*Biofortification of iron content by regulating a NAC transcription factor in maize*）的研究论文。该研究进行了全基因组关联分析，发现了一个调节玉米籽粒铁含量的基因ZmNAC78（NAM/ATAF/CUC Domain Transcription Factor 78）。利用ZmNAC78启动子中42个碱基对的插入或缺失（indel）的分子标记，培育出玉米籽粒铁含量高、产量高的玉米品种。ZmNAC78在玉米籽粒的基底胚乳传递细胞中富集表达，并能够直接激活3个铁转运蛋白（ZmYSL11，ZmNRAMP3，ZmHMA8）。研究发现ZmNAC78和金属转运蛋白共同组成一个分子开关控制铁元素进入玉米籽粒中的转运通路，该研究为培育富铁玉米品种提供了一条途径（Yan等，2023）。

4.5.2.4 一个调控作物碱敏感性的主效蛋白Gγ

2023年3月24日，*Science*杂志在线发表了来自中国科学院遗传与发育生物学研究所谢旗团队、中国农业大学于菲菲团队和华中农业大学欧阳亦聘团队联合8家科研单位所作的，题为《一个调控作物碱敏感性的主效蛋白Gγ》（*A Gγ protein regulates alkaline sensitivity in crops*）的研究论文，该研究发现了一个重要的耐盐碱调控基因AT1（Alkali Tolerance 1），通过对该基因的操纵，可以显著提高多种作物的盐碱耐受性，并揭示了AT1通过调节细胞中的活性氧（ROS）水平来参与碱胁迫响应的分子机理。羧基端截断的AT1等位基因增加了敏感性，而敲除AT1则增加了高粱、小米、水稻和玉米的耐碱性。AT1编码非典型G蛋白γ亚基，影响水通道蛋白的磷酸化以调节过氧化氢（H_2O_2）的分布。这些过程似乎可以保护植物免受碱的氧化胁迫。该研究还发现该基因在中重度盐碱地显著提升高粱、水稻、玉米、小麦、玉米和谷子等作物的产量（如吉林大安盐碱地pH值达到9.17，水稻可实现年增产22.4%～27.8%；宁夏平罗盐碱地（pH 9.10，盐6‰）用基因剪刀"剪掉"AT1基因能够使高粱全株生物量（青贮饲料用）增加近30.5%，籽粒增产20.1%；可让谷子增产19.5%）（Zhang等，2023）。

4.5.2.5 细胞核定位的α-酮戊二酸脱氢酶控制组蛋白去甲基化

2023年7月14日，*Science*杂志在线发表了来自北京大学现代农学院、北京大学现代农业研究院、北大—清华生命科学联合研究中心何跃辉研究组所作的，题为《细胞核定位的α-酮戊二酸脱氢酶控制组蛋白去甲基化》（*Control of histone demethylation by nuclear-localized α-ketoglutarate dehydrogenase*）的研究长文，该研究报道了植物三羧酸循环（TCA Cycle）的限速酶α-酮戊二酸脱氢酶复合体（α-ketoglutarate dehydrogenase，KGDH）响应光信号进入细胞核，并与JMJs蛋白互作；KGDH通过竞争性代谢α-酮戊二酸，抑制了JMJs的组蛋白去甲基化活性，从而在全基因组水平调控组蛋白的甲基化修饰，进而调控一系列环境响应基因表达的分子机制。该研究揭示了一个全新的组蛋白去甲基化酶活性的调控机制，即TCA循环的限速酶KGDH能进入细胞核，并且这个过程在植物中受光调控；核内KGDH与多个JMJs互作，通过催化α-酮戊二酸的氧化脱羧，竞争性地抑制了JMJs的去甲基化活性，从而调控了基因组范围内的组蛋白甲基化水平，进而激活或抑制靶基因表达。核内KGDH与JMJs的互作在哺乳动物细胞中也被发现，表明这一调控机制保守存在于真核生物界（Huang等，2023）。

4.5.3 Cell 发表旱区农业技术成果情况

2023 年，我国旱区高校及科研院所在 Cell 上发表的农业领域技术成果包括感觉回路控制胞质钙介导的植物色素 B 光信号传导、巨大高重复基因组图谱绘制揭示了南极磷虾环境适应机制及其群体演化历史、基于三维囊胚培养的食蟹猴神经胚发生、利用进化基因组学鉴定有害突变、加速杂交马铃薯育种、卫青，一种在中柱鞘表达的离子通道保护中柱来赋予根肿病抗性的基因、正在面临西藏气候变化的神秘藻苔的适应性进化、H3N8 亚型禽流感病毒跨种传播机制、两组功能拮抗的 RALF 小肽控制十字花科植物属间柱头处的杂交屏障、植物中淀粉体沉降重新极性化 LAZYs 实现重力感受这 9 项。

4.5.3.1　感觉回路控制胞质钙介导的植物色素 B 光信号传导

2023 年 3 月，北京大学钟上威团队在国际顶尖学术期刊 Cell 上在线发表了题为《感觉回路控制胞质钙介导的植物色素 B 光信号传导》(Sensory circuitry controls cytosolic calcium-mediated phytochrome B phototransduction) 的研究论文。该研究提出的"红光-phyB-Ca^{2+}-CPKs-phyB"的"光—钙调控环路"中，CPKs-phyB 元件需要光和钙信号的同时激活才能引起 phyB 入核，使胞质钙浓度升高特异转换为光信号传导。在植物感知与响应环境变化中，环境信号受体是特异性最高的功能组分，该研究提出的"环境信号受体—钙信号—环境信号受体"调控环路机制，为深入认识钙信号的特异性解码提供新见解（Zhao 等，2023）。

4.5.3.2　巨大高重复基因组图谱绘制揭示了南极磷虾环境适应机制及其群体演化历史

2023 年 3 月，中国水产科学研究院黄海水产研究所邵长伟团队在 Cell 在线发表题为《巨大高重复基因组图谱绘制揭示了南极磷虾环境适应机制及其群体演化历史》(The enormous repetitive Antarctic krill genome reveals environmental adaptations and population insights) 的研究论文，该研究论文在南极磷虾超大基因组组装、极端环境适应和群体历史演化研究方面取得突破性进展，研究成果为海洋生物极端环境适应机制及其群体演化的深入解析提供了新的理论参考，也为南极磷虾渔业资源的管理提供了理论依据，对培育我国南极生物资源开发利用新兴产业、深度参与极地渔业国际治理具有重大意义（Shao 等，2023）。

4.5.3.3 基于三维囊胚培养的食蟹猴神经胚发生

2023年5月,中国科学院动物研究所王红梅研究员团队在 *Cell* 在线发表题为《基于三维囊胚培养的食蟹猴神经胚发生》(*Neurulation of the cynomolgus monkey embryo achieved from 3D blastocyst culture*)的研究论文,系统探究了食蟹猴早期神经胚发育过程,解析了非人灵长类胚胎中晚期原肠运动至早期器官发生过程,填补了该阶段的领域空白,为灵长类胚胎和基于干细胞构建"类胚胎"的体外培养提供了参考体系,为深入了解人类早期胚胎发育机制,以及早期胚胎发育异常相关疾病的病理特征提供技术平台和理论依据(Zhai 等,2023)。

4.5.3.4 利用进化基因组学鉴定有害突变、加速杂交马铃薯育种

2023年5月,中国农业科学院深圳农业基因组研究所黄三文团队在 *Cell* 在线发表题为《利用进化基因组学鉴定有害突变、加速杂交马铃薯育种》(*Phylogenomic discovery of deleterious mutations facilitates hybrid potato breeding*)的研究论文,该研究项目收集大量茄科物种资源,通过对100个茄科基因组的比较分析,来追踪最长8千万年、累计12亿年的进化痕迹,在此基础上开发出"进化透镜"来发现马铃薯进化约束及有害突变,绘制了首个马铃薯有害突变二维图谱。利用图谱信息,提出反直觉的自交系培育方法,开发全基因组预测新模型,使马铃薯产量预测达到了前所未有的准确度,加速了杂交马铃薯育种进程。该研究使我国在铃薯育种基础理论和技术上站在了世界领先地位(Wu 等,2023)。

4.5.3.5 卫青,一种在中柱鞘表达的离子通道保护中柱来赋予根肿病抗性的基因

2023年6月,中国科学院遗传与发育生物学研究所陈宇航团队与周俭民团队合作在 *Cell* 期刊上发表题为《卫青,一种在中柱鞘表达的离子通道保护中柱来赋予根肿病抗性的基因》(*WeiTsing, a pericycle-expressed ion channel, safeguards the stele to confer clubroot resistance*)的研究论文。该项研究克隆了广谱抗根肿病基因——卫青(WeiTsing,WTS),并阐明了其作用机制。植物不仅可以通过传统的抗病小体激活钙信号,还能利用NLR家族以外的其他蛋白,组装成全新的离子通道来激活钙信号和免疫反应。不同于质膜定位的抗病小体,WTS复合物定位于内质网,表明其为钙离子释放通道,这也是在植物中首次发现钙离子释放通道;此外,WTS在根部特异细胞层的诱导和作用方式,对其他土传病害抗性机制的研究有重要借鉴意义(Wang 等,2023)。

4.5.3.6 正在面临西藏气候变化的神秘藻苔的适应性进化

2023年8月,首都师范大学何奕騉团队在 Cell 在线发表题为《正在面临西藏气候变化的神秘藻苔的适应性进化》(Adaptive evolution of the enigmatic Takakia now facing climte change in Tibet)的研究论文,该研究以藻苔为研究材料,相对全面深入地分析了从藻苔基因组到种群动态特征,提供了一个新的研究范式。研究团队发现,强紫外线照射后藻苔植株和细胞结构的完整性几乎没有受到任何可以观察到的影响。团队完成了藻苔"de novo 全基因组序列"测定,通过基因组研究发现,藻苔在基因水平上非常活跃,拥有最高数量的正选择快速进化基因,因而能够迅速适应快速变化的生存环境。研究发现,这种藻苔的广泛基因组数代选择进化,在修复断裂脱氧核糖核酸(DNA)和紫外线损伤方面表现出色,揭示了有植物活化石之称的藻苔在青藏高原的生存法则(Hu 等,2023)。

4.5.3.7 H3N8 亚型禽流感病毒跨种传播机制

2023年9月,中国农业大学动物医学院刘金华团队在 Cell 在线发表题为《H3N8亚型禽流感病毒跨种传播机制》(Airborne transmission of human-isolated avian H3N8 influenza virus between ferrets)的研究论文,该研究团队检测了30位流感疫苗接种人员和394位来自普通人群的血清抗体,结果显示人群普遍缺乏针对新型 H3N8 病毒的抗体,季节性 H3N2 流感疫苗对 H3N8 病毒无交叉保护。该研究对我国出现的 H3N8 亚型禽流感病毒公共卫生风险进行了系统的预警研究,揭示了 H3N8 亚型禽流感在哺乳动物间空气传播的分子机制,为防控新型 H3 亚型流感病毒人间大流行奠定了理论基础(Sun 等,2023)。

4.5.3.8 两组功能拮抗的 RALF 小肽控制十字花科植物属间柱头处的杂交屏障

2023年10月,北京大学生命科学学院、北大—清华生命科学联合中心、新基石科学实验室瞿礼嘉教授及钟声副研究员团队在 Cell 期刊在线发表题为《两组功能拮抗的 RALF 小肽控制十字花科植物属间柱头处的杂交屏障》(Antagonistic RALF peptides control an intergeneric hybridization barrier on Brassicaceae stigmas)的研究论文,该研究在分子水平上解析了拟南芥柱头识别并接受自己花粉以及近缘花粉而不接受远缘花粉的机制,提出了柱头—花粉间识别与信号交流的"锁—钥模型",阐明了柱头处的种间/属间生殖障碍形成机理,解释了"花粉蒙导效应"。该研究是植物生殖生物学和植物远缘杂交领域的重大突破,不仅揭示了植物在柱头处关键生殖杂交屏障建立的分子基础，还清楚地解析了20世纪提出的"花粉蒙导效应"，从而找到了一种简单、有效的方法打破植物柱头处的关键生殖障碍。这对未来我们打破植物种间/属间生殖隔离，实现植物远缘杂交，为农业、园艺等领域创制全新的种质资源具有重要的理论意义和广阔的应用前景（Lan等，2023）。

4.5.3.9 植物中淀粉体沉降重新极性化LAZYs实现重力感受

2023年9月，清华大学生命科学学院、清华—北大生命科学联合中心陈浩东团队在 Cell 期刊在线发表题为《植物中淀粉体沉降重新极性化LAZYs实现重力感受》（*Amyloplast sedimentation repolarizes LAZYs to achieve gravity sensing in plants*）的研究论文，该研究论文解析了"淀粉—平衡石"假说的分子机制，其核心是植物偏离重力方向后，淀粉体可通过其表面的TOC蛋白携带LAZY蛋白一起沉降，并引导LAZY蛋白沿着重力方向在细胞膜上形成新的极性分布，进而调控植物的向重力性生长。该研究成果为120年前提出的"淀粉—平衡石"假说提供了分子解释，揭示了植物感受重力的分子机制，是植物信号转导领域的重大突破。LAZY与TOC两类蛋白均在不同植物中广泛存在，该研究揭示的重力感受机制很可能具有普适性。细胞器的运动与极性的形成都是很普遍的生物学现象，该工作揭示的细胞器运动直接调控蛋白新极性形成的机理，对其他极性相关研究也具有启示意义（Chen等，2023）。

5 旱区油菜产业与技术发展专题

当前我国国产植物油自给率依然偏低，油菜作为我国重要的油料作物，国产菜籽油占国内油料作物产油量的约50%，对保障国家食用油供给安全具有重要作用。2012年中央一号文件首次全面部署农业科技，油菜产业在科技支撑的作用下取得了长足发展。2023年中央一号文件提出"加力扩种大豆油料"，要"深入推进大豆和油料产能提升工程""统筹油菜综合性扶持措施，推行稻油轮作，大力开发利用冬闲田种植油菜"，这对我国油菜产业的发展提出了更高的要求。

近年来，我国努力开展油菜产业农机装备研发与升级，农业装备被大力推广应用于种植、耕作、收获及加工环节，显著提高了劳动生产率。同时，通过育种和生产技术改良，油菜含油量和出油率提高，我国高产高油品种培育成效显著。对于我国旱区油菜产业，总体而言，旱区油菜种植户生产成本相对较高，利润空间小，这直接导致种植效益偏低，农民种植积极性不高。此外，我国旱区油菜产业链纵向延伸不足，整体联结不紧密，如缺乏精深加工产品、菜籽油工业消费较低、龙头加工企业的辐射带动能力不强等。针对油菜产业发展的短板，我国先后实施了良种补贴、最低临时收储、稻油轮作补贴、油菜扩种补贴等多项补贴措施，为推动旱区油菜产业发展起到了重要作用。但总的来看，各项扶持政策仍然存在一定优化空间。

5.1 旱区油菜技术发展环境

油菜原产地在欧洲与中亚一带，在我国栽培较广，长江流域和以南各地为最多。油菜属十字花科芸薹属，是一年生草本植物。按油菜的形态学、细胞学和生物学特征划分，可将油菜分为甘蓝型油菜、白菜型油菜、芥菜型油菜三大类型；按油菜的生长季节不同，可将油菜分为冬油菜和春油菜两类。冬油菜是秋天播种，越冬后来年收获，主要集中于长江流域等冬季相对温和的地区；春油菜是春播秋收，避开严冬，可在东北和西北地区生长。油菜的生长过程包括发芽出苗期、苗期、现蕾抽薹期、开花期和角果发育成熟期五个阶段。我国是全球油菜第二大生产国，但消费量居世界第一。

油菜用途多样，主要有七大作用：①油用。油菜籽榨油，供食用或工业用。②菜用。在油菜蕾薹期摘取主茎或分枝菜薹，可作为应时蔬菜或脱水加工蔬菜食用。油菜薹是春节前后上市的优质蔬菜，有效缓解冬季缺乏应季蔬菜的困难。③花用。以油菜花为载体，吸引市民踏青赏花，开展休闲观光、农事体验、创意油菜花节等活动。④蜜用。油菜花面积大，集中成片，花期长，花蜜花粉丰富，在油菜开花期养蜂，可生产油菜蜜。⑤饲用。油菜茎、叶可被家畜直接采食，也可青贮后作为冬春饲料，油菜籽榨油后的菜籽饼是优质饲料原料。⑥肥用。在油菜盛花期压青，增加土壤有机质的同时，酸性根系分泌物能释放土壤中的磷元素，提高土壤潜在肥力。油菜中丰富的硫苷能有效杀死有害细菌、虫卵、杂草等，与水稻轮作能改善稻田连作带来的不利影响。⑦其他。菜籽油精炼过程中的磷脂油脚等副产品，可以广泛用于食品加工、工业原料等，在冶金、机械、橡胶、化工、油漆、纺织、制皂、造纸、皮革、医药等方面也有广泛的用途，具有重要的经济价值。

油菜在我国是最大的油料作物，关乎国计民生。我国是油菜生产大国，油菜常年种植面积保持在 1 亿亩左右，产量逐年增加。截至 2023 年，油菜产量达到 1 671.34 万吨，在世界总产量中的占比约为 30%。数据显示，2019—2022 年我国油菜种植面积基本为增长趋势，到 2022 年我国油菜种植面积约为 1.09 亿亩，与上一年相比增加了 400 万亩。从产量来看，2019—2023 年我国油菜籽产量一直为增长趋势，到 2023 年我国油菜籽产量为 1 631.74 万吨，同比增长 5.1%。从进口数量来看，在 2020 年之后我国油菜籽进口数量一直为下降趋势，但 2023 年我国油菜籽进口数量快速增长。数据显示，2023 年我国共进口油菜籽 549.14 万吨，同比暴增 180.13%，在近些年为进口总量的最高水平。受产需缺口较大影响，我国食用油自给率仅为 30% 左右，对外依存度高，油料保持净进口格局。

由于自然环境及生产条件的影响，旱区油菜产业发展进程缓慢，旱区油菜籽产值占全国油菜籽产值的 13.9%。如图 5-1 所示，河南省油菜籽的产值居旱区首位，为 33.6 亿元，旱区中油菜籽产值较高的还有陕西、甘肃、内蒙古、青海，其油菜籽产值分别为26.5亿元、22.0亿元、21.1亿元和18.3亿元。辽宁、宁夏、山西、山东的油菜籽产值均低于2亿元，这与当地自然环境和气候条件等因素有关。我国油菜在各地区的种植分布并不均衡，种植区域主要分布在长江流域和黄河流域，其中位于江淮平原的安徽、江苏、浙江、湖南、湖北等地是我国主要的油菜种植区。此外，川南丘陵、云南高原、贵州、四川南部山区等地也是重要的油菜种植区。我国冬油菜的种植面积约占全国油菜总面积的90%，主要集中在两个地区：一是长江流域油菜籽主产区，包括江苏、浙江、安徽、湖北、江西、湖南、重庆等省，常年种植面积和产量占全国比重的50%～60%。二是西南油菜籽主产区，常年种植面积和产量占全国的20%～30%，包括四川、贵州、云南。近几年我国冬油菜播种面积和总产量都有显著增长，特别是黄淮流域广大地区，充分利用冬闲地扩大复种面积，油菜产业有了很大的发展。春油菜种植面积约占全国油菜总面积的10%左右，主要分布在我国西北高原各省，比较集中分布在青海、内蒙古、新疆、甘肃等省区。春油菜区的特点是冬季严寒，生长季节短，降水量少，日照时间长，日照强度大，且昼夜温差大。这种气候对油菜种子发育有利，油菜籽粒大，干粒重高。春油菜区1月最低平均气温为-20～-10℃或更低，因此油菜不能安全越冬，只能春播（或夏播）秋收。油菜生长季节短，白菜型油菜品种全生育期一般为60～100天，甘蓝型

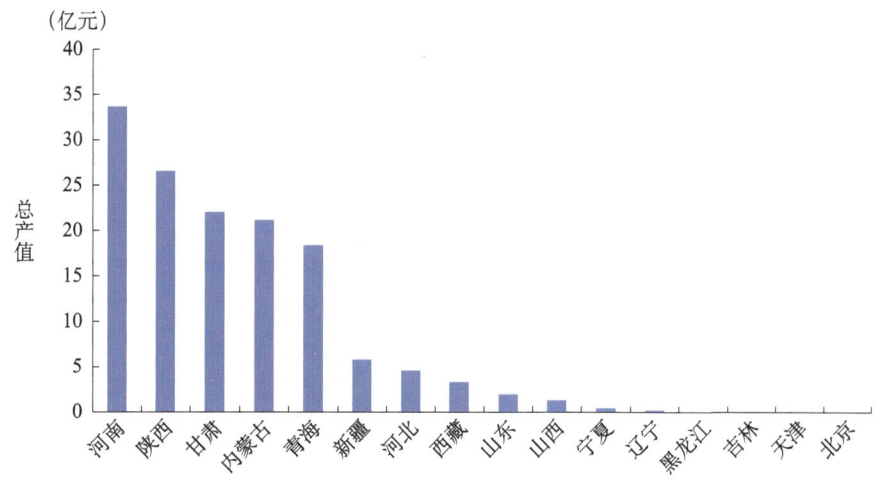

图5-1　2022年旱区各省（区、市）油菜籽产值

Figure 5-1　Value of rapeseed industry in provinces in arid area in 2022

资料来源：《中国农村统计年鉴2023》。

油菜生育期虽长，但也只有 95～120 天。春油菜品种一般以白菜型、芥菜型油菜为主，如青海、甘肃、内蒙古等省区的白菜型小油菜，是我国历史上栽培最早的白菜型春油菜；新疆和云南是我国芥菜型油菜种植最为集中的地方。这两个品种类型春性强，可以在 10℃左右的温度条件下很快进行发育，因而全生育期短。

2022 年旱区各省（区、市）油菜籽产量情况如图 5-2 所示，其中油菜籽产量最高的是河南省，为 49.0 万吨。旱区中油菜籽产量较高的还有内蒙古、陕西、甘肃和青海，其油菜籽产量分别为 37.0 万吨、36.5 万吨、35.9 万吨和 30.8 万吨。这五个省（区、市）同样也是油菜籽产值最高的五个地区。辽宁、宁夏、山东和山西的油菜籽产量最低，且与河南等五个省（区、市）的差距很大。我们发现，2022 年旱区各省（区、市）油菜的播种面积同油菜产量的趋势类似，但也有差别，如图 5-3 所示。内蒙古的油菜播种面积比河南高，但是内蒙古的油菜籽产量却低于河南省的油菜籽产量。陕西的油菜籽产量虽然在旱区中排名第四，但其油菜籽总产值在旱区中排名第二，与排名第一的河南省有所差距，与排名第三的甘肃省也拉开了差距。这说明旱区农业技术应用水平参差不齐，部分省（区、市）新品种、新技术、新模式应用水平低，机械化水平不高，标准化生产水平不高，油菜质量参差不齐。此外，旱区干旱频繁发生，加之水资源短缺，会直接影响产量、质量和效益，继而影响产业持续发展能力。

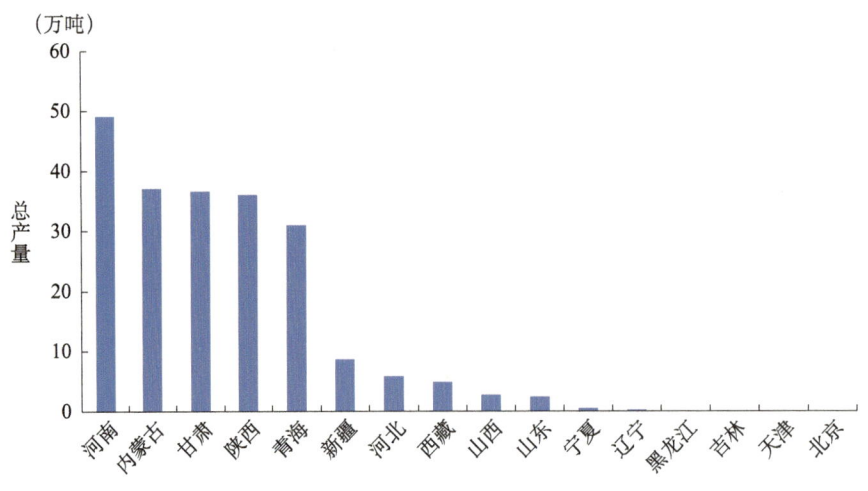

图 5-2　2022 年旱区各省（区、市）油菜籽产量情况

Figure 5-2　Production of rapeseed products in provinces in arid area in 2022

资料来源：《中国农村统计年鉴 2023》。

旱区油菜产业与技术发展专题

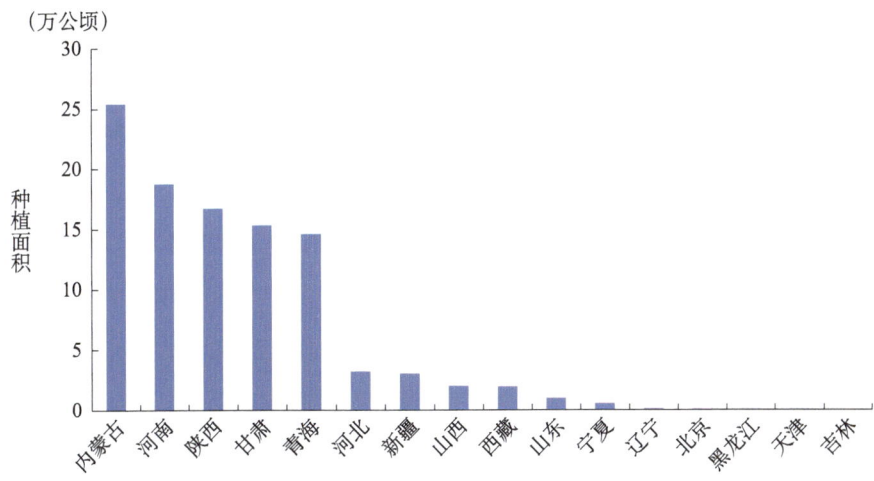

图 5-3 2022 年旱区各省（区、市）油菜播种面积

Figure 5-3 The sowing area of rape in provinces in arid area in 2022

资料来源：《中国农村统计年鉴 2023》。

由以上分析可知，我国油菜产业的发展受到多种因素的制约。一是生产效益较低，农民种植积极性不高。油菜籽整体的种植利益并不高，不算人工成本一亩地的种植成本在 360~400 元，人工成本在 300~400 元，因此种植油菜籽的净利润可能只有 200~300 元/亩。但种植过程中的劳动投入较多，肥料、农药、种子等农资投入成本过高，菜籽价位偏低。二是我国油菜种业育种技术有待提升。我国长江流域油菜主产区在冬季种植，并与水稻、玉米等主粮轮作。在冬闲田面积潜力最大的长江流域中部和北部地区，只能种植生长期为 160~170 天以内的品种，亟须短生长期的品种，且该地区面临多种灾害天气的影响。目前我国油菜含油量较低，含油量较高的品种并没有得到较好的推广和应用，产量潜力没有得到充分发挥。三是机械化程度低。一方面，我国农田地块过小，不利于机械化的大面积实施；另一方面，由于我国部分地区是丘陵、山区格局，大型机械很难作业。此外，收获机械与种植品种不配套，也导致了机械程度偏低。

尽管存在以上问题，旱区油菜产业仍具有较大的发展潜力。位于陕西省的杨凌农业高新技术产业示范区（以下简称"杨凌示范区"），是 1997 年 7 月经党中央、国务院批准设立的首个国家级农业高新技术产业示范区。杨凌示范区内的杂交油菜研究中心，是国内一流的杂交油菜研究机构，现已建成国家油料作物改良中心陕西油菜分中心、杂交油菜国家地方联合工程研究中心等"5533"科研创新平台，即 5 个创新中心、5个科研平台、3个创新团队、3个科研基地以及杨凌农作物生物育种共享平台和智慧农业物联网平台。研究中心在油菜科研领域取得了多项具有里程碑意义的成果。一是世界杂交油菜品种的"诞生地",育成世界上第一个大面积成功应用于生产的杂交油菜品种"秦油2号",增产幅度达30%以上。二是全国重大油菜品种的"发源地",继"秦油2号",研究中心又育成"秦优7号","秦优1618"连续2年被农业农村部列为全国粮油主导品种,"秦优797"亩产385.5千克,刷新了黄淮区油菜单产纪录。三是杂交油菜科技创新的"孵化地",首创的种子纯度检测技术、制种质量控制技术等已成为全国普遍应用的核心技术;在油菜特高含油量研究方面取得重大突破,获得含油量60%左右的种质材料,自主发明专利化学杀雄剂"SX-1"成功应用于油菜育种,使陕西省成为全国最大的杂交油菜"北制南用"繁育基地,年供种量占全国的40%。未来该研究中心将持续发力,不断实现技术创新,助力旱区油菜产业发展,延链补链加强油菜多功能利用,深化油用、菜用、饲用、蜜用、花用、绿肥,促进乡村振兴。

为推动油菜产业高质量发展,国务院及有关部门积极出台相关政策,给油菜产业发展营造良好政策环境(见表5-1)。

表5-1 2022年有关油菜的政策法规文件
Table 5-1 Main agricultural regulations and policies on rape in 2022

序号	机构	颁文文号	主题
1	中国人民银行	银发〔2023〕97号	关于金融支持全面推进乡村振兴 加快建设农业强国的指导意见
2	工业和信息化部	工信部联消费〔2023〕31号	关于培育传统优势食品产区和地方特色食品产业的指导意见
3	农业农村部	农发〔2023〕1号	关于落实党中央国务院2023年全面推进乡村振兴重点工作部署的实施意见
4	农业农村部	农机发〔2023〕1号	关于加快推进农产品初加工机械化高质量发展的意见
5	农业农村部	农机发〔2023〕3号	关于加快粮食产地烘干能力建设的意见

注:"发文机构"仅列出政策文件中排序第一的部门名称。
资料来源:中国资讯行,根据资料进行不完全整理得到。

(1)中国人民银行、国家金融监督管理总局、中国证券监督管理委员会、财政部、农业农村部联合发布《关于金融支持全面推进乡村振兴 加快建设农业强国的指导意见》(以下简称《意见》)。《意见》中提出要做好粮食和重要农产品稳产保供金融服务。加大粮食和重要农产品生产金融支持力度。围绕新一轮千亿斤粮食产能提升行动、玉米单产提升工程和吨粮田创建,强化粮食生产主体扩大产能、设备改造、技术升级等融资需求对接,促进粮食稳产增产。聚焦大豆和油料生产、生猪和"菜篮子"工程、油茶扩种和低产低效林改造,持续加大信贷投放力度。以化肥、农药等农资生产购销为切入点,满足农资企业经营发展和农业生产主体农资采购周转资金需求。推广粮食和重要农产品生产托管综合金融保险服务模式,推动提升农产品生产专业化社会化服务水平。金融机构要积极参与粮食市场化收购业务,农业发展银行要及时足额发放储备及轮换贷款。

(2)工业和信息化部、国家发展和改革委员会、科学技术部、财政部、生态环境部、交通运输部、农业农村部、商务部、文化和旅游部、市场监管总局、中国银行保险监督管理委员会十一部门联合发布《关于培育传统优势食品产区和地方特色食品产业的指导意见》(以下简称《意见》)。传统优势食品产区和地方特色食品产业是我国食品工业重要发展载体和关键增长引擎。为深入贯彻党的二十大精神,落实《国民经济和社会发展第十四个五年规划和2035年远景目标纲要》,加快推动传统优势食品产区和地方特色食品产业发展,培育形成经济发展新动能,助力乡村振兴和共同富裕,制定该指导意见。《意见》提出增强优质原料保障能力。第一,丰富原料品种。加强优质食用农产品原料品种资源保护利用,强化特色、珍稀农产品品种扩大繁育工作,为地方特色食品产业发展提供有力支撑。加强加工适用型原料品种培育,支持高等院校、科研院所和种业企业围绕地方特色食品产业发展需求,大力开展加工专用品种资源的引进、测试评价和创新利用,优化原料品质和加工性能,扩大适用范围。第二,建设原料供应基地。鼓励企业聚焦中国特色农产品优势区并适度向边境地区倾斜,建立长期稳定的农产品原料供应基地,发展规模化种植、养殖。开展农业面源污染调查监测,落实农业面源污染防治措施,规范农兽药、肥料、饲料等农业投入品的使用,促进农业废弃物回收利用,严格土壤镉等重金属污染源头防治,保护生态环境。鼓励申报创建国家有机食品生产基地。第三,强化利益联结机制。鼓励地方特色食品生产企业以订单农业等方式,与农民专业合作社、家庭农场等新型农业经营主体形成稳定的协作关系,或与农产品原料种养殖户建立契约型、分红型、股权型等多种合作模式,组织专门机构或专业人员有针对性地开展种植、养殖技术指导，形成长期稳定的优质原料供应来源，让农民共享全产业链的增值收益。在专栏一中提到长江流域油菜籽种植基地和青海春油菜籽种植基地。

（3）农业农村部发布《关于落实党中央国务院2023年全面推进乡村振兴重点工作部署的实施意见》（以下简称《意见》）。《意见》提出加力扩种大豆油料。深入推进国家大豆和油料产能提升工程。将大豆、油料面积下达各省份，并纳入粮食安全党政同责考核内容。千方百计稳定大豆面积、力争有所增加。合理设定玉米大豆生产者补贴标准，实施好大豆完全成本保险和种植收入保险试点，在东北地区大力推广粮豆轮作、适度开展稻改豆等。稳定西北地区大豆玉米带状复合种植实施规模，扩大西南、黄淮海和长江中下游地区推广面积。在新疆次宜棉区推广棉豆轮作，发展小麦大豆隔年轮作。稳步开发盐碱地、整治撂荒地种植大豆。多油并举扩大油料面积。扩大产油大县奖励规模。实施耕地轮作项目，对开发冬闲田扩种油菜实行补贴，推广稻油、稻稻油和旱地油菜等种植模式。在黄淮海和北方农牧交错带发展玉米花生轮作，因地制宜发展油葵、芝麻等特色油料生产。技术集成提高单产。开展大豆油菜整县（农场）整建制高产打造，建设一批"百亩田、千亩方、万亩片"，集中推介一批新品种，集成推广新技术新模式，辐射带动大面积均衡增产增效。分类型开展油菜高产竞赛，分区域总结推广可复制的高产典型。加强长江流域受旱影响油菜田间管理，多打抗旱机井，及时促弱转壮。加快大豆玉米带状复合种植专用品种选育和配套农机改制推广，分省份组织制定技术方案，分区域开展培训指导，提升技术到位率和覆盖面。

（4）农业农村部发布《关于加快推进农产品初加工机械化高质量发展的意见》（以下简称《意见》）。农产品初加工是现代农业做强产业链、优化供应链、提升价值链的重要基础。发展农产品初加工机械化，有利于减少农产品损失、提升农产品品质、增强农产品加工转化能力、提高农业生产经营效益，对于做大做强农产品加工流通业、发展乡村产业、拓宽农民增收致富渠道和巩固拓展脱贫攻坚成果具有重要意义。《意见》提出加快提升粮食油料初加工机械化水平，大力推进粮食油料产地烘干设施装备建设，加快提升产地烘干贮藏能力，保障粮食油料生产抗灾减灾、节粮减损需要。加快补上粮食产地烘干能力缺口，科学规划布局，新建扩建粮食产地烘干中心（点），补齐设施装备短板，优化烘干技术装备配置，推广应用绿色环保热源，配套完善清理、除尘等设备，提高粮食水分检测设备技术水平，提升粮食烘干品质、作业量在线监测能力，推进粮食烘干绿色化、信息化。结合粮食烘干能力建设，按照设施设备通用、补齐特需要求，布局油菜、大豆等油料烘干能力建设，加强油料水分检测设备研发应用。推进花生产地烘干技术装备研发推广，降低花生产后霉变损失。支持小宗特色油料初加工，不断提高柔性脱壳、去皮分离技术装备水平，降低破损率。加快米糠膨化设备推广应用，为米糠制油提供有效支撑。加快攻克薯类初加工病害薯检测技术，加快推广表面清理、分级分选、低损搬运、减损贮藏、净鲜切制等技术装备，推进产地商品化处理，减少薯类贮藏劣变损失。

（5）农业农村部、国家发展和改革委员会、财政部、自然资源部、生态环境部、国家粮食和物资储备局联合发布《关于加快粮食产地烘干能力建设的意见》（以下简称《意见》）。《意见》提出增强烘干作业服务能力。引导新型农业服务主体和经营主体建设粮食产后烘干及仓储服务设施，创新服务机制，提升设备共享与服务能力。培育发展"全程机械化＋综合农事服务""农机企业＋合作社＋农户""合作社购买＋农民租用"等粮食产地烘干社会化服务新模式、新业态。加强对烘干服务组织规范化建设的指导，引导其完善管理制度，健全运行机制，拓展服务范围，提高服务标准。将具备条件的烘干服务组织列入农机应急作业服务体系，鼓励其按照平时和应急结合的原则积极承担应急救灾任务，探索灾害性天气下的烘干服务模式，提高烘干应急保障能力。引导粮食烘干作业服务向油菜等经济作物扩展，增强服务能力，提高设施装备的利用率和经营效益。

5.2 旱区油菜科技资源条件

油菜和油菜籽产业是一个庞大复杂的系统工程，为提升国产油菜和油菜籽质量水平和国际竞争力，保证国家粮食安全和主要农产品有效供给，通过整合、集成、优化科技资源，我国逐步构建油菜产业发展的科技创新基础服务平台，并不断改善和优化油菜和油菜籽产业"产—学—研"全面发展的各类基础科技条件，形成了具有基础性、开放性、公益性特点的科技支撑体系。

5.2.1 现代农业技术产业体系

按照优势品区域布局规划，农业农村部积极推动和打造现代农业产业技术体系。油菜现代农业技术体系充分依托具有创新优势的地方科研资源，针对油菜品种设立国家产业技术研发中心（由若干功能研究室组成），并动态聘请国内权威专家担任首席科学家、功能研究室主任和岗位科学家，凝练科研攻关任务，推进产学研结合，不断增强我国油菜产品的生产效益和市场竞争力。截至 2023 年，我国油菜产品的现代农业技术产业体系构成如表 5-2 所示。总体来看，我国在油菜全产业链攻关研发和社会服务推广体系日趋完善且定位精准，基本上囊括了寒旱区油菜育种、细胞工程育种、杂种优势利用、根肿病和黑胫病防控、油菜直播机械和收获机械装备、油脂加工与副产品综合利用、产业经济研究等各个环节，科技攻关方向会根据产业体系特点作出灵活调整和安排。

表 5-2 截至 2023 年我国油菜产品的现代农业技术产业体系构成

Table 5-2　Composition of Modern Agricultural Technology Industrial System of rape product by 2023

序号	功能研究室	研究岗位数量	研究岗位名称
1	产业经济研究室	1	产业经济
2	加工研究室	3	油脂加工与副产品综合利用；秸秆与副产物综合利用（饲料化）；质量控制
3	机械化研究室	2	智能化管理与精准作业；田间管理机械化
4	栽培与土肥研究室	8	养分管理与施肥；南方稻油三熟制栽培；土壤和产地环境污染管控与修复；旱地油菜栽培；栽培生理；长江流域棉油二熟制栽培；长江流域稻油二熟制栽培；黄淮区域栽培
5	病虫害防控研究室	4	病害防控；综合防控；草害防控；虫害防控
6	病虫草害防控研究室	2	根肿病防控；黑胫病防控
7	育种与种子研究室	11	中南区育种；分子育种；北方寒旱区冬油菜育种；机械化育种；杂种优势利用；种质创新与利用；细胞工程育种；西北区育种；长江上游育种；长江下游区育种；黄淮区育种
8	设施与设备研究室	2	小型油菜收获机械装备；直播机械装备

注：功能研究室下设若干研究岗位，按拼音次序罗列。

资料来源：农业农村部网站，对 2011—2023 年现代农业技术产业体系的相关公示文件进行整理得到。

从现代农业产业技术体系科学家人数的区域分布情况来看，油菜产业体系共聘请了各类科学家50名（见图5-4）。具体来看，旱区油菜产业体系共聘请了10名科学家，占比为20%；非旱区共聘请了40名科学家，占比为80%。截至2023年旱区省（区、市）油菜产品现代农业技术产业体系科学家数量分布如表5-3所示，其中科学家数量排名前三的旱区省（区、市）分别为陕西（3名）、北京（2名）、辽宁（2名）。

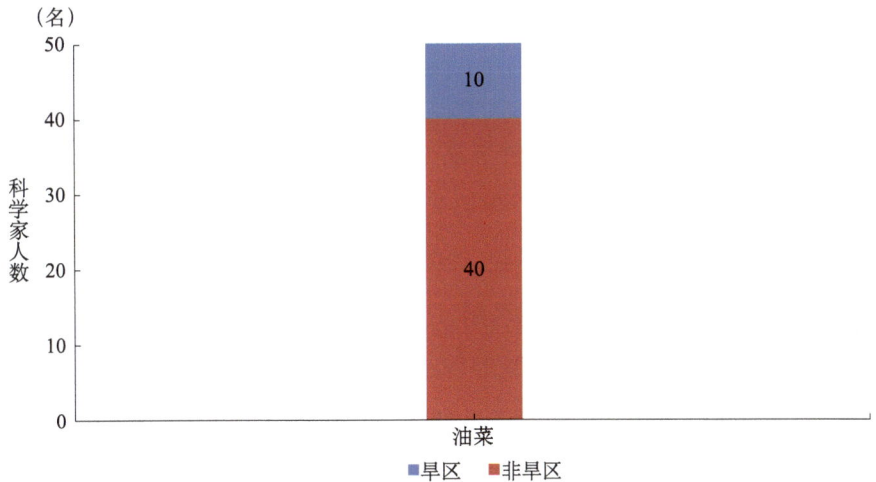

图5-4　2011—2023年油菜产品现代农业产业技术体系科学家数量的区域分布

Figure 5-4　Regional distribution of the scientists of Modern Agricultural Industrial Technology System in rape product from 2011 to 2023

注：①同一科学家可能聘用于多个类别的岗位，此处进行累加汇总。②所属地区根据科学家所在单位的组织机构登记信息进行确定。

资料来源：农业农村部网站，对2011—2023年的现代农业技术产业体系相关公示文件进行整理得到。

表5-3　截至2023年旱区各省（区、市）油菜产品现代农业技术产业体系科学家数量分布

Table 5-3　Composition of Modern Agricultural Technology Industrial System of rape product by 2023

序号	省（区、市）	数量（名）
1	陕西	3
2	北京	2
3	辽宁	2
4	河南	1
5	甘肃	1

续表

序号	省（区、市）	数量（名）
6	青海	1
合计	—	10

资料来源：农业农村部网站，对2011—2023年现代农业技术产业体系的相关公示文件进行整理得到。

5.2.2 制种大县和繁育基地

根据《全国现代农作物种业发展规划（2012—2020年）》，2013年农业部认定31个国家级杂交水稻生产基地和26个杂交玉米种子生产基地。为加快农作物制种基地建设和保护，推动制种基地提档升级，2022年农业农村部开展制种大县认定工作。制种大县认定包括杂交水稻、常规水稻、玉米、小麦、大豆、油菜、棉花等作物种子生产基地，以及南繁、冬繁、夏繁等育制种基地。截至2023年底，农业农村部共认定油菜产品制种大县8个，油菜产品良种繁育基地7个，具体分布情况如表5-4所示。

表5-4 截至2023年油菜制种大县和良种繁育基地认定数量及分布
Table 5-4 List of the Big County of Seed Production and the Regional Breeding Base on rape product by 2023

序号	类别	区域	省（区、市）	数量	名称
1	制种大县	旱区	陕西	2	勉县、汉中市南郑区
2	制种大县	非旱区	四川	3	三台县、德阳市旌阳区、德阳市罗江区
3	制种大县	非旱区	江西	1	横峰县
4	制种大县	非旱区	湖南	1	衡阳县
5	制种大县	非旱区	重庆	1	潼南区
6	繁育基地	旱区	甘肃	2	民乐县、山丹县
7	繁育基地	旱区	陕西	1	汉中市
8	繁育基地	旱区	青海	1	互助县
9	繁育基地	非旱区	湖北	2	浠水县、谷城县
10	繁育基地	非旱区	贵州	1	长顺县

注：对公示名单进行归属区域汇总，按类别和认定数量进行排序。
资料来源：农业农村部网站，对历次年度公示文件进行整理得到。

5.2.3 "育繁推"一体化种子企业

通过对"中国种业大数据平台"的数据进行整理，截至2023年底，我国在油菜品种上获得"育繁推一体化种子企业"许可证（2023年以后证书仍旧有效）的企业仅有3家，具体数量分布如表5-5所示。

表5-5 截至2023年底油菜品种育繁推一体化种子企业数量及名单
Table 5-5 List of the Integrated Seed Enterpriseson rape product by the end of 2023

序号	省区	公司名称	品种	登记日期	失效日期
1	安徽	安徽国豪农业科技有限公司	油菜	2023年9月5日	2028年9月4日
2	江西	江西兴安种业有限公司	其他-甘薯，油菜	2023年3月24日	2025年1月9日
3	陕西	陕西荣华农业科技有限公司	油菜	2023年5月25日	2028年5月24日

注：①根据种子生产经营许可证编号的类型，识别其是否为"育繁推一体化种子企业"（证书编号以A开头）。②仅统计证书有效日期至2023年12月31日以后的企业。
资料来源：中国种业大数据平台，经过系统查询整理得到。

5.3 旱区油菜技术产出情况

5.3.1 油菜领域发明专利和新品种申请与受理情况

油菜籽是我国重要的油料作物，主要用于食用油的生产以及饲料和工业用途。然而，尽管我国油菜籽的产量较高，但在质量和生产效益方面与一些发达国家相比仍有一定差距。根据国家"十三五"规划，我国明确提出了"藏粮于地、藏粮于技"的战略，旨在提升粮油主产区的生产能力，促进规模化和集约化经营。保障食用油供应安全是农业现代化的基本要求，提升油菜生产技术水平、优化种植结构和生产方式是实现这一目标的关键。作为我国主要的油料作物，油菜籽不仅对粮油安全具有重要意义，也在推动农业产业链融合中发挥着关键作用。国务院在2017年发布的指导意见中，划定了油菜籽生产保护区。由于国家政策的引导，油菜种植面积有所调整，然而依靠要素投入实现增产的传统生产方式已无法满足当前的需求，提高油菜籽生产技术效率已成为稳定产量、提升供应能力的重要途径。因此，加快科技创新，推动油菜籽产业的高质量发展，以更好地满足不断增长的食用油需求，是当前和未来的重要任务。

随着知识经济的不断发展，建立健全的知识产权保护体系已成为促进现代油菜产业发展的重要保障。在发明专利授权方面，2019—2023年，我国旱区16个省（区、市）油菜发明专利的授权总量为933项（见表5-6）；旱区16个省（区、市）油菜发明专利授权的全国占比为40.71%。

表5-6 2019—2023年旱区油菜发明专利授权量

Table 5-6　Number of invention patent granted on rapeseed in arid areas from 2019 to 2023

单位：件

省（区、市）	2019年	2020年	2021年	2022年	2023年
北京	67	98	89	86	52
天津	1	—	4	4	3
河北	—	3	2	8	7
山西	4	2	5	4	2
内蒙古	5	7	4	5	3
辽宁	1	1	—	1	1
吉林	2	7	5	6	8
黑龙江	5	4	9	10	15
山东	27	31	40	47	28
河南	13	23	31	36	20
西藏	—	—	—	—	—
陕西	3	5	9	17	12
甘肃	6	5	6	7	9
青海	—	1	—	1	—
宁夏	—	1	4	1	1
新疆	1	1	1	3	3
旱区	135	189	209	236	164
全国	305	425	524	593	445

资料来源：通过国家知识产权局专利检索及分析系统查询获得。

查询农业农村部科技发展中心的数据可知，2019—2023年，我国旱区16个省（区、市）油菜新品种权申请量分别为47件、55件、74件、107件、135件，占全国油菜新品种权申请量的比例依次为 43.1%、32.9%、49.7%、82.3%、57%（见表 5-7）。2019—2021 年旱区油菜新品种权申请量的占比相对稳定，2022 年的占比显著高于其他年份。2019—2023 年，我国旱区 16 个省（区、市）油菜新品种权授权量分别为 25 件、25 件、7 件、39 件、47 件，占全国油菜新品种权授权量的比例依次为 59.5%、36.8%、28%、59.1%、37.9%（见表 5-8）。除了 2021 年占比较低外，其他年份的占比相对稳定。旱区土壤为抗旱油菜新品种的研究提供了良好的实验环境，为多种类型油菜新品种的培育提供了强有力的资源保障。

表 5-7　2019—2023 年旱区油菜新品种权申请量

Table 5-7　The Number of new rapeseed variety rights applications in arid areas from 2019 to 2023

单位：件

省（区、市）	2019 年	2020 年	2021 年	2022 年	2023 年
北京	7	9	33	56	35
天津	—	2	2	3	3
河北	1	2	—	—	3
山西	—	2	—	—	1
内蒙古	—	—	—	—	1
辽宁	2	1	—	—	15
吉林	—	—	—	—	—
黑龙江	—	2	2	2	3
山东	30	15	21	21	57
河南	3	4	8	12	9
西藏	—	—	—	—	—
陕西	3	12	8	13	3
甘肃	—	4	—	—	1
青海	1	—	—	—	4
宁夏	—	—	—	—	—
新疆	—	2	—	—	—
旱区合计	47	55	74	107	135
全国合计	109	167	149	130	237

资料来源：农业农村部科技发展中心。

表 5-8 2019—2023 年旱区油菜新品种权授权量

Table 5-8 The Number of new variety applications on rapeseed in arid areas from 2019 to 2023

单位：件

省（区、市）	2019 年	2020 年	2021 年	2022 年	2023 年
北京	2	16	—	7	12
天津	9	—	—	3	—
河北	9	2	—	6	—
山西	—	—	—	—	2
内蒙古	—	—	—	—	—
辽宁	—	1	—	2	2
吉林	—	—	—	—	—
黑龙江	—	—	—	—	—
山东	3	4	—	20	25
河南	2	2	—	—	6
西藏	—	—	—	—	—
陕西	—	—	3	1	—
甘肃	—	—	1	—	—
青海	—	—	3	—	—
宁夏	—	—	—	—	—
新疆	—	—	—	—	—
旱区合计	25	25	7	39	47
全国合计	42	68	25	66	124

资料来源：农业农村部科技发展中心。

5.3.2 油菜领域科技奖励情况

以省级为单位统计旱区科技奖励情况，有助于更细致、全面地了解旱区科技发展水平，对更好地促进科技成果商品化和产业化具有重要意义。根据旱区各省（区、市）科技厅网站查询结果，可知 2019—2023 年旱区在油菜领域获得的相关省级科技奖励情况（见表 5-9）。

表 5-9 2019—2023 年旱区油菜领域相关省级科技奖励数量

Table 5-9 The number of provincial science and technology awards on rapeseed in arid areas from 2019 to 2023

单位：项

省（区、市）	2019 年	2020 年	2021 年	2022 年	2023 年
北京	—	—	—	—	—
天津	—	—	—	—	—
河北	—	1	—	—	—
山西	—	—	—	1	—
内蒙古	1	—	—	—	—
辽宁	—	—	—	—	—
吉林	—	—	—	—	1
黑龙江	—	—	—	—	—
山东	—	—	—	—	—
河南	—	1	—	—	—
西藏	—	—	—	—	—
陕西	1	—	2	2	4
甘肃	—	—	3	1	2
青海	—	1	—	—	1
宁夏	—	—	—	—	1
新疆	—	1	—	—	—
旱区合计	2	4	5	4	9

说明：表中缺失部分为当年未进行评奖或与其他年份合并。

资料来源：各省（区、市）科技厅网站。

杨凌高新示范区是我国首个国家级农业高新技术产业示范区，被誉为"农科城"，由省部共建。示范区以"核心示范、带动旱区、服务全国"为目标，依靠科技创新，致力于攻克农业关键核心技术，加快优化"全域科创"发展布局，推动农业高新科技成果的产业化。依托区内高校及相关科研资源，杨凌示范区建立了秦创原创新驱动平台、上海合作组织农业技术交流培训示范基地等科创和培训平台。这些平台的建立，不仅推动了油菜领域的科技创新，还促进了油菜产业的发展。2019—2023 年，在陕西省公布的油菜领域的科学技术奖励中，杨凌示范区获得了

2021年的三等奖2项、2022年的二等奖1项、2023年的一等奖和二等奖各1项（见表5-10）。

表5-10 2021—2023年杨凌示范区油菜领域陕西省科学技术奖获奖名单
Table 5-10 List of Shanxi science and technology awards on rapeseed named under Yangling city from 2021 to 2023

年份	序号	项目名称	主要完成单位	等级
2021	1	高油高产优质油菜新品种鸿油88、秦油558的选育及推广应用	陕西省杂交油菜研究中心、陕西鸿塬种业有限公司	三等奖
2021	2	广适多抗油菜品种汉油1618、汉油七号的选育与应用	汉中市农业科学研究所（陕西省水稻研究所）、杨凌农业高科技发展股份有限公司、陕西华盛种业科技有限公司	三等奖
2022	3	高产优质广适油菜新品种陕油1209和陕油1309选育及应用	西北农林科技大学	二等奖
2023	4	油菜高含油量种质资源与育种技术创新及应用	陕西省杂交油菜研究中心、华中科技大学	一等奖
2023	5	油菜绿色高效丰产关键技术创新与应用	陕西省杂交油菜研究中心、西北农林科技大学、安康市农业技术推广中心、汉中市农业技术推广与培训中心（汉中市种子推广中心、汉中市农业科学研究所）	二等奖

资料来源：陕西省科技厅网站。

5.3.3 油菜领域相关论文收录情况

论文作为科技成果转化的形式之一，其产出数量及质量在某种程度上反映了不同地区学术研究水平的高低。根据Web of Science数据库和中国知网数据库的不完全检索，2019—2023年SCI和中国知网平台收录旱区油菜领域科技论文的数量情况如图5-5所示。

根据Web of Science数据库和中国知网数据库收录的旱区16省（区、市）油菜领域科技论文的数量情况可知，SCI收录的旱区油菜领域科技论文数量在2019—2022年逐年增加，从435篇增长至654篇，达到了这5年的峰值，但2022—2023年的论文数量有所下降。中国知网收录的旱区油菜领域科技论文数量总体呈现波动状态，2019年的数量最多，为455篇；2022年的数量最少，为319篇。SCI收录油菜领域科技论文数量的增长速度明显快于中国知网。2022 年 SCI 收录油菜领域相关论文的数量是 2019 年的 1.5 倍，中国知网的收录数量在 2019 年达到高峰，随后呈上下波动状态。SCI 收录的论文数量，从 2021 年的 515 篇增加到 2022 年的 654 篇，增加了 139 篇。这是 SCI 在此期间收录数量增加最多的一年，增长趋势强劲。对于中国知网收录的论文数量而言，从 2019 年的 455 篇减少到 2020 年的 376 篇，减少了 79 篇，是这 5 年间的最大减幅。

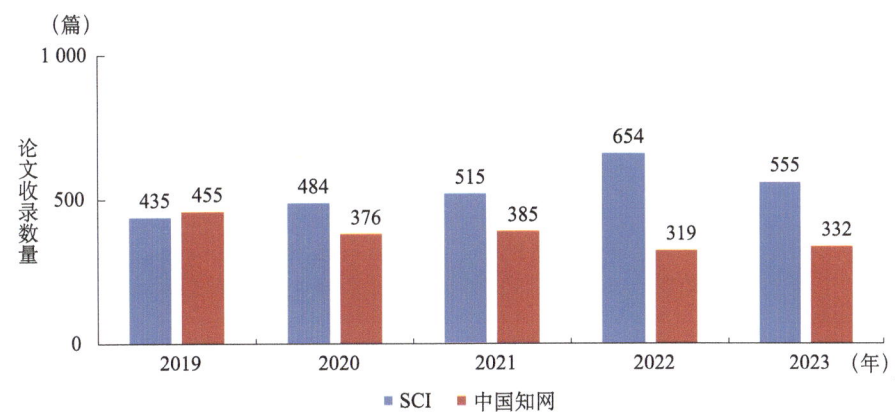

图 5-5　2019—2023 年 SCI 和中国知网平台收录旱区油菜领域科技论文的数量情况
Figure 5-5　The number of scientific papers in the field of rapeseed in arid regions collected by SCI and CNKI platforms from 2019 to 2023

从 2023 年 SCI 收录旱区油菜领域科技论文数量的地区构成来分析，各省（区、市）论文收录量从多到少排名依次为北京、河南、辽宁、陕西、山东、甘肃、黑龙江、天津、山西、河北、内蒙古、新疆、青海、吉林、西藏和宁夏（见图 5-6）。北京的数量占比最高，为 26.7%，紧随其后的是河南和辽宁，占比均为 11.2%，陕西和山东的占比分别为 10.3% 和 9.0%。总体来看，北京、河南、辽宁和陕西在 2023 年 SCI 收录的旱区油菜领域科技论文数量的构成中占据了主要地位。

从 2023 年中国知网收录旱区油菜领域科技论文数量的地区构成来分析，各省（区、市）论文收录量从多到少排名依次为甘肃、陕西、青海、河南、新疆、北京、山东、西藏、河北、山西、天津、内蒙古、黑龙江、宁夏、辽宁和吉林（见图 5-7）。位列前三的甘肃、陕西和青海，收录的油菜领域科技论文数量分别为 72 篇、56 篇和 35 篇（见表 5-11），分别占旱区油菜领域科技论文数量的 21.7%、16.9% 和 10.5%。其中，吉林省在 2023 年的论文收录数量为 2 篇，占比为 0.6%，为旱区最低。

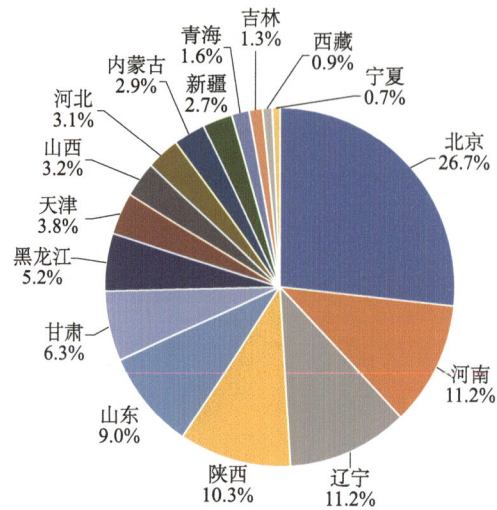

图 5-6　2023 年 SCI 收录旱区油菜领域科技论文数量地区构成

Figure 5-6　Regional composition of the number of scientific and technological papers in the field of rapeseed in arid areas included in SCI in 2023

注：SCI 的检索方式为主题检索，检索主题为"旱区油菜"，检索时间为 2024 年 8 月 9 日。

资料来源：Web of science 数据库。

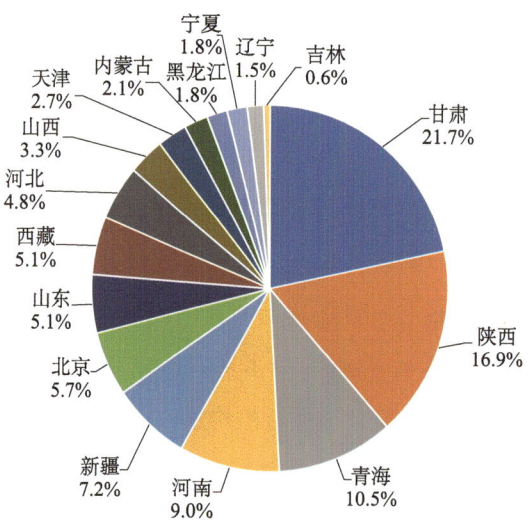

图 5-7　2023 年中国知网收录旱区油菜领域科技论文地区构成

Figure 5-7　Regional composition of scientific and technological papers in the field of rapeseed in arid areas included in CNKI in 2023

注：中国知网文献通过中国引文数据库的"来源文献检索"进行统计，其中，科技论文只包括期刊收录的论文。

资料来源：中国知网。

旱区油菜产业与技术发展专题

表 5-11　2022—2023 年 SCI 和中国知网收录旱区油菜领域科技论文数量

Table 5-11　Number of scientific and technological papers in the field of rapeseed in arid areas included in SCI and CNKI from 2022 to 2023

单位：篇

省（区、市）	SCI		中国知网	
	2022 年	2023 年	2022 年	2023 年
北京	160	148	18	19
陕西	94	57	54	56
山东	79	50	18	17
辽宁	66	62	3	5
河南	58	62	23	30
天津	32	21	15	9
河北	31	17	9	16
黑龙江	28	29	10	6
甘肃	22	35	63	72
新疆	20	15	15	24
山西	19	18	13	11
吉林	14	7	7	2
内蒙古	10	16	9	7
青海	10	9	37	35
宁夏	6	4	7	6
西藏	5	5	18	17
旱区合计	654	555	319	332

注：①SCI 的检索方式为主题检索，检索主题为"旱区油菜"，检索时间为 2024 年 8 月 9 日；②中国知网文献通过中国引文数据库的"来源文献检索"进行统计，其中，科技论文只包括期刊收录的论文。

资料来源：Web of science 数据库、中国知网。

5.4 旱区油菜技术前沿趋势

油菜是我国重要的油料作物之一，不仅是国产植物油的第一大油源，也是我国第二大饲用蛋白源。目前，我国油菜种植面积非常广泛，常年种植面积在1亿亩左右，年产量约1400万吨。在确保主粮绝对安全不动摇的国家战略下，提高油菜产能是增强我国油料供给保障能力的重要途径。近年来，随着油菜育种、种植、机械化等关键技术的持续进步，旱区油菜的种植面积显著扩大，产量和质量也得到了显著提高，促进了我国油料产业高质量发展。

5.4.1 育种技术

油菜育种技术是指通过科学的方法和技术，培育出具有高产、优质、抗逆性强等优良特性的油菜新品种，涵盖了从遗传资源的收集、筛选到品种培育的全过程技术。油菜优质高产的潜力来源于品种的优良，油菜选育育种是孕育高产油菜之源，也是油菜产业高质高效发展的希望。品种选育的途径除了常规育种，还有回交育种、远缘杂交、双单倍体诱导育种等，为油菜育种提供了更多的可能性。鉴于旱区各省（区、市）干旱的气候和水资源条件，筛选耐旱种质、选育耐旱品种是从源头上降低干旱对油菜产业产生不利影响的有效方法。2020—2024年，农业农村部推介发布旱区单位作为第一完成单位培育的油菜品种有4个，其中，"邡油777""青杂15号"入选2022年农业生产主导品种；"青杂12号"入选2022年、2024年农业生产主导品种；"秦优1618"入选2022年、2023年及2024年农业生产主导品种（见表5-12）。

表5-12　2020—2024年旱区油菜主导品种

Table 5-12　Rape dominant varieties in arid regions from 2020 to 2024

品种名称	技术依托单位（第一单位）
秦优1618	陕西省杂交油菜研究中心
青杂12号	青海省农林科学院
邡油777	汉中市农业技术推广与培训中心（汉中市农科所）
青杂15号	青海省农林科学院春油菜研究所

资料来源：各省（区、市）农业农村厅网站及科研院校官网。

"秦优1618"由陕西省杂交油菜研究中心选育，属甘蓝型半冬性杂交种，全生育期平均238天。幼苗半直立，株高165.5厘米，匀生分枝类型，分枝习性强；叶片深绿色，裂叶2~3对，叶缘缺刻较深，表面腊粉较多，无刺毛；花黄色，花瓣侧叠角果密；单株有效角果数445.2个，每角粒数20.4粒，籽粒黄色，千粒重3.4克。食用油中的芥酸含量为0.03%，硫苷含量为19.7微摩尔/克，含油量为48.1%。感菌核病、中抗病毒病；抗寒性强、抗裂荚性较好、抗倒性强。

"青杂12号"是青海省农林科学院用品种105A×403R选育而成的油菜品种，在生产上表现出产量高、抗倒性强、含油量高等优点，在油菜品种试验中比对照品种"青杂5号"增产8.52%，含油率平均为48.9%。2022年在内蒙古呼伦贝尔农垦集团特泥河农牧场274亩高产攻关田，每亩产量达261.5千克，创我国北方春油菜集中连片种植区域的高产纪录。

"邡油777"由汉中市农业技术推广与培训中心（汉中市农科所）育成，是甘蓝型半冬性化杀两系杂交种，具有高产、优质、高油、长角、大粒、抗倒、抗病、适宜机械化等诸多优点。该油菜品种在长江上游生育期平均209.8天，比对照品种早熟1.4天；在长江中游生育期平均215.7天，比对照品种早熟1.7天；在长江下游生育期平均224.8天，比对照品种早熟2.4天。食用油中的芥酸含量为0.41%，硫苷含量为19.66微摩尔/克，含油量为49.56%。

"青杂15号"是青海省农林科学院春油菜研究所杜德志研究员带领科研团队培育的高产优质、适宜机收的春油菜杂交品种，是青海省科技厅"十三五"重大科技攻关成果。该品种属晚熟品种，生长期在140天左右，适宜在青海、甘肃、新疆、内蒙古、山西、宁夏等省区、海拔2 500米以下、无霜期较长的春油菜区春季种植，具有产量高、性能优、品质好等特点，平均亩产246.47千克，抗病等级为高抗，抗倒伏能力强，芥酸和硫甙含量达到国家双低标准，种子中的含油量达44.16%。该品种能够有效解决现有品种抗倒性不强、不利于机械化收获等问题，大幅度提高我国春油菜的产量和含油量，是我国春油菜品种改良的重大突破。

近年来，旱区各省（区、市）的油菜选种育种技术取得了显著进步，在耐盐碱抗旱油菜育种方面也取得了重大突破，选育品种数量逐年增加。其中，陕西省主导的"秦优1618""邡油777"属甘蓝型半冬性杂交种，具有高产、优质、高油、抗倒、抗病等诸多优点，青海省主导的"青杂12号""青杂15号"属春油菜杂交品种，大幅度提高了我国春油菜的产量,是我国春油菜品种改良的重大突破。旱区油菜选种育种的重点在于提高油菜品种的耐旱性和耐盐碱性,改善油菜在干旱和半干旱地区的适应性和产量,实现冬性油菜品种的更新换代。

5.4.2 种植技术

油菜种植技术是指通过科学的方法和措施,促进油菜生长发育,提高产量和品质的一系列技术措施,包括品种选择、土壤准备、施肥、播种、田间管理、病虫害防治以及收获等方面。我国作为植物油消费大国,仅一年的消费总量就高达4 000万吨,油菜是我国最重要的油料作物,占油料作物的半壁江山,但国内旱区油菜种植普遍存在种植方式落后导致的平均单产低、效益差等问题。为了解决这个问题,旱区各省(区、市)积极探索良种良法配套、农机农艺结合等油菜高产高效种植技术,旨在最大限度地发挥油菜的生长潜力。2019—2023年,农业农村部推介发布的旱区主推油菜种植技术有2项,其中,"油菜精量联合播种与广适低损高品质收获技术"入选2021年农业生产主推技术,"油菜'两改三适两抗'生产技术"入选2022年农业生产主推技术(见表5-13)。

表5-13 2019—2023年旱区油菜主推种植技术
Table 5-13 Main planting techniques of rapeseed in arid regions from 2019 to 2023

技术名称	技术依托单位(第一单位)
油菜精量联合播种与广适低损高品质收获技术	河南省(未标明单位)
油菜"两改三适两抗"生产技术	全国农业技术推广服务中心

资料来源:各省(区、市)农业农村厅网站及科研院校官网。

河南省针对油菜播种精度低、黏重土壤条件下种床整备质量差、油菜收获装备适应性差、收获损失率高、收获油菜籽影响油品等问题,研究形成油菜精量联合播种与广适低损高品质收获技术,围绕油菜高效种植和机械化收获损失率高、适应性差的两大问题,按照最佳播种量、行距、穴距等标准,以精量播种技术为核心,在前茬作物收获后,集成开沟、旋耕、灭茬、施肥、覆土等多项技术的油菜联合播种机直接将油菜种子播于大田土层中的理想位置,创制联合与分段收获装备,推动高效低损收获。

全国农业技术推广服务中心积极推广油菜"两改三适两抗"生产技术，改良前茬秸秆处理和耕整地方式，改善田间排水设施，适期播种、适密栽培、适机生产，抗病虫草害、抗逆，从而提高了油菜播种质量，提高了油菜防渍害能力，提高了茎秆强度，降低了倒伏指数和生产成本，确保一播保苗，培育壮苗，为油菜丰收打下坚实基础。

近年来，旱区各省（区、市）以示范推广"油菜精量联合播种与广适低损高品质收获""油菜'两改三适两抗'生产"等技术为重点，积极探索集成油菜高产高效种植模式，推动油菜由传统耕种方式向精细化、高科技、强效益的机械化种植方式转变，促进油菜种植新技术、新模式集成推广，显著提高油菜种植的效益和质量。

5.4.3 机械化技术

油菜机械化技术是指在油菜生产过程中，利用各种机械设备代替传统的人力或畜力作业，以提高生产效率、减轻劳动强度的一系列技术。发展机械化技术是提升我国油菜增产、丰产水平的关键，提高机械化率可以解决油菜生产中用工量大、劳动力成本高、效益低等问题，提高农民种植油菜的积极性，有利于冬闲田开发利用和油菜产业健康发展。2019—2023年，农业农村部推介发布的旱区主推油菜机械化技术有2项，其中，"黄淮区油菜全程机械化丰产绿色高效生产技术"入选2022年农业生产主推技术，"冬油菜育苗移栽扩种增产机械化技术"入选2023年农业生产主推技术（见表5-14）。

表5-14 2019—2023年旱区油菜主推机械化技术
Table 5-14 Mechanization technology of rapeseed in arid areas from 2019 to 2023

技术名称	技术依托单位（第一单位）
黄淮区油菜全程机械化丰产绿色高效生产技术	河南省农业科学院经济作物研究所
冬油菜育苗移栽扩种增产机械化技术	农业农村部农业机械化总站

资料来源：各省（区、市）农业农村厅网站及科研院校官网。

"黄淮区油菜全程机械化丰产绿色高效生产技术"主要针对我国油菜机械化生产程度低和技术集成度低的瓶颈问题，在对品种、栽培、土肥、植保、机械等单项技术原始创新的基础上，再进行技术、产品和装备的集成创新和中试熟化，形成全程机械化高产高效技术模式,实现了油菜生产种、管、收的全程机械化和高产高效的目标。

"冬油菜育苗移栽扩种增产机械化技术"主要解决南方冬油菜种不下、长不好、产量低等问题,该技术通过油菜毯状育苗移栽、油菜钵体育苗移栽等手段,达到抢茬种植、高速密植、壮苗增产的效果。

近年来,旱区油菜机械化技术呈现出显著的发展进步。通过整合和创新单项技术,如品种改良、精细化栽培管理、智能化施肥、精准植保、高效机械操作等,全面推广了全程机械化生产模式。特别是在冬油菜育苗移栽扩种增产方面,引入了油菜毯状育苗移栽和油菜钵体育苗移栽等先进技术,有效应对了南方冬油菜生长不良、低产等问题。这些技术的推广和应用,为提高旱区油菜种植的生产效率、降低生产成本、保障农产品质量和安全性提供了重要支持和保障。

专栏 5-1　陕西油菜种源创新发展,"烂漫花海"孕育致富"金种子"

油菜是陕西省最主要的油料作物,金灿灿的油菜花与制种人,在陕西描绘了一幅杨凌良种助丰收的幸福画卷。2013 年,陕西省杂交油菜研究中心迁建杨凌,为杨凌育种事业发展增添了新的活力——从农科城到江淮两岸、从河西走廊到青海门源、从新疆伊犁到内蒙古呼伦贝尔草原……一粒粒油菜良种完成数次更新换代,在全国"开枝散叶"。

陕西省杂交油菜研究中心始终坚守科技创新"主战场",全面推进种业关键核心技术攻关,不断提升油菜种质资源创制和育种研发能力。以秦创原农业板块建设为先导,该中心建立了"5533"科研创新平台支撑体系,即 5 个创新中心、5 个科研平台、3 个创新团队、3 个科研基地,以及杨凌农作物生物育种共享平台和智慧农业物联网平台。同时,中心瞄准现代育种需求,建立了"杂交聚合+小孢子培养+分子标记选择+多生态区育种"的油菜育种新模式,实现种质资源创制和品种选育的工厂化、规模化,推进常规育种向智慧育种转变。

农业农村部公布 2024 年第一批植物新品种授权名单,由陕西省杂交油菜研究中心选育的"鸿油 88""秦杂油 8 号"油菜品种榜上有名;"秦优 1618"连续 3 年被列为农业主导品种。"鸿油 88"和"秦杂油 8 号"都是适宜机械化收获的油菜新品种,具有高抗菌核病、抗病毒病、抗春寒性好、抗倒伏能力强等特性。"秦优 1618"经过不同生态区、不同栽培模式下连续多年多点的试验示范和大田生产检验,表现出秆硬抗倒产量高、角粗粒大出油多、耐寒耐旱耐盐碱、耐密耐晚宜机收等优良特性,2021—2023 年累计推广种植 370 多万亩。

多年来,该中心发挥技术优势,开展以油菜为主的农作物技术攻关及种质资源创新,取得了多项具有里程碑意义的成果。2019—2023 年,该中心育成 32 个油菜新品种、

3个大豆新品种,并创制出油酸含量达87%、亚麻酸含量为26.5%的油菜新种质,为解决"油瓶子"问题作出了重要贡献。在不断进行种质资源创新的同时,该中心也致力于育种技术、种植技术的攻关,首创种子纯度检测技术、制种质量控制技术,自主发明应用于油菜育种的化学杀雄剂等一系列技术成果,支撑陕西成为全国最大的杂交油菜"北制南用"繁育基地。

  一粒种子改变世界。未来,陕西省杂交油菜研究中心将继续围绕促进乡村振兴、种业创新、扩豆增油等战略部署,着力促进种质资源创新,筛选推出过硬的、重大的优良新品种,为新时代保障我国食用油安全贡献杨凌智慧和力量,让一粒粒好种子"长"出农民富裕富足好日子,让全国春油菜区域再现属于"杨凌元素"的农业新质生产力。

6 旱区农业技术发展政策建议

6.1 基于国家战略层面的政策建议

6.1.1 建设高能级平台"一带一路"现代农业国际合作中心

围绕深度融入共建"一带一路"大格局、新时代推进西部大开发形成新格局等国家重大战略，以上海合作组织农业基地平台体系建设为核心，以杨凌农科新城、中国（陕西）自由贸易试验区杨凌片区、西北农林科技大学未来农业研究院等为重要载体，加强制度体制创新，推进新时代更高水平对外开放，努力打造"一带一路"农业科教国际合作创新港，成为拉动"一带一路"国内国际农业贸易双循环的重要汇聚地。建议成立"一带一路"现代农业国际合作示范区（中心）建设与管理部际协调委员会，农业农村部为总召集人单位，外交部、科技部和陕西省政府为召集人单位，国家发展和改革委员会、教育部、财政部、商务部、国际发展合作署为成员单位，对中心建设方案、支持措施等重大事项进行研究。加快推动农业科技成果国际化转移交易，重点面向共建"一带一路"国家推广和转化应用，助推"一带一路"农业贸易和产能提升。充分争取中央、省部、司局等各级公共部门的支持，集中财税政策资源，重点布局建设形成"一带一路"现代农业国际合作的平台高地。充分发挥社会市场主体参与力量，通过制度创新和软硬环境建设，进行集群式、链条式和整合式发展，培育形成"一带一路"现代农业国际合作的创新高地。"一带一路"现代农业国际合作中心重点聚焦"三通道"建设，一是通过重点聚焦"一带一路"中亚合作，大力开拓陆上丝绸之路经济带的农业国际合作交流通道；二是通过聚焦"一带一路"东南亚和非洲合作，加强海上丝绸之路的农业国际合作交流通道；三是利用现代信息科技，全面打造"一带一路"数字化农业国际合作交流通道。

6.1.2 积极建设"一带一路"旱区种业创新和开放先行区

在陕西建设"一带一路"旱区种业创新和开放先行区，深度开展"一带一路"种业创新和技术示范推广。加快建设陕西杨凌（旱区农业）种业创新基地、种质资源引进中转基地，依托西北农林科技大学等科教主体，争取创立"一带一路"旱区作物育种工程研究中心。围绕种质精准鉴定与基因发掘、抗逆与高产优质协同机理、种质创新与设计育种等领域，开展国际联合研究，推动旱区作物种质资源库、生物育种平台等科技基础设施建设。建议设立专项资金，研究、编写和推广"一带一路"种业开放标准和国际种业创新合作规范等行业性或法规性文本，形成种业全链条跨境开放通道，打造"一带一路"种业协同创新体系、自由贸易和合作治理平台。推进"一带一路"种业企业扶优引强工程，加快推进育种技术中心、种子研发中心、农作物种子繁育加工基地等种业重点项目建设，大力招引国际国内知名种业企业入区发展。

6.1.3 依托上海合作组织农业基地延伸跨境农业和全球产业链

提速建设现代旱区农业创新驱动平台，打造农业新质生产力策源地。深度融入"一带一路"共建国家旱区农业产业发展，以陕西省和杨凌示范区为重要创新驱动策源地，进一步加大力度建设秦创原旱区现代农业产业创新聚集区，积极推动科研成果转化，聚焦现代种业、农副产品加工、智慧农业等领域，培育出一批高成长性的农业高科技企业。加快推进中国—中亚旱区农业"一带一路"联合实验室，构建"创业苗圃＋众创空间＋孵化器＋加速器＋产业园区"的孵化载体体系，深入实施农业科技型企业登高、升规、晋位、上市、出海全球化工程，打造"源头创新—产业孵化—产业集群—辐射推广"的旱区现代农业产业集群。

协同打造"一带一路"境外农业园区和农业基地，加快构建"一带一路"跨国农业全链条发展体系。充分发挥上海合作组织农业基地和杨凌示范区的农业科技优势，以及农业自贸片区的贸易便利，积极借助中欧班列的贸易大通道，加快构建从产能合作到技术输出、粮食运输、金融支撑的跨国农业全链条发展体系，全力保障粮食供应安全。打造一批标杆性和示范性境外农业园区，延伸跨境农业产业链。境外园区建设需要明确政府引导而非管理的定位，但境外园区长期可持续发展不能仅依靠政府扶植政策。政府部门应专注于相关协调机制和园区制度建设，通过签署自由贸易协定、投资保护协定以及进行税收安排等，为科研机构和企业在海外建立园区提供制度便利，同时通过"一带一路"倡议的推动和国际产能合作洽谈活动等，引导海外园区产业布局和投资建设。境外农业园区和农业基地项目投融资需求量大、建设和资金回收期限相对较长、回报率比较低，商业资金进入意愿不高。因此，境外农业园区项目牵头企业应采用多元化的投资组合。建议优先争取来自国家开发银行和进出口银行的贷款，确保资金来源的稳定性和信用度；同时，要利用好多种区域性的投资基金和金融机构贷款，特别是支撑"一带一路"建设的多种资金来源。

6.2 基于区域协调层面的政策建议

6.2.1 凝聚国际国内资源，完善全球和区域间合作共享对接机制

我国旱区农业现代化高质量发展面临诸多制约因素，主要包括农科教结合、产学研协作不够紧密；科技基础条件薄弱，共享机制亟待完善；财政科技投入结构有待优化，稳定投入的机制尚未完全建立等。我国旱区农业现代化发展须统筹考虑、整体设计、系统解决，进一步创新旱区农业科技管理体制机制，优化农业科技资源配置，大幅度提高农业科技资源的利用效率。持续推进国际国内资源的全球和区域合作共享，逐步建立和完善对旱区农业领域产学研、投融资、商贸流等领域的合作对接机制。①建议成立"旱区农业发展政府联合引导共同基金"，通过招商引资、合作对接等方式，吸引东部和经济发达省区富集资源力量，聚集和撬动旱区省（区、市）相关引导基金及产业和社会资本，助力旱区农业高新技术产业、战略性新兴产业和良好成长性企业做大做强，有效推动旱区农业高质量发展。②建议设立我国旱区省（区、市）之间的协调联动工作机制，完善区域农业支持和生态补偿政策，健全旱作农业高质量发展政策法规。建立健全旱区水资源使用和分配的市场新机制，探索实施农业生产水资源补偿奖惩制度，因地制宜开展水权交易；逐步完善旱作农业资源保护、土地流转、污染防控、水权转换、农业企业发展等相关法律法规。③建议设立"国家旱区农业发展重大科技专项"，系统提升我国旱区农业科技自主创新能力。强化提升旱区农业生产能力与效益的科技创新，攻克旱区农业产业链不同阶段的重大共性科技问题，力争在抗逆种子科技工程、旱区农业高效用水、

中低产田改造、优质畜牧业、林果提质增效与深加工、水土保持与生态修复、农业信息化与机械化等关键技术领域取得重大突破，实现科技产业金融良性循环。④建议国家相关部委设立"旱区农业政府间国际科技合作项目"，加强与世界各国政府的合作，提升我国在世界旱区农业科技创新领域的影响力和贡献度。

6.2.2 创新科技体制机制，提升旱区农业全产业链科技创新能力

当前，我国旱区农业生产方式将进入重大调整和转型期，过去单纯依靠密集劳动力投入、资源过度消耗、规模扩张的外延发展模式将发生重大转变。我国旱区农业发展要从规模扩张为主的外延式发展转向以提升质量、效率和效益为主的内涵式发展。系统提升旱区农业新品种、新产品、新技术、新标准、新体系中的缺失环节和关键节点，需要创新推进产业链与创新链的整合，以带动旱区农业产学研的全面升级。①建议成立"旱区农业科技创新联盟"。"旱区农业科技创新联盟"将针对我国旱区农业生产实际，建设产学研、农科教紧密结合的区域科技创新体系，形成国家重点实验室、国家工程技术研究中心、国家野外科学观测研究站和省部重点实验室等较为完备的创新实验平台，积极开展面向旱作农业生产实际的基础性和应用性研究，在动植物育种、植物保护、农业生物技术、旱作农业与节水技术、水土保持与生态保护、面源污染防治、土壤质量保育、保护性耕作等方面，系统开展理论创新、技术突破、试验示范、辐射带动。"旱区农业科技创新联盟"通过聚集农业科技优势资源和力量，增强农业科技协同创新与转化应用能力，共同服务国家创新驱动发展，推进我国旱区农业现代化进程。②建议成立"国家旱区农业技术标准创新基地"。建设"国家旱区农业技术标准创新基地"，探索构建适合国家战略需求的国际旱区农业标准体系，推动全球旱区农业领域重要技术标准的制订和创新，同时开展旱区农业标准化工作机制和标准化服务体系等设计开发工作。可以在已有相关标准的基础上，重点围绕旱区种植业、畜牧业、林果业、渔业及环境建设发展等方面，遵循标准化规律，构建以国家标准、行业标准为主体，地方标准、团队标准为补充的旱区农业标准体系。联合具有国际和国内相关农业标准开发资质的机构团体，共同开展旱区农业标准创新工作，成立"国家旱区农业标准化研究和推广服务中心"，加快旱区农业关键先进技术的标准化，推动旱区农业各领域技术标准在全球的推广应用。

6.2.3 提升涉农院校实力，打造形成国家农业战略科技核心力量

科技创新已成为世界大国博弈的主战场，全球范围内争夺科技制高点的斗争日趋激烈。当今世界，生物技术与信息技术、新材料技术、新能源技术、先进制造技术持续渗透融合，新兴学科不断涌现，前沿领域不断延伸，群体性、综合性技术不断突破，正在引发新一轮农业科技革命和产业变革。2024年全国两会期间，习近平总书记强调："加强基础研究和应用基础研究，打好关键核心技术攻坚战，培育发展新质生产力的新动能。"涉农院校是农业教育、农业科技、农业创新人才的集中交汇点，需要深刻认识涉农高校支撑高水平科技自立自强的重要地位。

建议规划布局和加强投入，加大涉农院校基础学科、新兴学科、交叉学科建设力度，切实强化和提升原始创新能力。要立足支撑服务国家粮食安全，长远规划布局，加强建设生物学、作物学、园艺学、植物保护等重点学科，充分发挥涉农高校在高产高效栽培、健康高效养殖、重大疫病防控、农机装备研发、农产品加工及贮藏等领域科技创新和人才培养传统优势；加快用现代生命科学、信息科学的前沿技术改造传统育种技术，着力解决制约粮食安全育种环节的关键"卡脖子"问题。紧密围绕现代农业产业发展的战略需求，聚焦关键领域，切实强化有组织科研。强化涉农院校资源力量协同攻关，培育大团队、建设大平台、承担大任务、产出大成果；主动吸纳国内外相关领域高水平科教机构和优秀人才加盟，增强跨区域、跨领域承担大任务、产出大成果的能力。着力创新涉农院校人才培养模式，切实强化"高精尖缺"拔尖创新人才供给。充分挖掘我国涉农院校追赶世界科学发展前沿和引领未来农业方向的巨大潜力，率先打造一支国家农业战略科技力量，建成若干世界农业人才中心和创新高地，成为支撑高水平科技自立自强的重要创新源。

6.3 基于农业技术微观层面的政策建议

6.3.1 加强科研攻关和政策协调配套，发展草畜业并提升农牧业结合度

我国以半干旱地区为主的旱地农业发展状况，与发达国家相比，差距不在于单位面积产量水平的高低，而在于如何更好地适应区域环境和市场需求，走可持续发展之路。针对我国半干旱地区，实行农牧业结合的种植制度更具有现实意义，不

仅是市场和食物结构变化的需求，也是改善区域环境本身的需求。①同步开展抗旱节水选育和节水工程，以提升我国旱区农业生产力。我国旱区农业生产力提升主要依靠的是调控环境以适应作物，即提高降水利用率。通过生物改良适应环境以提高水分利用效率和作物抗旱性的途径方法，发展相对滞后，今后应倡导两者并重。一方面，要运用生物技术特别是常规育种与转基因技术相结合的途径，选育抗旱节水新类型；另一方面，要运用信息技术及新的工程与农艺技术，实施少量水精确补偿以发展半旱地农业。②加大科研攻关选育抗旱节水牧草新品种。苜蓿是当今公认的优良牧草，但苜蓿是高耗水草种。为此，应进一步挖掘抗旱种质资源，争取早日选育出更适应于半干旱地区多变、低水环境的抗旱节水牧草新品种。对已有的其他牧草，如草木樨、沙打旺、红豆草、羊草、冰草、无芒雀麦、柳稷枝等，应给予重视并加强相关研究。③因地制宜探索草场草地永久禁牧与轮封轮牧科学结合的政策管理体系。人工种草、天然草场和农副产品是我国半干旱地区发展畜牧业的三种饲料资源，三者需密切结合且缺一不可。应进一步重视草地管理在正式农业制度中的政策作用，将"退耕还草"的政策内涵进一步扩充为"退耕、改制、种草、还牧"。在退耕还林（草）期间以及后续政策中，应综合平衡造林和种草的补偿激励关系，考虑适当提高种草补贴支持力度。④发展草畜业、增强农牧业结合的同时，积极探索特色种养模式。我国旱区的社会与自然环境状况与一些国家相比有较大差异，主要表现在人口密度大、气候与地形地貌复杂多样、产业类型众多且集约经营能力较强。例如，陕北洛川和延安的苹果、清涧等沿黄河岸的红枣等均已成为具有竞争力的果业品牌，"一村一品"和"一村一业"对农民增收和当地经济起到了支撑作用。建议总体推进发展草食畜牧业的同时，应在不同类型地区以县为单位建立实体性实验示范区，开展长期探索与监测，以总结出系统且有效的实施方案。

6.3.2 优化水土资源配置管理，发展和推广旱区节水灌溉技术

旱区水资源分布不均衡以及旱地水资源短缺已成为制约旱区农业发展的主要因素。①建议实施"以水而定、量水而行"的原则，优化水资源的配置与管理。首先，政府应建立健全水资源管理体系，制定科学的水资源分配方案，确保水资源在不同区域和不同用途之间的合理配置。其次，完善水资源定价机制，鼓励农业用水的节约和高效。通过合理的水价政策，抑制不合理的用水需求，激励农民采用节水

技术和措施。此外，政府还应加强对水资源使用的监测与评估，定期发布水资源状况报告，确保各级管理部门能够及时掌握水资源的使用情况，从而进行有效的调整与管理。这些措施将有助于提高农业用水效率，缓解水资源短缺带来的压力，促进农业的可持续发展。②针对旱区农业的特殊需求，推广高效的节水灌溉技术，是提升农业水资源利用效率的关键。建议政府和相关机构加大对节水灌溉技术的研发和推广力度，特别是滴灌、喷灌等高效灌溉方式。这些技术能够显著提高水资源的利用率，减少水资源浪费。为此，可以设立专项资金，支持农民和农业合作社引进和应用先进的节水灌溉设备。同时，开展农业节水技术的培训与宣传，提高农民对节水灌溉技术的认识和接受度。此外，建立田间用水计量设备，实时监测灌溉水的使用情况，确保水资源的合理利用。通过这些措施，不仅可以提升农业生产的水资源利用效率，还能增强农民的经济收益，推动旱区农业的可持续发展。③加强政策协调与综合治理。在发展旱区农业的过程中，政策的协调与综合治理至关重要。建议政府在制定农业发展政策时，充分考虑水资源管理、生态保护和农业生产的相互关系，避免因政策不协调而导致的资源浪费和管理混乱。首先，应加强不同部门之间的沟通与合作，形成合力，共同推动旱区农业的可持续发展。其次，制定综合治理方案，将生态保护与农业发展相结合，确保在推进农业高质量发展的同时，维护生态环境的可持续性。例如，可以在重要水源地和生态敏感区实施严格的用水限制政策，保护水源地的生态环境。最后，鼓励地方政府根据自身的实际情况，制定符合当地特点的农业发展与水资源管理政策，确保政策的有效实施。通过这些综合治理措施，可以实现经济发展与生态保护的双赢局面，为旱区农业的可持续发展奠定坚实基础。

6.3.3 建设旱区农业生态资源监测系统，全面升级综合监测技术体系

我国旱区农业生态资源和农业发展综合监测平台及制度建设已有较大进展，但监测体系仍须进一步完善健全。现有旱区科技条件监测站网布设的覆盖面、代表性不足，监测内容和指标不完善，缺乏多参数、空—天—地立体化实时自动化监测平台，监测的规范化和自动化程度不高，多站点监测系统协同不够，未能构建起监测数据同化、遴选、挖掘以及评估分析的技术体系。另外，当前监测站网布设及监测内容设计多侧重于科学研究需求，缺少服务国家监管需求的监测，需要加强顶层设

旱区农业技术发展政策建议

计。建议建立我国旱区农业空—天—地协同的生态监测网络和数据中心，加大资金和人力投入，开发水资源分布和调配利用监测系统、虚拟水和水足迹追踪评价系统、土壤侵蚀快速调查与评价系统、水保工程措施实时感知系统、自然灾害和病虫灾害自动监测与智能化监管系统等。

参 考 文 献

[1] Chen Jiayue, Yu Renbo, Li Na, et al. Amyloplast sedimentation repolarizes LAZYs to achieve gravity sensing in plants[J]. Cell, 2023, 186(22): 4788-4802.

[2] Gong Qian, Wang Yunjing, He Linfang, et al. Molecular basis of methyl-salicylate-mediated plant airborne defence[J]. Nature, 2023, 622(7981): 139-148.

[3] Guo Lulu, Cheng Jie, Lian Shuo, et al. Structural basis of amine odorant perception by a mammal olfactory receptor[J]. Nature, 2023, 618(7963): 193-200.

[4] Hu Ruoyang, Li Xuedong, Hu Yong, et al. Adaptive evolution of the enigmatic Takakia now facing climate change in Tibet[J]. Cell, 2023, 186(17): 3558-3576.

[5] Huang Fei, Luo Xiao, Ou Yang, et al. Control of histone demethylation by nuclear-localized α-ketoglutarate dehydrogenase[J]. Science, 2023, 381(6654): 179-196.

[6] Huang Jiabao, Yang Lin, Yang Liu, et al. Stigma receptors control intraspecies and interspecies barriers in Brassicaceae[J]. Nature, 2023, 614(7947): 303-308.

[7] Lan Zijun, Song Zihan, Wang Zhijuan, et al. Antagonistic RALF peptides control an intergeneric hybridization barrier on Brassicaceae stigmas[J]. Cell, 2023, 186(22): 4773-4787.

[8] Li Fei, Xiao Jingfeng, Chen Jiquan, et al. Global water use efficiency saturation due to increased vapor pressure deficit[J]. Science, 2023, 381(6658): 672-677.

[9] Qin Tao, Zhang Guokun, Zheng Yi, et al. A population of stem cells with strong regenerative potential discovered in deer antlers[J]. Science, 2023, 379(6634): 840-847.

[10] Shao Changwei, Sun Shuai, Liu Kaiqiang, et al. The enormous repetitive Antarctic krill genome reveals environmental adaptations and population insights[J]. Cell, 2023, 186(6): 1279-1294.

[11] Song Long, Liu Jie, Cao Beilu, et al. Reducing brassinosteroid signalling enhances grain yield in semi-dwarf wheat[J]. Nature, 2023, 617(7959): 118–124.

[12] Sun Honglei, Li Han, Tong Qi, et al. Airborne transmission of human-isolated avian H3N8 influenza virus between ferrets[J]. Cell, 2023, 186(19): 4074-4084.

[13] Tao Feng, Huang Yuanyuan, Hungate Bruce A, et al. Microbial carbon use efficiency promotes global soil carbon storage[J]. Nature, 2023, 618(7967): 981–985.

[14] Wang Wei, Qin Li, Zhang Wenjing, et al. WeiTsing, a pericycle-expressed ion channel, safeguards the stele to confer clubroot resistance[J]. Cell, 2023, 186(12): 2656-2671.

[15] Wu Yaoyao, Li Dawei, Hu Yong, et al. Phylogenomic discovery of deleterious mutations facilitates hybrid potato breeding[J]. Cell, 2023, 186(11): 2313-2328.

[16] Xie Wei, Zhu Anfeng, Ali Tariq, et al. Crop switching can enhance environmental sustainability and farmer incomes in China[J]. Nature, 2023, 616(7956): 300–305.

[17] Yan Pengshuai, Du Qingguo, Chen Huan, et al. Biofortification of iron content by regulating a NAC transcription factor in maize[J]. Science, 2023, 382(6675): 1159-1165.

[18] Zhai Jinglei, Xu Yanhong, Wan Haifeng, et al. Neurulation of the cynomolgus monkey embryo achieved from 3D blastocyst culture[J]. Cell, 2023, 186(10): 2078-2091.

[19] Zhang Huili, Yu Feifei, Xie Peng, et al. A Gγ protein regulates alkaline sensitivity in crops[J]. Science, 2023, 379(6638): 1204-1219.

[20] Zhao Yan, Shi Hui, Pan Ying, et al. Sensory circuitry controls cytosolic calcium-mediated phytochrome B phototransduction[J]. Cell, 2023, 186(6): 1230-1243.

[21] 邓铭江, 王全九, 陶汪海, 等. 西北旱区现代农业提质增效发展模式探究[J]. 中国工程科学, 2023, 25（4）: 59-72.

[22] 山仑. 我国旱地农业发展中的几个问题[J]. 干旱地区农业研究, 2023, 41（3）: 2-4.

[23] 吴普特. 率先打造一支国家农业战略科技力量 [J]. 中国高等教育, 2024（6）: 40-42.

[24] 吴普侠, 蒋晋豫, 方燕, 等. 对西北地区旱作农业高质量发展的思考 [J]. 干旱地区农业研究, 2023, 41（3）: 21-24, 95.

[25] 杨传喜, 梁慧楠. 农业科技资源配置效率与农业高质量发展耦合协调研究 [J]. 中国科技资源导刊, 2023, 55（6）: 83-91.

附 表

附表1 2017—2022年旱区第一产业产值构成与生产总值占比情况

Appendix Table 1　The composition of primary industry output value and its proportion in GDP in arid areas from 2017 to 2022

年份/省（区、市）	第一产业（亿元）	农业（亿元）	林业（亿元）	牧业（亿元）	渔业（亿元）	国内生产总值/地区生产总值（亿元）	第一产业占国内生产总值/地区生产总值比重（%）
2017	47 525.2	26 470.6	1 324.3	14 531.8	2 711.1	330 458.4	14.38
2018	49 580.4	28 388.8	1 437.6	14 316.6	2 726.1	353 455.9	14.02
2019	53 041.8	29 962.3	1 527.8	15 798.8	2 726.1	353 455.9	15.27
2020	58 953.6	33 128.2	1 563.0	18 291.1	2 756.2	358 481.1	16.44
2021	63 515.4	36 013.9	1 611.9	19 137.6	3 230.7	403 119.4	15.76
2022	67 626.7	38 871.2	1 671.9	19 591.2	3 522.3	424 787.0	15.92
山东	12 130.7	6 206.5	227.3	3 003.5	1 729.7	87 576.9	13.85
河南	10 952.2	6 948.3	149.5	2 832.3	147.4	58 220.1	18.81
河北	7 667.4	4 035.7	266.6	2 391.7	342.3	41 988.0	18.26
黑龙江	6 718.2	4 320.5	212.3	1 842.8	147.9	15 831.5	42.44
新疆	5 469.0	3 754.0	53.5	1 305.3	32.1	18 042.7	30.31
辽宁	5 180.0	2 258.3	161.7	1 694.6	881.3	28 826.1	17.97
陕西	4 601.9	3 310.4	86.1	925.4	36.2	32 838.2	14.01
内蒙古	4 316.8	2 208.5	107.5	1 876.3	31.3	23 388.9	18.46
吉林	3 217.9	1 512.7	69.5	1 482.6	61.6	12 818.1	25.10
甘肃	2 680.7	1 806.4	36.4	662.2	1.7	11 121.4	24.10
山西	2 211.6	1 288.4	174.5	615.8	9.1	25 583.9	8.64
宁夏	845.9	455.6	11.5	323.5	22.8	5 104.6	16.57
青海	566.2	238.3	13.1	302.3	4.3	3 623.3	15.63
天津	521.4	276.8	8.9	147.2	70.5	16 132.2	3.23
西藏	278.6	121.0	7.0	143.4	0.2	2 150.2	12.96
北京	268.2	129.8	86.5	42.3	3.9	41 540.9	0.65

说明：各省（区、市）按第一产业产值排序。

资料来源：《中国农村统计年鉴》（2018—2023年）、《中国统计摘要》（2018—2023年）。

附表 2 2017—2022 年主要农作物产量变化情况
Appendix Table 2 Yields changes of major crops from 2017 to 2022

单位：万吨

年份	区域/省（区、市）	谷物	大豆	玉米	小麦	马铃薯	花生	高粱
2017	全国	61 520.5	1 528.2	25 907.1	13 433.4	1 769.6	1 709.2	246.5
	非旱区	24 910.3	442.6	4 537.7	3 808.7	952.3	545.4	44.1
	旱区	36 610.2	1 085.6	21 369.4	9 624.7	817.3	1 163.8	202.4
2018	全国	61 003.4	1 596.7	25 717.8	13 144.4	1 798.4	1 733.2	291.0
	非旱区	24 640.6	461.3	4 302.5	3 730.8	984.5	5 678.8	51.2
	旱区	36 362.8	1 135.4	21 415.3	9 413.6	813.9	1 165.3	239.8
2019	全国	61 369.9	1 809.3	26 077.8	13 359.7	1 744.9	1 751.7	313.6
	非旱区	24 464.8	473.2	4 328.7	3 772.5	1 005.6	587.6	65.6
	旱区	36 905.1	1 336.1	21 749.1	9 587.2	739.3	1 164.1	248.0
2020	全国	61 674.3	1 960.2	26 066.5	13 425.4	1 798.3	1 799.3	297.0
	非旱区	24 561.5	486.6	4 374.4	3 820.0	1 038.8	603.9	71.2
	旱区	37 112.8	1 473.6	21 692.1	9 605.4	759.5	1 195.4	225.8
2021	全国	63 275.7	1 639.5	27 255.1	13 694.4	1 790.7	1 830.8	337.7
	非旱区	24 921.1	473.9	4 532.9	3 855.3	1 044.1	614.8	85.5
	旱区	38 354.6	1 165.6	22 722.2	9 839.1	746.6	1 216.0	252.2
2022	全国	63 324.3	2 028.3	27 720.3	13 772.3	1 788.3	1 832.9	309.4
	非旱区	24 812.9	488.4	4 532.1	3 915.5	1 083.4	616.7	94.8
	旱区	38 511.4	1 539.9	23 188.2	9 856.8	704.9	1 216.2	214.6
	黑龙江	6 773.5	953.4	4 038.4	8.4	23.0	11.7	7.6
	河南	6 582.6	84.9	2 275.1	3 812.7	—	615.4	5.8
	山东	5 374.6	58.1	2 630.4	2 641.2	—	270.1	0.6
	吉林	3 982.6	70.0	3 257.9	1.7	16.9	79.4	32.5
	河北	3 697.0	23.0	2 094.7	1 474.6	98.4	92.6	14.5
	内蒙古	3 529.1	245.4	3 098.4	126.4	110.0	13.6	72.3
	辽宁	2 432.0	27.0	1 959.2	0.8	16.4	112.5	23.5
	新疆	1 779.4	12.1	1 080.5	653.5	16.5	6.6	6.0
	山西	1 380.4	18.9	1 021.1	245.2	51.6	1.5	36.6

续表

年份	区域/省（区、市）	谷物	大豆	玉米	小麦	马铃薯	花生	高粱
2022	陕西	1 156.4	30.5	616.8	429.8	88.7	11.7	6.7
	甘肃	1 004.8	11.1	664.2	296.9	222.6	0.1	3.2
	宁夏	339.3	3.4	276.6	27.3	32.6	—	0.5
	天津	254.0	1.2	123.8	73.0	0.2	0.2	4.6
	西藏	105.7	—	2.8	18.8	0.4	—	—
	青海	76.2	—	14.8	36.9	27.6	—	—
	北京	43.8	0.9	33.5	9.6	—	0.8	0.2

说明：各省（区、市）按谷物产量排序。

资料来源：《中国农村统计年鉴》（2018—2023年）。

附表 3　2017—2022 年旱区农产品产量变化

Appendix Table 3　Changes of agricultural production in arid areas from 2017 to 2022

单位：万吨

年份	区域	粮食	油料	棉花	糖料	蔬菜	水果	肉类	猪肉	牛肉	羊肉	奶类
2017	全国	61 793.0	3 475.2	548.6	11 378.8	70 346.7	25 241.9	8 588.1	5 340.1	726.1	467.5	3 655.2
	非旱区	27 025.4	1 708.8	58.5	10 426.7	39 262.0	11 886.1	4 782.0	3 336.1	208.5	109.5	349.3
	旱区	34 767.6	1 766.4	490.1	952.1	31 084.7	13 355.8	3 806.1	2 004.0	517.6	358.0	3 305.9
2018	全国	65 893.5	3 439.2	610.3	11 937.4	70 419.3	25 688.7	8 653.1	5 404.7	665.0	480.9	3 217.6
	非旱区	27 233.1	1 740.2	43.0	10 794.5	39 334.5	12 669.5	4 895.6	3 368.1	197.6	125.3	376.2
	旱区	38 660.4	1 699.0	567.2	1 142.9	31 084.8	13 019.2	3 757.5	2 036.6	467.4	355.6	2 841.4
2019	全国	66 384.4	3 493.0	588.9	12 169.1	64 739.6	27 400.8	7 758.6	4 255.2	667.1	487.6	3 297.6
	非旱区	27 012.1	1 773.0	37.5	10 931.8	40 660.3	13 587.0	4 340.3	2 661.2	186.8	123.7	349.2
	旱区	39 372.3	1 720.0	551.4	1 237.2	24 079.3	13 813.8	3 418.3	1 594.0	480.3	363.9	2 948.4
2020	全国	66 949.2	3 586.4	591.0	12 014.0	74 912.9	28 692.4	7 748.4	4 113.3	672.4	492.3	3 529.6
	非旱区	27 199.6	1 860.4	29.7	10 288.0	42 274.7	27 285.1	4 294.4	2 540.2	196.2	125.8	369.8
	旱区	39 749.6	1 726.0	561.3	1 726.0	32 638.2	14 073.0	3 454.0	1 573.1	476.2	366.5	3 159.8
2021	全国	68 284.7	3 613.2	573.1	11 454.4	77 548.8	29 970.2	8 990.0	5 295.9	697.5	514.1	3 778.1
	非旱区	27 598.5	1 913.0	25.3	10 661.1	44 214.4	15 615.3	4 719.2	3 278.0	203.0	130.5	383.5
	旱区	40 686.2	1 700.2	547.8	793.3	33 334.4	14 354.9	4 270.8	2 017.9	494.5	383.6	3 394.6
2022	全国	68 652.6	3 654.2	5 980.1	11 236.4	79 997.2	31 296.2	9 328.4	5 541.4	718.1	524.6	4 026.5
	非旱区	27 492.6	1 990.2	2 452.7	10 334.3	45 578.8	16 458.8	5 453.2	3 451.2	208.2	134.7	397.0
	旱区	41 160.0	1 664.0	5 734.9	902.2	34 418.4	14 837.4	3 875.2	2 090.3	509.9	389.9	3 629.5

资料来源：《中国农村统计年鉴》(2018—2023 年)。

附表4 2016—2022年旱区居民人均可支配收入变化
Appendix Table 4　Changes in per capita disposable income of residents in arid areas from 2016 to 2022

年份	地区/省（区、市）	农村居民人均可支配收入（元）	城镇居民人均可支配收入（元）	城乡居民收入水平对比（农村居民=1）
2016	全国	12 363.4	33 616.2	2.72
	非旱区	13 738.8	33 823.6	2.46
	旱区	12 070.5	31 197.7	2.58
2017	全国	13 432.4	36 396.2	2.71
	非旱区	13 802.9	39 632.1	2.87
	旱区	13 085.1	33 362.5	2.55
2018	全国	14 617.0	39 250.8	2.69
	非旱区	16 337.2	39 727.7	2.43
	旱区	14 186.9	35 916.2	2.53
2019	全国	16 020.7	42 358.8	2.64
	非旱区	17 892.1	43 041.1	2.41
	旱区	15 443.0	38 337.2	2.48
2020	全国	17 131.5	43 833.8	2.56
	非旱区	17 683.6	47 992.2	2.71
	旱区	16 613.9	39 935.3	2.40
2021	全国	18 931.0	47 411.9	2.50
	非旱区	19 538.6	52 141.2	2.67
	旱区	18 361.4	42 978.1	2.34
2022	全国	20 132.8	49 282.9	2.45
	非旱区	22 434.7	50 451.7	2.25
	旱区	19 377.6	44 517.3	2.30
	北京	34 753.8	84 023.1	2.42
	天津	29 017.8	53 003.2	1.83
	河南	22 109.9	38 483.7	1.74
	山东	19 936.0	49 049.7	2.46
	辽宁	19 908.0	44 002.6	2.21
	内蒙古	19 640.9	46 295.4	2.36
	河北	19 364.2	41 277.7	2.13

续表

年份	地区/省（区、市）	农村居民人均可支配收入（元）	城镇居民人均可支配收入（元）	城乡居民收入水平对比（农村居民=1）
2022	黑龙江	18 577.4	35 042.1	1.89
	西藏	18 209.5	48 752.9	2.68
	吉林	18 134.5	35 470.9	1.96
	新疆	16 549.9	38 410.2	2.32
	宁夏	16 430.3	40 193.7	2.45
	山西	16 322.7	39 532.0	2.42

说明：各省（区、市）按人均可支配收入排序。

资料来源：《中国统计摘要》（2017—2023年）。